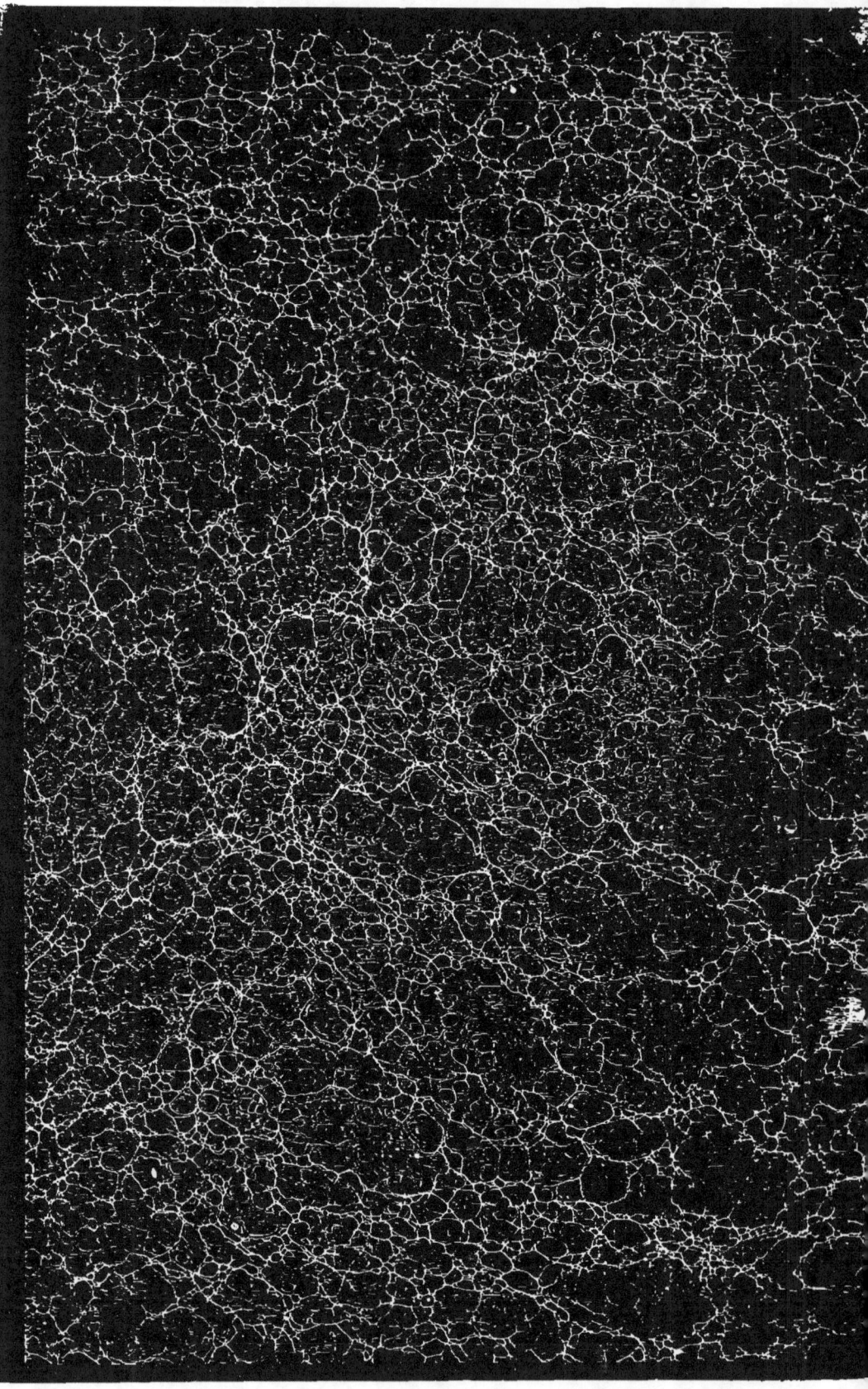

H. Larrey

HISTOIRE DE NAPOLÉON II.

PARIS. — IMPRIMERIE DE Mme Ve DONDEY-DUPRÉ,
rue Saint-Louis, 46, au Marais.

HISTOIRE
DE
NAPOLÉON II
NÉ
ROI DE ROME
MORT
DUC DE REICHSTADT

PAR

P. FRANC-LECOMTE
(DE LA MARNE)

Faisant suite à toutes les histoires de Napoléon.

MAGNIFIQUE ÉDITION

SPLENDIDEMENT ILLUSTRÉE PAR T. JOHANNOT, FRAGONNARD, BOURDET.

PARIS.
ADMINISTRATION DE LIBRAIRIE,
26, RUE NOTRE-DAME-DES-VICTOIRES.

1842

CHAPITRE PREMIER.

SOMMAIRE.

But qu'on se propose en écrivant l'histoire de Napoléon II, né roi de Rome, mort duc de Reichstadt. Napoléon Ier et Napoléon II martyrs de la liberté. — Mariage de Napoléon et de Marie-Louise. Naissance et baptême du roi de Rome. Fêtes et réjouissances. Le roi de Rome et les fils d'Hortense. Le prince Louis-Napoléon. Napoléon et Joséphine, à la Malmaison, le lendemain du baptême. Causes de la campagne de Russie.

I

Dans une histoire de France, si je me proposais de constater la naissance, la vie et la mort d'un prince ordinaire, resté ignoré comme tant d'autres, je me contenterais d'écrire : « Napoléon-François-Charles-Joseph est né de Napoléon Ier, empereur des Français, et de Marie-Louise, archiduchesse d'Autriche. En naissant il fut salué du nom de roi de Rome : son berceau, le seul trône de sa royauté, fut entouré d'une foule de courtisans, parmi lesquels on comptait des princes et des rois. Fils du plus grand souverain de son siècle, peut-être aussi des temps anciens et modernes, destiné à gouverner le plus puissant empire, il est mort dans l'exil à l'âge de vingt et un ans, avec le titre insignifiant de duc de Reichstadt. » Tout serait là.

Mais l'existence de cet enfant de France, proscrit par la politique, a trop subi les différentes phases de nos prospérités et de nos malheurs pour que tout Français ne tente pas d'en pénétrer les plus secrets mystères. A l'aide de précieux renseignements, qui nous sont parvenus depuis que le fils dort comme son père sous la pierre du tombeau, nous pouvons dès aujourd'hui assister à l'un des plus horribles drames de notre époque.

Quelle solidarité n'existe-t-il pas entre la patrie et ce prince infortuné!... C'est aux beaux jours de notre puissance et de notre gloire que tous les peuples le saluent roi dès sa naissance!... Il est banni du sol français quand la fortune publique se retire indignée des lâches perfidies... Il gémit dans la captivité quand nous murmurons sous un gouvernement perfidement oppresseur de nos franchises constitutionnelles... Il se réjouit avec nous quand nous secouons nos chaînes, et quand le présent promet, à lui comme à nous, un avenir de liberté!... Il s'éteint dans les souffrances du désespoir au moment où l'insurrection et l'émeute ensanglantent les rues et les places publiques de nos grandes cités, au moment où les vrais patriotes désespérèrent de la gloire, du salut même de la patrie...

En écrivant l'histoire de Napoléon II, mort duc de Reichstadt, j'ai donc pour but de démontrer comment cette vie torturée s'identifie avec la cause nationale. Il y a là de grands enseignements pour chacun; s'ils échappent quelquefois au lecteur, la faute en retombera sur le seul historien. Tout ce qui se rattache à la glorieuse époque de l'empire remue fortement l'âme à notre insu : les plus jeunes ne peuvent sans émotion jeter les yeux sur une seule page de cette immortelle histoire. Ainsi, par une sympathie irrésistible, nul ne peut sans verser des larmes penser au fils du héros, mort, comme son père, victime de l'infernale politique humaine, qui veut, mais en vain, lutter contre la providence des événements. Puissent les peuples ne pas oublier, comme les rois, qu'une force invisible pousse l'Europe, le monde entier, à jouir, bientôt peut-être, des bienfaits de la civilisation et de la **liberté** !...

La liberté ! Napoléon Ier fut son héros ; rois et potentats, vous le saviez. Pour la tuer d'une main plus sûre, vous avez enchaîné le bras du conquérant sur un rocher du vaste océan, et vous avez flétri, usé par degrés sa vie si pleine encore d'espérance. Ainsi vos efforts l'ont empêché de continuer la grande œuvre de civilisation commencée par la gloire, mais interrompue par la perfidie et la lâcheté, qui vinrent à votre secours au moment où vous trembliez encore aux abois. Vous avez longtemps représenté le soutien de la démocratie comme le plus farouche des tyrans : à l'aide de la trahison, d'abord impuissante, vous avez appelé la calomnie ; mais vous recueillerez un jour les fruits de vos nobles exploits. Napoléon Ier est tombé : son fils, son héritier n'est plus... La liberté est-elle morte ?..... Quels sont ceux qui pleurent les martyrs de Sainte-Hélène et de Schœnbrunn ? Ceux-là mêmes que vous vouliez tromper par vos mensonges diplomatiques. La France ne reporte pas seule de tristes regards vers un glorieux passé ; l'Europe, naguère sillonnée par nos armées impériales, le monde entier redemande la main puissante du vainqueur, pour reconstruire son œuvre de civilisation. Pourquoi ces regrets ? Parce que les peuples sont désormais en défiance contre la politique des rois ; parce que les peuples ont reconnu dans le grand empereur le chef généreux et sublime de la démocratie ; parce qu'ils ont enfin compris que la vieille royauté les avait traînés sur vingt champs de bataille, pour y détruire de leurs propres mains l'espérance de l'avenir.

... Les desseins de Dieu nous seront toujours cachés; l'humanité doit en attendre l'accomplissement avec confiance. L'absolutisme ne peut sans regret céder le trône du monde à la puissance des lois civilisatrices. Le sang coulera-t-il encore à flots? Et pourtant, sans un retour de la colère céleste, l'Europe avait définitivement conquis la civilisation : une ère de gloire et de bonheur pouvait dater de Moscow. Le Tout-Puissant, le seul maître et le seul roi, en avait décidé autrement ! Le duel de la liberté et de la tyrannie devait recommencer, pour être sans doute plus long, plus opiniâtre, surtout plus sanglant.

Mais j'oublie trop que j'ai à parler d'une époque glorieuse pour la France. Avant nos malheurs, nos prospérités; avant notre honte, notre gloire et nos triomphes. La patrie avait cru trouver un gage de sécurité dans le mariage de Napoléon Ier avec Marie-Louise, fille de l'empereur d'Autriche. Avec quelle joie, avec quel bonheur ne fut-il pas célébré ! Cependant la Providence nous cachait sous les roses de cet hymen, elle nous réservait, dans un avenir rapproché, les plus terribles malheurs..... Mais qui pouvait alors les prévoir? Lui-même, avec quel orgueil ne courait-il pas à cette union ! Il a choisi le château impérial de Compiègne pour être le lieu de sa première entrevue avec la nouvelle impératrice : il en a réglé d'avance le cérémonial; mais il n'aura pas la patience de suivre son programme. Il sort furtivement du palais avec le seul roi de Naples, dans une simple calèche, couvert de sa redingote de Wagram, et court ainsi à la rencontre de sa royale fiancée jusqu'au petit village de Courcelles, au delà de Soissons. La pluie survient : il va s'abriter sous le porche de l'église. Dès que l'archiduchesse paraît, il se précipite dans sa voiture. L'entrevue eut lieu de cette manière, et fut appelée surprise de Courcelles....

Français, entendez-vous encore le canon des Invalides? Le 20 mars 1811, à neuf heures du matin, un enfant venait de naître au grand empereur..... Quelle anxiété aux premiers coups!.... Toute la nuit qui avait précédé cette naissance, les églises de la capitale avaient été visitées par un peuple immense, dont les vœux s'élevaient au ciel pour l'heureuse délivrance de Marie-Louise. Dès que les salves s'étaient fait entendre, on avait vu de toutes parts les habitants de Paris se mettre à leurs fenêtres, descendre à leurs portes, remplir les rues, et compter les coups de canon avec inquiétude. Ils se communiquaient leurs affections. Cette foule, toujours si tumultueuse, s'était arrêtée comme un seul homme..... — Elle écoute..... Elle craint de respirer..... Quel enthousiasme quand elle comprend que le ciel accorde un fils, un héritier aux vœux de Napoléon Ier!... Dans la grande cité, tout un peuple semblait ne plus former qu'une famille. On se presse : on s'embrasse sans se connaître : l'amour du prince confondait tous les cœurs dans un seul sentiment d'amour.

Ici je me rappelle l'acharnement que les ennemis de l'empereur ont souvent mis à le déchirer. Combien de fois ne l'ont-ils pas accusé de cruauté, d'égoïsme surtout! Cependant suivons-le dans les différentes phases de l'accouchement de Marie-Louise. Le 19 mars 1811, vers le soir, l'impératrice ressent les premières douleurs qui annoncent l'enfantement. Dubois se trouve seul aux Tuileries : il craint des couches difficiles : il demande la présence de Corvisart; mais il est impossible de trouver ce dernier. Il se trouble. Napoléon, effrayé lui-même, essaye de le rassurer, et veut lui donner un courage, une confiance qui lui manquent. « Faites, lui dit-il, comme pour la femme d'un simple soldat. » Dubois tremble que l'opération ne devienne périlleuse; qu'on ne soit obligé d'avoir recours aux moyens extrêmes. Il demande ce qu'il doit faire dans le cas où il serait réduit à sacrifier la mère ou l'enfant. Qui doit-il sauver? Le choix de Napoléon n'est pas douteux : « La mère!... Sauvez la mère!... » S'il était bien l'homme dans lequel l'ambition étouffait tout autre sentiment, se serait-il hâté de renoncer à l'enfant que le ciel lui donnait?

Aurait-il consenti à voir s'éteindre, pour toujours peut-être, la plus chère de ses espérances?

De toute la nuit, il ne veut pas quitter sa femme un seul instant. Témoin de ses crises, il souffre de ses douleurs : il pâlit, il tremble, lui qui n'avait jamais connu la crainte, même au milieu de la plus terrible mêlée!... Cette nuit d'anxiété lui a plus coûté que vingt batailles; et quand tout est fini, avec quelle inquiétude ne s'occupe-t-il pas du salut de l'impératrice, sans songer à ce fils, son plus grand espoir! On ne revint au nouveau-né que lorsqu'il sut la mère entièrement hors de danger. Oh! alors quelle est sa joie! Avec quel bonheur il s'écrie en le montrant aux officiers de sa maison : « C'est un roi de Rome! »

Roi de Rome! Naître avec la royauté! Quel avenir! Son père tient dans ses mains les destinées de l'Europe: il commande à plus de quarante-deux millions de sujets : ses frères, comme autant de satellites, sont assis sur autant de trônes inférieurs, autour de son trône resplendissant de gloire. Le roi de Prusse, l'empereur d'Autriche, soumis à ses armes, ont tous deux sollicité à genoux la faveur de son alliance : l'héritier des Césars a même ambitionné l'honneur de lui donner la main de sa fille: le descendant des czars, le petit-fils de Pierre le Grand, qui avait aussi recherché l'union de notre empereur avec sa sœur, la grande duchesse Anne, se glorifiait encore à cette époque de l'amitié du grand homme, du soldat-roi. L'Angleterre seule, l'Angleterre jalouse gémissait de la gloire des Français, et cherchait partout et toujours à miner la puissance de l'empire. Mais que pouvait le gouvernement britannique contre la forte épée de Napoléon Ier ? que pouvait-il si les destins ne s'étaient pas prononcés un moment contre nous ? Quelle puissante souveraineté !... Et cet édifice colossal devait, avant trois ans, s'écrouler sur le berceau du roi nouveau-né !....

Naples, Milan, Amsterdam, Hambourg, toutes les provinces françaises eurent bientôt salué de leurs acclamations la naissance d'un héritier du trône impérial. Un ballon en porta la nouvelle à Rome. Les divers corps de l'état, les ambassadeurs étrangers vinrent à l'envi féliciter l'empereur au comble de ses vœux.

Ne serait-il pas curieux de redire ici les noms de ceux qui s'inclinèrent devant le berceau de ce roi enfant? Un jour, plus tard, nous pourrons faire ressortir bien des contrastes; mais ne troublons pas aujourd'hui la joie du grand peuple par le pressentiment de l'infamie et de la lâcheté de quelques hauts dignitaires, sortis de leur néant plutôt par la force créatrice de l'empereur que par leur propre mérite.

La naissance du roi de Rome fut accueillie avec allégresse, et les fêtes de son baptême furent célébrées dans le vaste empire français, dans presque toutes les contrées de l'Europe, avec cet enthousiasme qu'on ne retrouve plus dans nos fêtes publiques.

C'est le 9 juin 1811 qu'il fut tenu sur les fonts baptismaux par son altesse impériale et royale le grand duc de Wurtzbourg, représentant sa majesté l'empereur d'Autriche, et par son altesse impériale Madame, et sa majesté la reine Hortense, représentant sa majesté la reine de Naples. Son excellence le cardinal grand aumônier donna l'onction sainte, en présence d'une foule de cardinaux et d'évêques.

Les différents corps de l'état, tous les grands officiers et hauts dignitaires, tous les princes et ministres étrangers présents à Paris assistaient à cette imposante cérémonie. Le cortége impérial était sorti des Tuileries à cinq heures et démie, et ne put parvenir au portail de Notre-Dame que vers sept heures, tant était grande la foule de ce peuple, avide de contempler, de saluer de ses cris le prince nouveau-né, l'héritier du grand empereur! Quelles acclamations, non seulement sur le passage du cortége, mais encore dans toutes les rues, sur toutes les places publiques! Quelle joie franche, universelle!... A la même heure, dans Paris, dans la France entière, dans une immense partie de l'Europe, le peuple exprimait son bonheur; l'élan était général, spontané surtout, parce que tous comprenaient que là était l'avenir de toutes les prospérités.....

Comment redire ici le moment solennel où le chef des hérauts d'armes s'avance au milieu du chœur de Notre-Dame, et crie trois fois : Vive le roi de Rome! Comment redire avec quelle rapidité ces cris, répétés par chacun des spectateurs, se prolongent sous les voûtes de la basilique, tandis que l'impératrice Marie-Louise, debout, tenait son fils dans ses bras? Ainsi mugit et murmure longtemps l'écho du canon, tiré en mer, le long des hautes falaises de l'Océan. Et l'empereur! Comment retracer toute sa joie, tout son bonheur, lorsqu'il prend à son tour cet enfant bien-aimé, et l'élève avec une touchante émotion qui pénètre les cœurs du plus vif enthousiasme? C'est alors que l'orchestre, composé des musiciens de la chapelle impériale, et conduit par Lesueur, directeur de la musique de sa majesté, exécute le vivat.....

Oui, qu'il vive pour le bonheur de l'empereur et du père! Qu'il vive pour continuer la gloire du héros! Qu'il vive pour recevoir les sublimes leçons de ce maître des rois, pour consolider l'édifice de notre grandeur nationale !..... Qu'il vive pour protéger le peuple, et l'aider à jouir un jour, dans le bonheur, d'une paix achetée par tant de triomphes !..... Qu'il vive pour redire à la vieille royauté, si elle voulait ne plus s'en souvenir : « Ton règne est fini, et tes efforts ne pourront plus réussir à imposer un joug pesant, humiliant, aux nations affranchies de l'esclavage..... » Mais tant de vœux ardents seront-ils écoutés? L'absolutisme ne doit-il pas un jour recourir à la démocratie elle-même, pour perdre notre prospérité, en renversant notre monarque démocrate?.....

Des observateurs ont voulu trouver un pressentiment de l'avenir dans les fêtes du mariage de l'empereur Napoléon et de Marie-Louise : on pourrait aussi le pressentir au milieu des réjouissances de l'Hôtel-de-Ville, à l'occasion du baptême du roi de Rome. Pourquoi Napoléon n'a-t-il pas lui-même rencontré la source du mal à venir là où elle devait se découvrir naturellement?..... Mais il était trop généreux : sa grande âme croyait à la magnanimité chez les autres. Il savait le désir d'Alexandre, empereur de Russie : un espoir trompé allait donc achever de détruire une amitié douteuse par laquelle le héros s'était trop facilement laissé tromper..... Mais gardons-nous d'anticiper sur les événements. Abandonnons le Moscovite pour un moment : ne nous occupons nullement en ce jour ni de l'envie ni de la haine britannique, cette éternelle plaie de la France.....

Après la cérémonie religieuse, les divertissements populaires ; après la joie du temple, les nombreuses et bruyantes acclamations de la place publique. Là était le vrai, le grand peuple qui devait toujours aimer le grand empereur. Il fut ainsi accompagné jusqu'à l'Hôtel-de-Ville, où l'attendait une fête municipale. La décoration de la salle du banquet offrait les armes des quarante-neuf bonnes villes de l'empire, Paris, Rome, Amsterdam, placées les premières, les autres par ordre alphabétique......

« Quel cruel souvenir pour toi, prince aujourd'hui fêté, plus tard exilé, quand tu reporteras tes regards sur cet empire perdu, qui renfermait dans son sein Paris, Rome, Amsterdam et Hambourg!... Si ton père l'eût voulu, ne pouvait-il aussi compter et Vienne, et Berlin, et Madrid ?... Mais avec toi, mais avec lui, le peuple français a tout perdu, sa joie, sa gloire, son enthousiasme, partant son bonheur d'être libre!... »

Après le banquet, le concert. Le conservatoire impérial, nous dit un journal du temps, a exécuté devant leurs majestés une cantate intitulée le *Chant d'Ossian*, dont les paroles sont de M. Arnault et la musique de M. Méhul. Cette cantate a produit la plus vive sensation. M. Lays chantait la partie d'Ossian : le chœur des ombres héroïques, placé dans une tribune élevée, formait un contraste heureux avec la partie qui avait précédé : l'illusion était complète, l'effet dramatique... Avant de se retirer, leurs majestés ont été invitées à passer dans le jardin factice qui avait été formé au-dessus de la cour de l'Hôtel-de-Ville : la décoration en était très-élégante ; au fond du jardin, le Tibre était figuré par d'abondantes eaux, dont le cours était disposé avec beaucoup d'art, et répandait une douce fraîcheur.

— Ossian, ce barde écossais, ces ombres héroïques, ce Tibre factice, quels tristes pronostics !..... Vieux chantre de Fingal, viens-tu sur la lyre des morts chanter une royauté naissante, qui n'est déjà qu'une ombre au milieu de tes ombres héroïques? Des rochers de la Calédonie viens-tu sur les bords du Tibre, ce fleuve déchu de sa grandeur antique, viens-tu pleurer d'avance sur les ruines d'un empire encore si florissant à nos yeux? Dans le tumulte de ces brillantes fêtes, dans la pompe des festins, vois-tu déjà s'éteindre cette gloire impériale qui enivre tous les Français? Vois-tu déjà se briser entre les mains du héros la redoutable épée d'Austerlitz et de Wagram? Cet encens qui s'élève de la basilique royale au trône de l'Éternel, ces chants qui retentissent encore sous les voûtes de Notre-

Dame, ne sont-ils plus déjà qu'une offrande expiatoire? Ces illuminations qui font de Paris une cité en feu éclairent-elles un berceau ou une tombe?...

Tandis que le peuple et la cour se livrent ainsi à la joie d'une fête nocturne, madame de Montesquiou, gouvernante des enfants de France, veille sur le berceau du roi de Rome. Près de lui quels sont ces autres enfants plus avancés dans la vie? Ce sont les deux fils de la reine Hortense et du roi Louis Bonaparte. — Enfants aujourd'hui nourris par la Gloire, élevés au sein de la pompe et de la magnificence impériale, quel avenir de souffrance pèse déjà sur vos jeunes têtes royales! Quel fatal génie plane sur vous dans l'ombre!... Quelle destinée!.... De ces trois fils de rois, bientôt un seul restera, pour pleurer les deux autres couchés dans la tombe; et ce ne sera point sur la pierre sépulcrale, mais sur la dalle humide des prisons, que ses larmes pourront couler!.....

— Louis-Napoléon, tu ne peux ressentir aujourd'hui les premiers coups de la fortune... Pourquoi ton père n'est-il pas à Paris avec ceux qui entourent le berceau de ton royal cousin? Pourquoi sa joie ne vient-elle pas se confondre avec l'enthousiasme de la grande cité? C'est que, dans un de ses cruels caprices, le destin semble vouloir donner la première secousse à la puissance de l'empereur par la main de l'un de ceux qui devaient l'aider à consolider la prospérité du monde.....

Louis Bonaparte, porté sur le trône de Hollande par la volonté de Napoléon, a-t-il trouvé la couronne trop pesante pour son front? — Quel que soit le motif qui l'ait amené à une abdication du pouvoir royal, il sera longtemps encore difficile de justifier la conduite de ce prince à l'égard de son frère. Louis n'avait-il pas assez de portée dans l'esprit pour comprendre le blocus continental et s'expliquer la profonde politique de l'empereur? On s'accorde généralement à reconnaître sa bienveillante administration comme chef du gouvernement hollandais; sa bonté et sa justice lui avaient concilié l'amour et l'estime des peuples; mais avant tout, — et il l'avait oublié, — il devait à Napoléon Ier le concours que ce dernier avait toujours exigé de lui, comme il en avait le droit : c'était la condition de son existence royale; c'était à lui de ne pas accepter. Le blocus continental pouvait lui paraître odieux dans le présent; mais puisqu'il n'avait pas le regard du grand roi, il devait attendre du génie de la démocratie un avenir de gloire, de bonheur et de justice, pour tous les peuples destinés à jouir de la civilisation européenne. Ainsi l'Angleterre, soit hasard, soit habileté, trouvait d'aveugles auxiliaires jusque dans la famille impériale!...

Ainsi, Louis-Napoléon, par sa funeste et impolitique abdication, ton père enlevait un beau royaume à ton frère aîné !... Pouvait-on cependant prévoir, au milieu des fêtes du baptême de ton cousin, que tu serais toi-même plus tard dépouillé par la fortune de toutes les grandeurs sans doute réservées à ton avenir par Napoléon Ier ? Pouvait-on craindre alors, pour toi et pour le roi de Rome, tous les malheurs qui ont depuis accablé votre existence ?........

..... Une seule femme, d'un esprit plus solide et plus prévoyant que les rois ses frères, ne se laissait pas éblouir au milieu de cet enthousiasme général. De tout temps elle avait sérieusement médité sur l'inconstance des grandeurs humaines : la terreur du passé l'effrayait sur l'incertitude de l'avenir ; le présent, malgré sa gloire, ne pouvait assez la rassurer. Ici je me rappelle un fait rapporté dans les mémoires de Mlle Cochelet ; quoique d'une date postérieure, il prouve trop bien avec quelle haute intelligence la reine Hortense dirigeait l'éducation de ses fils, pour ne point trouver place dans cette histoire. Elle voulut qu'ils fussent élevés comme s'ils devaient un jour se suffire à eux-mêmes ; au sein de la magnificence impériale, elle leur faisait entrevoir la possibilité d'un changement de fortune. Ses enfants l'avaient si bien comprise, qu'un jour on leur demandait ce qu'ils feraient pour vivre s'ils étaient obligés de travailler : — Je me ferais soldat, répondait l'aîné.—Moi, je vendrais des violettes, ajoutait le plus jeune, à peine âgé de quatre ou cinq ans..... — Et plus tard, en 1814, Napoléon-Louis (il avait peut-être alors dix ans) s'écriait : Je ne veux plus être à charge à ma mère ; je suis trop jeune pour porter les armes, je le comprends : eh bien, je donnerai des leçons de latin dans le village!.....

Louis-Napoléon tenait toujours pour les bouquets de violettes.

Cette dernière circonstance, puérile au premier aspect, peut ensuite paraître d'un grand enseignement. Avec quelle sagesse Hortense n'élevait-elle pas ses deux fils, pour leur inspirer de tels sentiments ! Le plus jeune, celui qui survit à tant de gloire et de puissance, avait souvent remarqué, non sans intérêt, des enfants de son âge vendant, aux grilles du jardin des Tuileries, des bouquets de violettes qu'il se plaisait à payer généreusement. Il ne trouvait rien de plus naturel que de faire comme eux, pour ne plus vivre aux dépens de sa mère. Pouvait-on à cet âge pousser plus loin le sentiment de l'égalité?.......

On ne tarirait pas si on voulait rapporter un à un les beaux traits qui distinguèrent toujours ce prince, même enfant. Entre mille, je citerai ce dernier. Dans les premiers temps de son séjour en Suisse, au moment où il venait d'être séparé de son frère, il s'était laissé entraîner loin de l'habitation de sa mère par de jeunes compagnons de jeu. Tout à coup on le voit revenir les pieds nus sur la neige, et n'ayant plus que sa chemise et son pantalon pour tout vêtement. La reine Hortense est effrayée. ... Il avait rencontré d'autres enfants malheureux, souffrant de froid et de misère : il avait donné ses chaussures à l'un, sa redingote à l'autre.......

Je demande pardon au lecteur de m'être ainsi éloigné de notre histoire; mais le souvenir du bien est une si douce consolation, que je serais heureux de le faire parvenir jusqu'au noble prisonnier de Ham. Il a peut-être oublié, lui, les heureux qu'il faisait sans réflexion; mais nous, à la vue de tant de malheurs, pouvons-nous ne pas nous rappeler le courage et la vertu?.......

Tandis que Paris exprime sa joie et son bonheur, tandis que Marie-Louise est témoin de cet enthousiasme universel, non loin de là une autre impératrice des Français est livrée à toutes les émotions qui remuent sa grande âme. A quels sentiments s'abandonne-t-elle? Tout Français peut, hélas! le deviner! Joséphine a tant aimé, elle aime tant encore la France et son glorieux empereur! Elle est assise dans un salon de la Malmaison : de ses fenêtres elle entend le bruit de cette fête, qui lui rappelle cruellement sa gloire passée. — Cette bruyante allégresse, ces lumières qui dissipent les ténèbres de la nuit, tout jette un jour perfide sur son infortune, tout lui retrace le bonheur de cet empereur, son éternelle idole... — Un fils lui était donc né!..... Mais pourquoi le ciel, au milieu de ses premières joies, lui a-t-il refusé le bonheur d'être la mère d'un roi de Rome, d'un héritier de l'empire!... — Elle ne saurait accuser le héros qu'elle aime ; c'est vers le ciel que sa plainte remonte : Dieu seul a fait ses chagrins. Elle a pu se sacrifier aux désirs de Napoléon, elle a pu flatter son espoir de laisser l'empire à son fils bien-aimé ; mais il est au-dessus de ses forces de ne pas regretter l'honneur d'avoir donné à la France ce noble rejeton ; et des larmes coulent de ses yeux..... Et longtemps silencieuse, elle reste comme anéantie sous le poids de sa douleur..... — La nuit approchait de son terme quand elle revint de cet anéantissement : la lune à l'occident pâlissait sur l'azur d'un beau ciel, tandis que vers l'orient l'aurore apparaissait couronnée de roses, pour annoncer à la France le retour d'un soleil encore radieux. La joie publique s'éteint avec les feux nocturnes, qui s'effacent peu à peu sur les palais de la cité et sous la voûte des cieux. Quelques heures de sommeil, et le grand peuple doit renaître au bonheur que lui fait la gloire impériale..... Mais pour Joséphine

NAPOLÉON A LA MALMAISON.
Page 23

DESSIN DE JACQUE. GRAVURE DE DUFRESNE.

est-il encore un seul rayon d'espérance? Le bonheur s'est éteint pour elle avant la vie!.......

Le lendemain matin, l'empereur entre sans être annoncé. Joséphine ne s'attend pas à cette visite : elle est encore assise sur le canapé où elle a passé la nuit. Napoléon la trouve pâle, abattue : il a tout compris; il s'arrête un moment pour contempler cette muette douleur; il s'avance, puis il se détourne pour cacher son émotion.— « Joséphine... » lui dit-il en lui prenant la main. Il s'arrête encore; son regard a pénétré le regard de l'impératrice. — « Joséphine, vous souffrez; et, si j'en crois l'amour que j'ai toujours pour vous, je suis seul la cause de votre mal. » Joséphine ne répond pas : elle baisse tristement la tête; puis tout à coup, avec un effort trop visible : — « Sire, le ciel a comblé tous vos vœux; je vous aime... ne dois-je pas être heureuse? » Napoléon, à son tour, ne lui répond que par un de ces regards qui expriment toute sa sensibilité : quelques larmes ont brillé dans ses yeux : leurs âmes sont réunies dans un même sentiment.

Toute la vie de Joséphine est dans ce peu de mots. Elle s'est trouvé assez de dévouement, assez de force, pour sacrifier son bonheur d'épouse à l'avenir de la dynastie impériale; mais elle est femme, elle n'a pas voulu étouffer cet amour qui enivre son âme de toute la gloire du héros... Que lui importe la couronne? Elle l'a vu placer sans nul regret sur une tête étrangère; mais peut-elle avec la même résignation laisser une autre régner dans ce cœur qu'elle occupait naguère tout entier? Elle veut bien partager l'espoir de la France, qui voit peut-être une garantie de durée pour le trône impérial dans ce fils donné par une archiduchesse d'Autriche aux vœux les plus ardents de son souverain; mais tout est crainte autour d'elle, tout est doute dans son âme : elle nourrit malgré elle un secret pressentiment. Il lui annonce qu'elle verra la fin de tant de puissance... Le ciel peut-il approuver un mariage qui flatte l'ambition, mais qui déchire l'âme?

— « Joséphine, ne me crois pas venu ici pour te parler de mon bonheur. La France entière s'est réjouie de la naissance de mon fils bien-aimé!... Non, je ne serais pas venu augmenter tes douleurs par un contraste trop déchirant pour toi... je ne serais pas venu si, malgré tout ce que le ciel paraît faire pour la perpétuité de ma dynastie, je ne me sentais accablé par un pressentiment inexplicable, mais terrible pour moi. Il me semble qu'avec ton bonheur a dû finir le mien!

— » Sire, ne croyez pas à toutes ces craintes. Dieu vous a trop aimé pour vous réserver des jours mauvais.

Votre puissance ne repose-t-elle pas désormais sur une base inébranlable?

— » Joséphine, il me semble que je n'aurais jamais dû songer à séparer mon bonheur du tien. Pourquoi le ciel ne t'a-t-il pas donné la force de combattre mes désirs?

— » Et c'est aujourd'hui, sire, que vous tenez un pareil langage! C'est le lendemain d'une fête qui a consacré pour toujours, à la face du monde entier, les grandes destinées de votre dynastie impériale et royale, que vous venez à moi, veuve de mon propre bonheur, me parler de vos appréhensions, de votre défiance de l'avenir!... Hélas! s'il renferme des larmes, elles doivent n'être répandues que par moi. »

Napoléon, plus pâle que Joséphine, lui presse la main avec effusion. Commençait-il à se défier de la fortune?... Elle lui souriait encore au milieu de tant de gloire et de puissance! S'il faut en croire un confident de cette malheureuse famille, le 10 juin 1811, à l'heure où Paris, où le vaste empire français se reposait de l'allégresse de la veille, Joséphine n'était pas seule préoccupée de tristes pensées. Le bonheur avait, pour un moment, abandonné l'âme du héros que l'univers s'empressait de déifier dans son amour ou dans son admiration.

— « Joséphine, la naissance du roi de Rome a d'abord

comblé tous mes vœux ; mais aujourd'hui je fais un retour sur moi-même... Puis-je prévoir l'avenir que le ciel prépare à cet enfant? Mon amie, je n'aurais jamais dû sacrifier mon bonheur à une fausse ambition.

— » Sire, que dites-vous?... Vous aimez votre jeune épouse ; n'est-elle pas d'ailleurs la mère de ce fils tant désiré? Et, si j'en crois encore mon cœur, la fille des Césars doit être fière de l'amour et de la gloire du héros des temps modernes !

— » Oui... Mais, hélas ! depuis ce doute cruel, injuste de Marie-Louise : « Veut-il me sacrifier ? » puis-je bien compter sur l'affection de la nouvelle impératrice?... Ne t'aimais-je pas avant de l'aimer ? n'as-tu pas toujours été ma Providence?... Et c'est pour laisser un fils mon héritier, que je me suis créé tant de remords dans l'avenir ! Joséphine, tu fus une victime trop résignée ; je me reprocherai toujours ton malheur!...

— » Mon malheur, sire !... Puis-je m'en apercevoir, quand je vois réussir tous vos projets de gloire et de bonheur pour la France ! Puisque vous m'aimez toujours un peu, je dois me trouver trop heureuse de faire aussi mon sacrifice à la fortune publique... N'avez-vous jamais rien sacrifié vous-même à la patrie? Je serais indigne de votre amitié si je pouvais reculer devant cet effort.

— » Mon amitié !.. Oui, c'est là tout le mal ! Joséphine, je te devais plus, je devais te conserver tout mon amour... N'avais-je pas adopté Eugène ?... »

En ce moment ses yeux se rencontrent avec ceux de son fils adoptif. Son portrait est là, comme pour lui reprocher une ingratitude. A cette vue, son émotion redouble ; sa voix s'arrête. L'impératrice regarde, et comprend aussitôt la douleur de Napoléon : elle verse d'abondantes larmes. Enfin, après un premier moment de remords, il peut continuer :

— » ... Lui, ou l'un de tes petits-fils, ne pouvait-il pas perpétuer la race des empereurs ? Car je n'ai d'autre ambition que la gloire et le bonheur des peuples français.— Je m'étais longtemps arrêté à une pensée d'avenir : je n'aurais jamais dû l'abandonner... Les Capet ont pendant plusieurs siècles régné sur la France. Qui en a perpétué la race jusqu'à nos jours ? Henri IV n'en est-il pas le plus grand roi ?... Henri IV n'était que le cousin de Henri III : il n'en fut pas moins l'illustre héritier de saint Louis. — J'avais des neveux, deux surtout, que je chérissais, les fils de ta bien-aimée Hortense et de mon frère Louis... Si je n'avais pas tenté le ciel en brisant les nœuds d'une union que je regrette, malgré les espérances de mon nouveau mariage, je ne serais pas aujourd'hui tourmenté par l'appréhension de l'avenir.—J'ai eu tort; je devais fixer mon choix sur l'un des fils d'Hortense...

— » Je ne vous comprends pas, sire. Il vous est facile de concevoir mes justes regrets, même quand je vous félicite des faveurs que le ciel accorde à vos vœux; mais je ne puis au sein de votre puissance trouver un seul mot à l'énigme que vous me proposez.

— » Une énigme! Mon amie, j'ai eu peut-être un autre tort, ce fut de laisser le vieux roi de Prusse sur son trône; j'aurais dû aussi me défier de l'humble amitié de l'empereur d'Autriche. Mais j'ai eu l'ambition d'épouser la fille du descendant des Césars!... Pauvre nature humaine! On m'appelle grand, on me salue du nom de roi des rois... hélas! ce titre n'appartient qu'à Dieu, et je suis homme!
— Ma première faute, c'est d'avoir fait entrer le divorce dans nos lois et dans ma politique. Mon amour pour toi me l'a toujours dit; la raison me le répète aujourd'hui... La seconde, c'est d'avoir blessé Alexandre dans son amour-propre de czar de toutes les Russies. Il m'aurait presque offert la main de sa sœur, la grande-duchesse Anne, et j'ai été assez impolitique pour lui laisser concevoir une espérance et la frustrer! Je commence à me défier de notre amitié : sa franchise n'égale sans doute pas la mienne; je dois me mettre en garde contre sa ruse et son

ambition... Que ne présage pas l'ukase du 15 janvier! »

Les rôles sont donc intervertis; la malheureuse Joséphine rassemblera les forces de son âme pour redevenir le génie consolateur de l'empereur tout-puissant. Elle s'est même prise à s'accuser de faiblesse à la vue des angoisses impériales.

En effet, soit que le czar eût toujours calculé son amitié avec le grand homme sur les intérêts de sa politique, soit que le mariage de Napoléon, trompant l'espoir donné à la grande-duchesse, eût excité en lui le désir de se venger, tout en marchant vers le but de ses désirs ambitieux, le 15 janvier 1811 Alexandre avait publié un ukase qui prohibait les produits français, et favorisait l'importation dans ses états des denrées coloniales et des produits de l'industrie anglaise, au moyen d'un abaissement de tarifs. Et, pour que le coup fût plus sensible, les marchandises françaises devaient être brûlées en cas de contravention.

L'indignation de Napoléon avait été poussée à son comble par la nouvelle de cette odieuse mesure. Plus de doute que l'autocrate russe ne voulût rompre avec la France, en levant ainsi le blocus continental déjà si mal observé dans ses états depuis longtemps; plus de doute qu'un retour à l'alliance anglaise n'eût déjà été secrètement ménagé par l'astucieux Moscovite, et que l'amitié du grand homme n'eût dès lors cessé d'être pour lui un bienfait des dieux. L'empereur des Français ne s'en tint pas à l'expression de son mécontentement, qu'il fit vivement connaître à l'ambassadeur russe : il enjoignit au duc de Vicence d'exiger le rappel de l'ukase.

Mais Napoléon ne s'était pas trompé dans ses conjectures : Alexandre ne s'était porté à cette audace que parce qu'il avait déjà médité une rupture. Sa réponse devait être prévue : personne ne fut surpris. On était redevenu Anglais, depuis que les Français, par la bouche de leur empereur, avaient refusé de proclamer l'anéantissement de la Pologne, mais plutôt peut-être depuis que le vainqueur d'Austerlitz et de Wagram avait donné la préférence à l'Autriche dans le choix d'une épouse. La Russie, dans les prévisions de sa politique, n'avait donc autorisé, je dirai même provoqué la guerre d'Espagne, que pour affaiblir ses rivales, la France et l'Angleterre, en les mettant aux prises dans une arène éloignée. L'affaiblissement du Midi devait consolider le Nord.

Quelle fatalité! On reproche à Napoléon son excessive ambition; et c'est sa trop grande modération qui l'a précipité dans une guerre avec la Russie : partant, c'est elle qui a suscité la désastreuse campagne de 1812!

Alexandre avait donc insolemment conservé son ukase : toute alliance était désormais impossible. Il continuait ses armements malgré les représentations de l'ambassadeur français. L'empereur écrit au czar cette lettre si modérée, que tout le monde connaît aujourd'hui. C'en est fait, on attribue ce langage à la crainte ; la France ne saurait être en mesure : on l'insulte..... — Non, si la véritable force de l'empire eût seulement pu être soupçonnée alors, la campagne de Russie n'aurait pas commencé, parce qu'on se garde bien de rompre avec un allié redoutable. Si Napoléon eût parlé en maître, avec le juste orgueil que devait lui donner sa puissance, l'autocrate moscovite aurait tremblé de s'exposer aux sanglantes défaites d'abord éprouvées par ses armées. Mais la Providence entraînait les événements : le ciel voulait nous accabler par nos victoires mêmes.

CHAPITRE DEUXIÈME.

SOMMAIRE.

Pronostics et croyances populaires. Mariage de Louis XVI. — Bal chez l'ambassadeur d'Autriche. Guerre avec Alexandre. — Les bords de la Moscowa : portrait du fils de l'empereur. — Leipsick. — Trahisons. Le peuple et les hauts dignitaires. — L'Angleterre et la Russie. — Adresse du sénat le 22 mars 1811 : sa conduite le 2 avril 1814. — Marie-Louise quitte Paris : paroles prophétiques de la reine Hortense. Le roi de Rome et les fils de la reine. — Mort de Joséphine. — Retour de l'île d'Elbe. — Waterloo. — Nouvelle infamie du sénat. La chambre des représentants. — Proclamation de Napoléon II. — Foi britannique. Lutèce et Albion. — Rome et Carthage.

II

Nous sommes déjà loin de l'aurore d'un bonheur qui ne devait pas avoir son midi. Napoléon-François-Charles-Joseph Bonaparte, né roi de Rome, héritier de toutes les gloires et des états immenses de Napoléon Ier, venait d'être salué par les acclamations de vingt peuples réunis en une seule nation, et déjà le malheur planait sur son royal berceau; déjà les intrigues se croisaient dans le sein même de la grande cité; déjà l'esprit sacerdotal, si peu intelligent des devoirs de la vraie religion et des besoins de la société, s'agitait clandestinement pour former une opposition souterraine, et pour essayer de miner un trône à l'ombre duquel l'autel et le ministre s'étaient relevés de la fange des rues.

Je commence à me sentir un penchant pour les croyances et les préjugés populaires. Après la première chute des Bourbons, on crut retrouver l'indice des infortunes de cette famille dans les fêtes du mariage de Louis XVI, alors dauphin de France, avec Marie-Antoinette, fille de Marie-Thérèse d'Autriche. Après l'exécution des victimes royales, en 93, on se rappela que cet hymen fut célébré sous les plus funestes auspices, et coûta la vie à plusieurs milliers de personnes, qui furent culbutées et étouffées dans les fossés de la place Louis XV. Ce malheur était arrivé dans la soirée du 30 mai 1770, au moment où la foule trop nombreuse assistait au feu d'artifice, donné par la ville de Paris en l'honneur des nouveaux époux; et quelques années plus tard, sur cette même place, tombait la tête de Louis XVI et de Marie-Antoinette..... Le mois de mai devait être depuis lors une époque souvent fatale pour la France!.....

On retrouva les mêmes pronostics dans les dernières fêtes du mariage de Napoléon Ier. Au milieu des réjouissances publiques, le prince de Schwarzenberg voulut, au nom de l'Autriche, donner son bal diplomatique. C'était le 1er juillet : il avait réuni dans une salle, construite à la hâte pour cet effet, tout ce que Paris renfermait alors de plus brillant. A onze heures le feu avait pris à une gaze légère dont on avait décoré le passage qui réunissait au palais ce fragile édifice, et en quelques minutes l'incendie avait tout embrasé. Dans ce désastre périrent plusieurs personnes, parmi lesquelles la princesse Pauline de Schwarzenberg, morte victime de son dévouement maternel. Napoléon, dans cette nuit funeste, ne voulut pas confier à des mains étrangères le soin de sauver Marie-Louise; on le vit la saisir vivement et l'emporter lui-même loin du foyer de l'incendie. Et cette même femme, à laquelle il avait donné tant de preuves d'un amour sincère et ardent, cette même femme, la nuit de ses couches, doutait encore de son affection, et lui déchirait le cœur par ces mots adressés à Dubois, mais entendus par lui : « Suis-je abandonnée? Veut-il donc me sacrifier? » Dès cet instant il comprit la perte immense qu'il s'était imposée en répudiant Joséphine, et sembla entrevoir, même du sommet de sa puissance, la profondeur d'un abîme caché, mais déjà creusé sous ses pieds. Nous l'avons vu, sous l'influence de cette défiance de la mère et de l'impératrice, venir épancher ses doutes et ses regrets dans l'âme de celle qui fut toujours si dévouée à ses intérêts..... Et le lendemain du baptême du roi de Rome, les craintes de l'empereur étaient au comble. C'est que déjà il pouvait prévoir une rupture inévitable avec la Russie, devenue presque ostensiblement l'alliée de l'Angleterre.

Enfin la guerre éclata. Les ennemis acharnés de Napoléon ne manquèrent donc pas alors, comme toujours, d'en accuser son insatiable ambition. Mais ne serait-il pas plus juste de reconnaître encore une fois la haine des rois contre les peuples, l'envie et l'orgueil de la Grande-Bretagne, combinés avec la rancune et les projets de la puissance moscovite? L'avenir le prouvera.

L'empereur est déjà sur les bords de la Moscowa. On lui annonce que M. de Beausset lui est envoyé par Marie-Louise. Avec quel bonheur ne reçoit-il pas le portrait de son fils, qu'elle a fait peindre par Gérard, et qu'elle a voulu lui donner avant le début de la campagne! Quelle est la pensée intime de la fille de François II? Faut-il ici ajouter foi aux rapports de quelques affidés? L'indiscrétion avec laquelle elle livrait les secrets de l'état avait-elle été récompensée par une utile révélation? L'empereur d'Autriche, entraîné par le prince de Metternich dans la politique de contre-révolution, avait-il, par une voie obscure, éveillé la sollicitude de la mère et de l'épouse? et elle-même, sans oser ouvertement se prononcer, voulait-elle, par ce dernier souvenir, arrêter la dernière pensée de Napoléon sur ce fils, l'objet de ses plus chères affections? L'empereur des Français était encore si puissant! il était à la tête d'une armée si redoutable!...... Aurait-elle osé pressentir des revers, des trahisons, qui étaient encore peut-être dans les secrets de la Providence?

Toutefois Napoléon Ier ne voulut y voir qu'une preuve, un gage d'amour. La vue de ce portrait, dont les lignes lui retraçaient si fidèlement son fils bien-aimé, fut pour cet homme, tant de fois accusé de dureté, la source de douces jouissances et de tendres émotions. — « Quel admirable tableau ! » — Après l'avoir montré aux personnes qui l'entouraient, il le remet à son secrétaire, en lui disant : « Tenez, retirez-le, serrez-le ; c'est voir de trop bonne heure un champ de bataille... » — Ces paroles sont rapportées par un historien qui ne le flatte pas souvent ; mais comme elles peignent l'âme du grand homme avec de trop favorables couleurs, un autre écrivain (il suffirait d'écrire son nom pour le démentir) le fait descendre à une jonglerie tout au plus digne d'un saltimbanque. — « Napoléon, ose-t-il affirmer, s'est écrié à la vue de ce portrait : « Messieurs, si mon fils avait quinze ans, croyez qu'il serait ici

au milieu de tant de braves autrement qu'en peinture. »
— « Puis (toujours selon le même auteur) il voulut qu'on le plaçât en dehors de sa tente, sur une *chaise*, afin que tous les officiers et les soldats de sa garde pussent le contempler, et y puiser de nouveaux motifs, de nouvelles inspirations de courage pour la grande affaire qui devait avoir lieu le lendemain. »

— Puisque vous connaissiez ce moyen, monsieur l'ex-ministre, vous auriez dû le conseiller au moment de la révolution de 1830. Dans votre zèle monarchique, vous auriez sans doute épargné bien de la honte et du sang inutilement versé alors et plus tard. Vous avez, à l'heure du danger, manqué de mémoire ou de dévouement.

Je ne raconterai pas l'immortelle campagne de 1812... Elle n'est pas du domaine de notre histoire. La fatalité avait poussé Napoléon au trône impérial : elle seule a encore conduit les événements qui devaient l'en précipiter. Plus tard on a porté bien haut — et ce sont des Français indignes de leur nom — la victoire de l'Europe coalisée. Que pouvait l'autocrate du Nord contre le colosse de l'Occident sans le concours de circonstances tout à fait en dehors de ses prévisions? A quoi servait même l'incendie de Moscow sans un bouleversement dans les saisons? Le trône impérial n'avait pas encore disparu sous ses ruines:

Napoléon Ier aurait continué de dicter des lois à l'Europe, sans la trahison qui se montra d'abord à Leipsick.......

Ici je ne puis m'empêcher de faire un rapprochement. Nous retrouvons ces mêmes Saxons qui causèrent tant de maux à Charlemagne par leur indomptable perfidie. Les premiers ils donnèrent le signal de la défection après les revers de Russie : seulement leur roi, seul resté fidèle à ses serments, n'avait imité ni l'audace ni la lâcheté de Witikind. Bientôt à la trahison étrangère était venue se joindre l'ingratitude de plusieurs généraux, créatures de l'empereur, qui ne se sentaient plus la force de suivre ses pas de géant. Par eux les merveilles des campagnes de 1813 et de 1814 sont rendues inutiles ; par eux la coalition enhardie ose, au milieu de ses défaites, se glisser jusque sous les murs de la capitale. Est-ce à de nombreuses déroutes que la Sainte-Alliance doit la capitulation de Paris? Il me répugne de répéter ici les noms des traîtres ; d'autres les ont assez livrés à la honte et à l'indignation des peuples. La longue suite des victoires de 1814 restera comme un monument de la gloire impériale. Le héros semble se multiplier pour frapper ses nombreux ennemis d'étonnement et de stupeur : partout où il se trouve avec les enfants du peuple, ces sublimes soldats que la faveur n'a pas énervés, corrompus, la victoire se range sous les drapeaux de notre armée, et l'étranger fuit épouvanté. Qui ne se rappelle encore la défaite de Champaubert? Qui pourrait oublier la consternation des bandes russes fuyant loin du champ de bataille? Le seul nom de Napoléon leur inspirait une terreur que nulle expression ne pourrait peindre.

Et pourtant, malgré cette gloire de chaque jour, malgré tant de batailles gagnées, l'empire d'Occident s'écroule sur ses bases colossales... C'est que jusqu'au dernier moment l'empereur a refusé de croire à la trahison de ceux qui lui devaient tout; c'est que Dieu, après avoir fait le génie du grand homme, allait encore montrer à l'univers comment il se sert parfois de hordes barbares pour accabler la civilisation, quand ceux qu'il voulait en gratifier, ceux auxquels il avait envoyé son prédestiné, se sont trouvés indignes de sa redoutable bienveillance, indignes surtout de comprendre toute la profondeur de la pensée appelée par lui à consolider le bonheur de l'Europe entièrement régénérée. — Encore de terribles épreuves!...

Applaudis-toi, Albion, jouis de ton sublime triomphe; car tu as tout fait, tout conduit. L'homme qui pouvait t'effacer du nombre des nations est tombé du sommet de sa puissance... Mais n'espère pas toujours obtenir l'impunité que ta politique hypocrite a trouvée jusqu'ici. Le jour marqué viendra pour toi... Quelle étrange anomalie!

c'est la constitution de 1688 qui arme l'Europe absolue contre la démocratie de 1789 ! — Rois et potentats, cette alliance monstrueuse doit être un jour funeste à l'une des puissances coalisées... L'avenir vous instruira mieux que nous ne pourrions le faire dans le présent. Ne l'oubliez pourtant pas dès aujourd'hui, vos efforts sont insensés ; vous répandez en vain le sang de vos sujets ; la guerre propage ce que vous redoutez par-dessus tout. — La civilisation française serait-elle parvenue jusqu'aux glaces de la Baltique, si la tortueuse politique d'Alexandre n'avait pas obéi soit à la haine, soit aux conseils d'un gouvernement plus perfide que le sien ? La Russie s'est précipitée dans une guerre commune avec l'Angleterre !!... — La Russie semblait combattre pour un principe ; mais l'Angleterre n'en a jamais eu : elle prenait les armes pour une vieille jalousie qui remonte jusqu'à Charlemagne... — Alexandre, vous étiez dans le faux.

Au milieu du bouleversement européen, que devient le roi de Rome ? Que fait pour lui ce sénat conservateur, qui était venu humblement apporter sa protestation de dévouement autour de son berceau ? Écoutons les paroles adressées par son président à Napoléon Ier, le 22 mars 1811 :

— « Sire, le sénat vient offrir à votre majesté ses vives
» et respectueuses félicitations sur le grand événement qui

» comble nos espérances et qui assure le bonheur de nos
» derniers neveux. Nous venons les premiers faire retentir
» jusqu'au pied du trône ces transports de ravissement et
» ces cris d'allégresse que la naissance du roi de Rome
» fait éclater dans tout l'empire. Vos peuples saluent par
» d'unanimes acclamations ce nouvel astre qui vient de se
» lever sur l'horizon de la France, et dont le premier
» rayon dissipe jusqu'aux dernières ombres des ténèbres
» de l'avenir. La Providence, sire, qui a si visiblement
» conduit vos hautes destinées, en nous donnant ce pre-
» mier-né de l'empire, veut apprendre au monde qu'il
» naîtra de vous une race de héros, non moins durable que
» la gloire de votre nom et les institutions de votre génie.

» Du haut de ce trône, où nous contemplons la majesté
» souveraine dans toute sa pompe, vous nous avez plus
» d'une fois fait entendre ces nobles et touchantes paroles :
» *Que le bonheur de vos peuples est le premier besoin de votre*
» *cœur*. Devenu époux et père, vos affections les plus in-
» térieures se confondent dans l'amour que vous portez
» à vos sujets. L'auguste impératrice, qui relève l'éclat du
» diadème par tant de grâces et de vertus, vous est plus
» chère encore comme mère du prince appelé à régner un
» jour sur les Français; et quand vos regards paternels
» s'attachent sur le roi de Rome, vous pensez aussitôt que,

» sur cette tête si précieuse reposent les destinées de ce
» peuple toujours présent à votre souvenir.

» Permettez, sire, que dans ce jour le sénat confonde
» aussi ses sentiments les plus chers avec les premiers de
» ses devoirs, et que nous ne séparions point notre ten-
» dresse respectueuse pour le fils du grand Napoléon d'avec
» les saintes obligations qui nous attachent à l'héritier de
» la monarchie; de même que dans l'hommage que nous
» venons présenter à votre majesté nous ne séparerons
» point l'humble offrande de notre amour pour votre per-
» sonne sacrée d'avec le tribut de notre profond respect
» et de notre inébranlable fidélité..... »

— Et cette même assemblée, dont la *fidélité* devait être *inébranlable*, oublieuse de tout sentiment de pudeur, prononce, le 2 avril 1814, la déchéance de Napoléon Ier et de sa race!...

Depuis quelques jours, contre l'avis presque unanime du conseil de régence, Marie-Louise a voulu quitter Paris. Cette résolution affligea beaucoup la reine Hortense : désolée de voir l'impératrice régente et son fils abandonner la capitale aux intrigants et aux conspirateurs, elle la pressa vivement de rester, et lui dit avec un accent prophétique : « Si vous quittez les Tuileries, vous ne les verrez plus. » Mais, par une terrible fatalité, ceux qui aimaient la patrie ne pouvaient plus faire entendre leur voix : tous leurs avis étaient repoussés!..... Dans cette circonstance, Marie-Louise semble accréditer les bruits répandus sur son indiscrétion, pour ne pas me servir d'une expression plus dure et plus juste peut-être. Tous les hommes influents dont elle se trouvait entourée alors ne songeaient plus qu'à se ménager un facile rapprochement avec la royauté, revenue en France sur les baïonnettes étrangères..... Eh quoi! dans le danger de la patrie, des Français marchandaient leur dévouement avec des chefs de hordes barbares!..... La conservation des places devait passer avant le salut de la gloire et du patriotisme!... Nous n'étions pas encore dignes de nobles institutions; nous méritions d'être soumis une fois encore aux épreuves d'un despotisme déguisé sous la forme d'une royauté constitutionnelle.

Dans cette lutte déloyale, où la perfidie, la trahison et l'égoïsme prêtaient secours à l'absolutisme coalisé, le peuple français fut grand et sublime : il n'avait en vue que la patrie. Celui qui, dans cette déplorable circonstance, montra la plus ferme énergie, ce fut peut-être ce même enfant-roi que les adulations des courtisans avaient obsédé au moment de sa naissance. Il semblait qu'à cette heure extrême toute la force de la résistance nationale se fût réfugiée dans cette âme candide; on eût dit qu'une grande

DÉPART DES TUILERIES.

Page 67.

DÉPART DES TUILERIES.
Page 47.

pensée se révélait d'en haut à cette faible créature, pour avertir les traîtres, et les rappeler au courage de leurs devoirs. Au moment fixé pour le départ, on vit le fils de Napoléon résister à l'autorité de sa mère. — « Je ne partirai pas, lui criait-il en se cramponnant aux meubles, aux draperies du palais : je ne partirai pas... Mon père m'a défendu de m'en aller... » — Et il paraissait implorer la fidèle amitié de la reine Hortense contre le dévouement douteux de l'impératrice Marie-Louise. — Il voulait rester avec ses cousins.

Cependant cette résistance émut sa mère : il lui fut impossible de continuer cette espèce de lutte avec son fils. Quand on vint le prendre pour le conduire à la voiture impériale, il fallut qu'un écuyer de l'impératrice prêtât son aide à madame de Montesquiou pour l'emporter loin des Tuileries..... C'étaient toujours les mêmes cris : — « Mon père l'a défendu... » — Ces protestations souvent répétées arrachaient des larmes aux spectateurs, attendris de cette opiniâtreté dans un enfant qui ne semblait pas devoir comprendre sa position.

Cette énergie extraordinaire aurait pu éclairer les aveugles, ou faire rougir les lâches de leur honte; mais le mal était sans remède : la voix désespérée de l'enfant allait s'éteindre inutile comme le génie et l'héroïsme de son père. La France manquait à ses grandes destinées par la trahison de quelques hauts fonctionnaires, indignes créatures du héros !.....

Il est parti malgré ses larmes, surtout malgré les efforts de la reine Hortense pour retenir la cour au sein de la capitale. Que le sort de la France eût changé, si l'autorité souveraine eût été confiée à cette femme courageuse, au lieu de tomber dans les mains de la faible archiduchesse d'Autriche ! La fille de Joséphine restera dans Paris jusqu'au dernier moment : elle veut être témoin de la défense nationale et en partager tous les dangers... Mais elle ne verra que honte et trahison !..... Alors il faudra bien se résigner aux malheurs de la patrie vendue, livrée..... Ses deux fils ont compris, comme le roi de Rome, tout ce qu'ils perdent; mais leur douleur est silencieuse : ils ont déjà l'intelligence de la force brutale; ils savent que désormais toute résistance deviendrait inutile. Ils se soumettent avec résignation, à l'exemple de leur mère, qui avait depuis longtemps le pressentiment d'un douloureux avenir. Elle pleurait au départ de la cour, mais ce n'était pas seulement sur les malheurs de l'enfant-roi, sur ceux qui l'attendaient elle-même et sa famille : elle pleurait la gloire de Napoléon, et surtout les belles destinées dont la France était déjà privée par l'ingratitude de ceux qui lui devaient le sacrifice du plus pur de leur sang.

Dans notre orgueil, nous daignons à peine jeter un seul regard de pitié sur ce que nous appelons la barbarie des temps anciens. Avons-nous jamais eu la force et la vertu de Rome ou de Carthage? Les Romains n'avaient sans doute pas plus de bravoure que nous; mais auraient-ils conquis et conservé l'empire du monde pendant plusieurs siècles, avec un patriotisme chancelant et toujours soumis aux calculs de l'ambition, disons mieux, d'un stupide et inintelligent égoïsme?.....

Notre roi de Rome est à Vienne; et son père, qui s'est courbé devant la Nécessité, qui n'a pas voulu de guerre civile, son père est relégué dans une petite île de la Méditerranée. Les Bourbons, replacés sur le trône de leurs aïeux par la volonté des traîtres plutôt que par la force des baïonnettes alliées, les Bourbons, dès le début d'une restauration impopulaire, font murmurer ceux mêmes qui les ont aidés à ressaisir le beau sceptre de France..... Napoléon a tout compris : à peine établi sur la terre d'exil, il a voulu reconstruire la fortune nationale. Les lieutenants qui l'avaient d'abord abandonné dans leur aveuglement sont sans doute revenus d'une aberration momentanée; et l'aristocratie démocratique se souviendra désormais que sa mission était de combattre pour le trône et le chef de la démocratie. Napoléon Ier a touché le sol français : il rentre dans Paris en triomphateur, et la restauration s'est évanouie comme une ombre à son approche..... Son fils est toujours à Vienne, et l'indigne Marie-Louise a déjà refusé de venir le rejoindre dans sa capitale. Joséphine n'est plus!..... Joséphine, qu'il trouva toujours si aimante, si dévouée..... Elle n'avait pas beaucoup survécu à la chute de l'empereur. Le monstre politique, qui toujours immola tant de victimes, l'avait-il sacrifiée à une jalousie dynastique?... La postérité le saura..... Elle était morte presque subitement à la suite d'une promenade dans les jardins de la Malmaison. Il se rencontre des historiens assez niais, ou plutôt assez courageux, pour oser écrire que la fatigue de cette courte excursion l'a seule tuée!... Pourquoi ne pas dire tout simplement : L'impératrice, rentrée chez elle, demanda un verre d'eau, qui occasionna immédiatement l'horrible crise dont elle est morte peu de temps après? N'ajoutons aucun commentaire, et laissons à l'opinion publique le soin de toute recherche. Cette fin tragique affligea la France entière, et fit cesser la jalousie que lui attirait la respectueuse affection d'une majesté impériale dont on avait à redouter la puissante influence. A la vue de tant de noblesse et de malheurs, Alexandre ne pouvait-il pas se repentir d'avoir trahi une illustre amitié?...

Un second exil était inévitable pour la famille des Bourbons... Le retour de l'empereur était accompli ; sa marche triomphale est peut-être la plus grande merveille que l'histoire nous ait apportée ; mais, hélas ! n'était-elle point prématurée ? Pourquoi, dans son impatience du retour, n'a-t-il pas laissé un an de plus aux Bourbons, pour se faire maudire des lâches eux-mêmes qui les avaient rappelés ? Pourquoi n'a-t-il pas laissé aux rois absolus le temps de dissoudre le congrès de Vienne ? Pourquoi est-il revenu les terrifier au moment où presque toute l'armée coalisée se trouvait encore sur notre frontière ? Une fois anéantie, la coalition ne pouvait se reconstituer avant un an, et c'était plus qu'il ne fallait au génie, je ne dirai pas pour organiser la victoire, mais pour décourager, pour enchaîner la trahison, toujours prête à servir l'étranger aux dépens de la patrie. Il était poussé malgré lui dans des malheurs préparés par le destin pour combler la misère publique en France, sans diminuer la gloire du héros, qui en a reçu au contraire un nouveau lustre.

Le seul nom de Napoléon vient de donner une nouvelle secousse au monde..... — Nous sommes à Waterloo..... Vainqueur toute la journée, le grand capitaine voit la victoire lui échapper, et par l'impéritie de Wellington, et par la perfidie, la lâcheté de quelques Français..... Combien de fois l'Anglais, battu sur tous les points, ne voulut-il pas opérer une retraite rendue impossible par la mauvaise combinaison du général en chef?..... Mais cette faute énorme, qui le forçait à se laisser décimer par nos braves, a donné au vieux Blucher le temps d'arriver avec sa colonne prussienne, tandis que les troupes attendues par l'empereur n'approchaient pas!..... Telle est donc la victoire que Wellington ose s'attribuer!..... Il pourrait avec autant de justice se faire gloire des désastres qu'un froid excessif et des neiges prématurées causèrent à notre armée victorieuse!..... C'est ainsi que nous avons été trahis par le caprice de la fortune à Crécy, quand l'armée anglaise, vaincue, aux abois, se repliait devant nous, et s'abritait derrière les forêts et les marais du Ponthieu; à Poitiers, quand, réduite à la dernière extrémité, elle offrait d'acheter la paix au poids de l'or. Serons-nous encore victimes de cette folle déesse, avant de nous être vengés de l'injustice des hommes et de la bizarrerie du destin?.....

Pour la seconde fois le sénat renie son bienfaiteur; il se couvre même d'une honte que l'histoire transmettra non sans douleur à la postérité..... Cette assemblée ne craignit pas de proposer sa fidélité, son dévouement à une nouvelle restauration, sous la condition que les traitements et les dignités de tous ses membres deviendraient désormais héréditaires. Qui ne rougirait pas de son père, si son nom avait ce jour-là figuré sur la liste du sénat?

Napoléon veut bien abdiquer; mais il demande que son fils soit proclamé empereur. La proposition est acceptée; et c'est à l'instigation d'un petit nombre d'ingrats (d'autres historiens ont eu le courage de les nommer; leurs noms ne tacheront pas cette histoire), c'est à leur instigation qu'un revirement de politique est bientôt opéré. Le sénat vote déjà contre Napoléon II, et la chambre des représentants a proclamé qu'il ne peut pas régner.

La démocratie était donc momentanément perdue en France; ceux qui auraient voulu son triomphe étaient aveuglés par la fatalité, puisqu'ils repoussaient le seul bras assez puissant pour asseoir la constitution sur des bases solides. Et c'est dans une chambre qui semblait lutter contre l'étranger pour nos libertés publiques, c'est dans cette chambre que le dernier coup fut porté! On veut opposer de la résistance au parti de la prétendue légitimité, et l'on ne craint pas de briser l'épée qui seule pouvait encore refouler au delà du Rhin la coalition vaincue..... La sinistre influence de la Fayette compromettra-t-elle de nouveau les destinées de notre belle patrie?

Ainsi Napoléon II restera dans l'exil, et Napoléon-le-

Grand vient d'abdiquer une seconde fois, pour aller se livrer à la foi britannique. Il invoque le souvenir de Thémistocle : il aurait dû plutôt se rappeler Régulus et la foi punique. La France seulement devait être pour lui Athènes dans un avenir assez rapproché. Les bourreaux de Jeanne d'Arc auraient aussi brûlé le général Bonaparte, dans des temps plus reculés. Ils avaient marché avec la civilisation : Sainte-Hélène couronnait donc le bûcher de Rouen.

Des hommes pusillanimes et peu clairvoyants se sont appuyés sur l'accueil fait à Napoléon par la population anglaise en 1815, pour tenter depuis juillet 1830 un rapprochement avec les deux gouvernements. Toute nation livrée à ses instincts devait aimer celui qui avait assuré autrefois le triomphe de la cause populaire ; mais ne confondons pas le peuple avec l'aristocratie, toujours dévouée à l'absolutisme divin, même dans les monarchies constitutionnelles. Nous ne sommes pas encore arrivés aux temps heureux d'une fusion générale : la haine qui dure depuis tant de siècles entre Lutèce et Albion est loin d'être éteinte. La colère de Rome ne doit finir qu'avec Carthage réduite en cendres. Notre Régulus s'était confié à la générosité britannique : on n'a pas eu honte de payer sa confiance par le plus injuste et le plus cruel des supplices...

— Que dis-je Régulus ? Napoléon n'a jamais été votre pri-

sonnier, perfides ministres anglais : vous n'aviez pas le droit de lui imposer des fers... — Carthage ne fut pas généreuse : Albion s'est montrée lâche et infâme. Le temps, ce grand vengeur, lui apportera le châtiment qu'elle mérite. Tout citoyen français doit vouer une haine éternelle à ce gouvernement hypocrite, que nous retrouvons partout pour nous trahir. Nous devons recueillir l'héritage de Rome, et ne jamais nous donner de repos avant la juste punition réservée à la Carthage moderne. On paraît ne pas comprendre que là est la gloire et la prospérité de la liberté européenne. Un gouvernement français qui aurait le courage de s'appuyer sur toutes les vertus, au lieu d'exploiter la honte et la turpitude de quelques-uns, pourrait, dans un avenir prochain, réparer les maux des cruelles trahisons et des funestes mécomptes. L'absolutisme est assez énervé pour que notre mission de liberté et de civilisation devienne facile à notre dévouement. Les peuples nous contemplent; car ils n'ont pas tout à fait désespéré de nous...... Notre éducation politique n'est pas encore achevée; nous avons besoin de nous former aux mœurs civiques, sans lesquelles les plus belles théories gouvernementales ne seront jamais que mensonges.....
— Des hommes sans foi, des partis antinationaux ont saisi l'importance de cette vérité....., et l'exercice des vertus

est devenu difficile, presque impossible, au milieu de la démoralisation publique..... Et pourtant sans cette pureté de morale, sans la religion du civisme, point d'avenir. C'est à nous de nous tenir sur nos gardes.

CHAPITRE TROISIÈME.

SOMMAIRE.

N***, capitaine de la vieille garde, raconte les premières années du duc de Reichstadt à la comtesse Napoleone Camerata. — Comment le capitaine reconnaît la fille d'Elisa Bacciochi. — Comment il travaille dans le parc de Schœnbrunn. — Opinion du jeune duc, âgé de neuf ans, sur l'assassinat du duc de Berri. — Souvenirs du roi de Rome. — Départ de Mme de Montesquiou. — Le comte de Dietrichstein et les autres gouverneurs du prince. — Le roi de Rome, devenu duc de Reichstadt, refuse d'apprendre l'allemand. — Emile Gobereau et l'institution de Saint-Cloud. — Belles qualités du prince. — Sa force de caractère. — Le capitaine le voit pour la première fois. — Tyroler Haus et Robinson Crusoë.

III

Jusqu'ici la vie du fils de l'empereur s'est trouvée liée à notre histoire; désormais, cachée au fond du labyrinthe de la politique autrichienne, elle ne pourra nous être révélée que par le zèle opiniâtre de quelques Bonapartistes, demeurés fidèles au souvenir de notre gloire et de notre puissance nationale. Je m'aiderai surtout de renseignements précieux : ils me seront fournis par un capitaine de la vieille garde, parvenu, après des efforts inouïs et grâce à une généreuse patience, à se fixer non loin de la prison dans laquelle on devait ensevelir la plus grande espérance de l'empire. Son récit commence au moment où il vient d'apprendre qu'une nièce de Napoléon Ier est arrivée à Vienne, deux mois après la révolution de juillet 1830. A cette époque, malgré l'avénement au trône d'un membre de l'ancienne famille des Bourbons, tout espoir ne s'était pas encore éteint dans les cœurs des patriotes : pouvaient-ils donc rêver la liberté sans la gloire impériale? On s'était souvenu du vote universel qui avait investi le père de l'autorité souveraine, et de la proclamation spontanée qui avait, lors des revers et des mécomptes de 1815, appelé Napoléon II à s'asseoir à son tour sur le trône constitutionnel. Ce vote et cette proclamation revivaient dans la mémoire d'un grand nombre, et le fils de l'empereur n'était pas mort... La Fayette, ce malencontreux agitateur des cent jours, allait sans doute faire amende honorable de toutes ses erreurs politiques. On semblait enfin comprendre en France que la dynastie nouvelle demandait un nom nouveau, mais déjà bien cher par de glorieux antécédents.

Écoutons le récit de ce vétéran de l'empire, aussi distingué par sa haute instruction que par son fidèle courage. En apprenant à la comtesse Napoléone Camerata toutes les particularités de la vie douloureuse du prince, son bien-aimé cousin, il nous révèlera l'étendue de son dévouement et une partie du mystère dont la politique a trop longtemps entouré le malheureux successeur de Napoléon-le-Grand :

— « Le 2 septembre 1830, vers six heures du soir, comtesse, vous traversiez le parc de Schœnbrunn. Je travaillais non loin de l'allée que vous parcouriez, en face de la Gloriette. Je crus, au milieu de votre conversation fugitive, entendre prononcer un nom qui a toujours agité les fibres de mon âme. Je regarde, et je suis vivement frappé de l'expression de votre figure....... Quelle ressemblance avec le fils, et surtout avec le père!!... Je suis pourtant loin de soupçonner que je vois la fille d'Élisa Bacciochi. J'avais fait la part de l'illusion toujours attachée à des souvenirs magiques. Mais les quelques mots recueillis par mon avide curiosité m'ont trop ému, pour que je ne cherche pas à connaître les personnes qui semblent prendre intérêt à une malheureuse famille... — Au moment où je quittais mes travaux, vous quittiez aussi le parc impérial. Mon parti n'est pas douteux : je prends à l'instant la résolution de vous suivre jusqu'à votre demeure, autant que le permettrait la rapidité de vos chevaux. Vingt fois je perds de vue votre calèche, vingt fois assez heureux je me retrouve

sur votre passage. Enfin je vous vois entrer rue de Carinthie, hôtel du Cygne. Le lendemain je reviens avec le
costume dont je me sers quand je veux déjouer la police ;
j'entre, je m'informe, je parviens, le soir, jusque dans
votre appartement. Vous étiez seule quand je fus introduit auprès de vous. Je suis toujours frappé de la même
ressemblance ; je ne doute plus que je ne sois en présence
de l'une des nobles filles de la famille Bonaparte ; et, sans
plus calculer les suites de ma démarche, je vous adresse
la parole en français. Je savais que ce talisman devait me
perdre ou me recommander à votre faveur. Je ne m'étais
pas trompé. A mon accent, vous vous retournez, vous vous
précipitez vers moi : Oh ! vous êtes de la patrie des braves !
vous écriez-vous..... Je vois en vous un serviteur dévoué
à la cause nationale.

— » Maintenant, madame, vous voulez savoir ce qui se
rattache à une existence justement chère à tous. Je dois
comprendre votre impatient empressement, et pourtant,
avant de vous parler de lui, il est nécessaire que je vous
entretienne de moi : instruite de mon passé, vous pourrez
du moins savoir jusqu'où vous devez compter sur mon
dévouement pour l'avenir.

— » Vous étiez encore bien jeune, quand, deux fois
trahi par quelques lâches, Napoléon Ier se crut forcé d'ab-

diquer deux fois le pouvoir, au grand mécontentement de l'armée, qui aurait voulu, qui pouvait encore avantageusement combattre pour l'empire. Lorsque, foulant aux pieds toute bonne foi, l'Angleterre lui donna des fers au lieu de l'hospitalité demandée et promise, j'aurais été fier de partager la captivité de notre empereur; mais, hélas! j'ai été, comme tant d'autres, privé de cet insigne bonheur! Je ne voulais pas consacrer mes services à la royauté de l'étranger : je pris aussitôt le parti de quitter la France, pour servir la patrie; car la patrie des braves n'était plus désormais que sur le rocher de Sainte-Hélène, ou dans la prison de Schœnbrunn. Mais comment m'établir à Vienne sans éveiller les soupçons?

» Aux jours heureux de l'empire, une de mes sœurs s'était mariée dans le Tyrol à un sujet de l'Autriche. Désirant ne pas me séparer d'elle, j'avais fait consentir son mari à se rapprocher de moi : il s'était établi à Strasbourg. En 1814, après le départ de Napoléon 1er pour l'île d'Elbe, ma sœur était veuve, quand j'apprends que le jeune prince doit être élevé à la cour de François II. Je n'avais pu suivre l'empereur, personne désormais ne m'empêchera d'accompagner son fils. Mon beau-frère était mort des suites de plusieurs blessures qu'il avait reçues dans une lutte violente avec des soldats de l'armée étrangère, lors du retour. Je couvre son cadavre de mes habits d'officier ; et, dans le tumulte de l'invasion, il m'est facile de faire consigner mon décès sur les registres de l'état civil. Ma sœur a compris ma pensée. Grâce à ce stratagème, je passe facilement pour son mari et pour le père de sa fille encore au berceau. Je demande à rentrer en qualité de sujet tyrolien dans les états de l'empereur d'Autriche. Des passe-ports me sont accordés ; toutefois, au lieu de retourner dans la ville natale de mon beau-frère, je fixe d'abord ma demeure dans un village sur les bords du Tagliamente. J'aurais pu dès les premiers jours de ma transmigration me diriger du côté de Vienne ; mais n'y aurais-je pas attiré bientôt les regards de la police sur moi ?

» Mon beau-frère, avant de passer en France, avait exercé le métier de jardinier : je devais donc pour ma sûreté acquérir un peu d'habileté dans cette nouvelle profession que j'embrassais. J'avais des connaissances en botanique ; il ne me fut pas difficile, grâce à mon habitude de supporter la fatigue, de parvenir au but de mes désirs.

» Cette résolution n'a rien d'extraordinaire. Je connais un grand personnage de l'empire qui fut obligé, malgré son immense fortune, de se faire ouvrier imprimeur, pour se soustraire aux inquisitions de la Sainte-Alliance, pendant les premières années de la Restauration. A vingt-quatre ans il était ambassadeur du roi Louis XVI dans cette même Allemagne où il s'est vu longtemps soumis à une dure nécessité...— Incarcéré par la terreur, il avait failli périr victime de l'anarchie, comme plus tard il se dérobait avec peine aux poursuites de l'absolutisme........

» En 1817 je quitte les états vénitiens pour passer dans la Carniole, où je vais tenter de m'établir à Trieste. J'étais assez riche pour acquérir une petite propriété; mais je ne voulais pas me lier au sol. Je cherchai à me placer dans la maison d'un seigneur autrichien; ce qui ne me fut pas difficile en ma qualité de sujet tyrolien.

» J'étais toujours loin de Vienne : je voulais y entrer sous la protection de quelque grand de la cour; je ne pouvais mieux réussir qu'en restant au service de mon premier maître. Il devait, après deux ans de séjour à Trieste, retourner dans la capitale des états autrichiens, pour ne plus la quitter. C'était bien long; mais j'avais depuis des années fait l'apprentissage de la patience........ Enfin, dans le mois de mai 1819, le comte N*** est rappelé à la cour, où il doit occuper une place importante. Quelle ne fut pas ma joie quand j'appris notre prochain départ!... Je pourrais bientôt sinon voir le fils de mon empereur, du moins en avoir des nouvelles positives !

Me voilà donc, moi ancien capitaine de la vieille garde,

installé dans un château de Meidling, jardinier aux gages d'un comte autrichien!...... Pouvais-je même songer à la plainte? Quels plus grands maux ne devaient pas souffrir d'autres victimes!....

» Ma vie de dévouement obtenait déjà une douce récompense : je vivais entouré des soins et de l'amitié de ma sœur, dont je voyais grandir la fille, depuis longtemps habituée à aimer en moi son père : j'en avais tout l'amour pour elle ; aussi me chérissait-elle comme elle eût fait de l'auteur de ses jours. Je ne devais pas rester longtemps sans inquiétude sur mon avenir, sur celui de la petite famille que je m'étais donnée. Soit dérangement dans sa fortune, soit une autre cause, le comte N*** fut obligé de vendre ses propriétés et de congédier tout son domestique. Cependant cette nouvelle épreuve devait amener pour moi un heureux changement : en me congédiant, le comte N***, content de mon zèle et de ma fidélité, me recommande au jardinier du château de Schœnbrunn, où j'entre aussitôt en qualité d'ouvrier. Dès ce moment je fus heureux; j'avais le certitude de voir de près le fils de mon empereur.

» Je travaillais depuis plusieurs mois dans le parc impérial, et je n'avais pas encore eu le bonheur de contempler les traits du duc de Reichstadt, qui était toujours pour moi le roi de Rome, l'héritier de la couronne de France..... Je n'ai jamais été maître de mon imagination sur ce point.

» Je n'osais pas questionner les autres ouvriers, dans la crainte de me trahir par mon émotion. D'ailleurs on parlait quelquefois en ma présence, trop peu, il est vrai, selon mes désirs, assez néanmoins pour me fournir d'utiles renseignements sur ce prince bien-aimé.

» Nous étions au mois d'avril 1820; il avait accompli sa neuvième année. On ne saurait s'imaginer ce qui fut tenté pour l'isoler de tout souvenir de France; sa mémoire opiniâtre avait triomphé des efforts. En vain la Sainte-Alliance avait éloigné, un à un, les Français attachés à sa personne; en vain elle avait essayé de lui faire oublier jusqu'à sa langue maternelle; ce caractère, d'une énergie étonnante dans un enfant, avait désespéré ceux qui voulaient, soit amour, soit politique, le détacher de tout sentiment, de toute sympathie pour le pays qu'il était destiné autrefois à gouverner. Il n'était bruit dans Vienne que de l'assassinat du duc de Berri. Cette nouvelle était même parvenue aux oreilles du prince, auquel on n'avait pas craint de la redire, toujours dans le but d'exciter sa haine contre ces Français indignes de son attachement. Son amour fut encore plus fort.

— » Ceux qui ont tué le duc de Berri, s'était-il

écrié, sont les mêmes qui ont trahi mon père !.... »

» Cette exclamation avait dû surprendre les gouverneurs qu'on lui avait donnés. Le comte de Dietrichstein, auquel François II avait confié la direction de son éducation, en fut aux abois, et sa bonhomie germanique en demeurait alarmée. M. de Foresti, son gouverneur militaire, et M. Collin, chargé spécialement de l'instruction littéraire, avaient partagé l'étonnement et les appréhensions du noble seigneur. On en référa à l'empereur, qui aimait tant son petit-fils, et au prince de Metternich, le dernier et le plus ferme soutien de la monarchie absolue en Europe. C'en était donc fait . on ne pouvait plus conserver l'espoir d'imposer au fils de Marie-Louise l'oubli de sa glorieuse naissance : il fallait désormais se résigner. On prit dès lors le parti de répondre à son avide curiosité sur tout ce qui se rapportait à cette époque : on fit plus, on alla au-devant de ses questions : on lui traça l'histoire de Napoléon, à la manière de Metternich.

— » Ce sont les mêmes qui ont trahi mon père!.... Quelle vérité profonde sortie de la bouche de cet enfant ! Non, le coup n'avait pas été porté par une main patriote. L'assassin n'avait pas été recruté dans ces braves et nobles phalanges de la vieille armée. Des bouches intéressées n'ont pas craint d'accuser les libéraux; et ici le mensonge n'était pas aussi flagrant peut-être, pour nous surtout, hommes de 1830, qui avons pu apprécier la composition de ce qu'on appelait le libéralisme. Là se trouvaient deux partis bien distincts : les francs libéraux, c'est-à-dire les vrais patriotes, ceux qui ne voulaient ni les orgies de 93, ni l'infamie de 1814 et 1815, et les faux libéraux, c'est-à-dire cette horde d'obscurs hypocrites qui avaient, dans l'ombre et dans tous les temps, conspiré contre le malheureux héritier de Louis XV et de son trône corrompu; contre la révolution, pour la faire tourner au profit de leurs passions; contre le consulat, contre l'empire, dans la rage que leur inspiraient la gloire consulaire et la puissante majesté impériale; contre la restauration, dans le désespoir d'un égoïsme trompé, d'une ambition qui voyait ajourner, peut-être pour longtemps encore, l'accomplissement d'antiques désirs. Mais laissons toutes ces distinctions devenues presque inutiles, grâce aux sévères enseignements livrés à nos méditations par l'histoire de chaque jour. La Restauration régnait appuyée sur le crime et la honte : l'assassinat commençait à l'ébranler..., l'assassinat, auquel le patriotisme français n'a jamais eu recours. — L'enfant exilé du trône jugeait donc bien le peuple dont il fut toujours aimé.

» Dès les premiers jours de son exil, le roi de Rome a

protesté partout, comme aux Tuileries, contre la force brutale qui le dépouillait de sa couronne. Lors même du voyage de Rambouillet à Vienne, son imagination de trois ans se reportait aux souvenirs de l'empire. En vain entendait-il dans les états autrichiens les acclamations qui l'accueillaient lui et sa mère, rien ne pouvait le distraire de sa pensée dominante.—« Tout cela est fort beau ; mais » je vois bien que je ne suis plus le roi de Rome... Je n'ai » plus de pages..... »

» Toute la France sait qu'après le retour de l'île d'Elbe, une conspiration s'était formée pour enlever le jeune prince à la politique de la Sainte-Alliance, et le rendre à l'amour des Français et aux embrassements de son père. Ce projet, après avoir échoué comme tant d'autres, par la trahison, encore trop enracinée dans les mœurs de l'Europe, fut démenti par le gouvernement du prince de Metternich. — « C'était une fiction calomnieuse, disait-on : jamais on n'avait découvert un pareil complot : il n'avait existé que dans l'imagination des Bonapartistes exagérés. » — Malgré ces dénégations si positives, il n'en reste pas moins avéré que la séparation du prince et de madame de Montesquiou coïncide parfaitement avec cette époque. Cette découverte est confirmée par le renvoi successif des fidèles serviteurs français. Nul d'entre eux n'aurait jamais voulu quitter le malheureux mais bien-aimé duc de Reichstadt. On ne niera pas la douleur de la noble gouvernante du roi exilé, quand il fallut lui dire un éternel adieu... Et cependant madame de Montesquiou retournait en France, au sein de sa famille, qui la chérissait ! On attribue ce sentiment au seul amour que l'enfant-roi avait inspiré par son amabilité et surtout par son malheur : — oui, le dévouement doit aussi honorer cette femme et ces serviteurs; mais, je le répète, tous furent forcés de quitter le royal orphelin, sur lequel leur sollicitude aurait voulu veiller bien longtemps encore.

» A quatre ans et demi, on l'entoure d'un rempart vivant : sous le prétexte de lui donner des gouverneurs, on impose à son enfance des geôliers titrés, des gardiens vieillis dans le métier des armes. Son éducation, ou plutôt sa surveillance, est dès lors confiée au noble comte de Dietrichstein, ancien adjudant général dans les campagnes de Belgique, d'Allemagne et d'Italie, et au capitaine de Foresti, qui était sorti de l'Académie du génie à Vienne, en qualité d'enseigne. On leur adjoignit, comme gouverneur, Matthieu Collin, frère du célèbre poëte Henri Collin. Ces noms, s'il faut en croire les rapports parvenus jusqu'à nous, n'avaient rien que d'honorable; cette mesure n'en était pas moins prématurée. Donner à un enfant de quatre ans et demi un conseil d'instruction, étayer ses premiers pas de la haute surveillance d'un vieux guerrier, forcer ce dernier d'abandonner les fonctions de chambellan du roi de Saxe, c'était assez justifier les bruits de complot. On avait craint de les accréditer en imposant au prince une gouvernante autrichienne à la place de madame de Montesquiou : s'imagine-t-on les avoir atténués en devançant l'âge auquel les enfants de la famille impériale reçoivent une instruction sérieuse ?

» On prétexte la précoce intelligence du jeune duc, et plus tard, tout en reconnaissant ses grandes facultés, on semble douter de la vivacité de son esprit..... C'est que plus tard on a besoin d'oublier; aujourd'hui il faut colorer une mesure extraordinaire, et on lui a trouvé fort à propos des dispositions au-dessus de son âge..... Les gouverneurs n'en continuèrent pas moins le même mode d'instruction : le capitaine de Foresti remplace de point en point madame de Montesquiou (honneur à lui !) — et M. Collin continue les entretiens et les lectures que madame Soufflot et sa fille savaient si bien mettre à la portée de sa compréhension. Ces deux dames, fort instruites toutes deux, convenaient encore aux fonctions que l'on confiait à d'autres. La jeune demoiselle se distinguait surtout par un caractère doux et aimable, par une imagina-

MADEMOISELLE SOUFFLOT DONNE LES PREMIÈRES LEÇONS
AU DUC DE REICHSTADT.

Page 73.

tion vive et pénétrante. C'est elle qui le plus ordinairement cultivait l'esprit de son jeune élève, en lui racontant des histoires proportionnées à son âge, et en lui faisant des lectures dont le choix l'intéressait toujours. Mais ces sortes d'exercices se faisaient en langue française : or il fallait dès lors familiariser le fils de Napoléon avec la langue allemande, pour parvenir aux fins qu'on se proposait.

» L'éloignement de tous serviteurs français était donc une mesure purement politique, puisque les études classiques ne commencèrent qu'à l'époque où il eut atteint sa huitième année. « Jusque-là, dit M. de Foresti dans une de ses confidences, nous nous contentions de l'exercer assidûment, par le moyen de nombreuses lectures, à la connaissance des langues française, allemande, italienne. »

Je suis obligé d'interrompre ici la narration du capitaine. Il ne se trompe pas lorsqu'il attribue l'éloignement des Français à la politique; toutefois il n'indique pas assez la véritable cause. Il ignorait ce que j'ai appris depuis le commencement de cette histoire, il ignorait les ramifications du vaste complot formé vers la fin de 1815 pour rétablir le roi de Rome sur le trône de France. Un grand nombre de départements étaient initiés à la conspiration; plusieurs régiments, toutes les gardes nationales de l'Est, attendaient le signal de l'action. L'empereur d'Autriche avait promis, en secret, le concours d'une armée. Je ne sais comment l'entreprise vint à échouer. Fut-ce une nouvelle trahison? Fut-ce pusillanimité du faible François II ? Comment la Sainte-Alliance et Metternich avaient-ils découvert la trame?...—Des mémoires inédits (puisse le ciel en reculer la publication, puisqu'ils ne paraîtront qu'après la mort de l'auteur!), des mémoires inédits devront seuls jeter un grand jour sur ce mystère...

— « A l'époque où Napoléon, roi de Rome, devenu par une bizarrerie de la fortune, prince autrichien, duc de Reichstadt, venait d'être remis entre les mains de ses nouveaux gouverneurs, sa beauté était remarquable; ses mouvements avaient de la grâce et de la gentillesse. Il parlait déjà le français avec une grande facilité, et avait l'accent particulier aux habitants de Paris. Il était nécessaire, pour le but qu'on se proposait, de l'habituer de bonne heure au langage allemand. Ce n'était point seulement, comme on a voulu le faire croire ici, pour qu'il ne restât pas étranger à ce qu'on pourrait dire en sa présence; ce n'était pas seulement pour lui faciliter dans l'avenir les moyens d'instruction : on voulait encore arriver au point de lui faire oublier la langue de son pays..... Alors on retrouva dans cet enfant abandonné de tous une résistance au-dessus de son âge. On avait pu le dépouiller de ses titres, de ses honneurs; on avait pu retrancher de ses noms celui de Napoléon, pour n'en faire que le prince François-Charles-Joseph duc de Reichstadt. N'était-il pas impuissant contre ces petitesses politiques? Mais là où sa volonté était quelque chose, on l'a vu opposer une violente énergie de caractère, une force négative déterminée, comme une résistance désespérée. Il fut d'abord impossible de lui faire prononcer un seul mot d'allemand : pour lui c'eût été abdiquer sa qualité de Français. — « Non, jamais! jamais! » — Et il n'avait pas cinq ans!... Toute la dignité nationale semblait s'être réfugiée dans cette jeune âme. Il soutint longtemps cette résolution; on crut devoir employer la ruse pour le gagner plus tard. — « Eh bien! oui, je cède; ce n'est pas à vos raisons : j'apprendrai l'allemand; mais je veux toujours, et avant tout, parler la langue de mes anciens pages. »

» Des renseignements obtenus par mes recherches, madame la comtesse, il résulte que votre malheureux cousin fit preuve de la plus grande aptitude. Il suivit d'abord avec assez de docilité les leçons de lecture que lui donna M. de Foresti; mais souvent il glissait entre les jambes de son gouverneur, et échappait ainsi au dégoût et à l'ennui des leçons..... Pour stimuler son émulation, on eut la pensée de lui donner un compagnon d'études, un jeune enfant de son âge, Emile Gobereau, le fils d'un valet de chambre de Marie-Louise !.....

» C'était un peu s'éloigner de la pensée de Napoléon, qui voulait former à Saint-Cloud une institution où il aurait réuni, pour étudier avec son fils, des fils de rois et de souverains! Des empereurs auraient sans doute recherché l'honneur de faire élever leurs héritiers avec l'héritier du grand empire; dans l'exil, on ne lui trouva pas de plus noble émule que le fils du valet de chambre de sa mère!... Ne reconnaît-on pas dès lors la main invisible qui déchire fil à fil la trame de cette belle existence? Plus tard, pour mieux étouffer leur victime, ils lui jetteront un Don Miguel, cette hideuse araignée de la monarchie absolue. Si Marie-Louise n'était pas, hélas! trop connue maintenant du monde entier, concevrait-on aujourd'hui sa conduite à l'égard de son fils? Elle était déjà flétrie comme mère et comme épouse! Puisse le ciel lui rendre légère l'improbation universelle qui pèse sur sa tête dégradée! Abandonnons un moment cette femme, pour nous occuper de l'objet de notre affectueux dévouement.

» Dès son enfance, le duc de Reichstadt montra les qualités qui le distinguent toujours. Bon pour ses serviteurs, bienveillant avec ses gouverneurs, mais défiant, il cédait aux seuls raisonnements. Il commençait presque toujours par opposer de la résistance. Des personnes mal informées prétendent qu'il aimait à produire de l'effet : il agissait ainsi, disent-elles, pour être remarqué. C'est un mensonge ou une erreur. Le fils de Napoléon, quoique enfant, était soupçonneux, parce qu'il avait assez d'intelligence pour comprendre ses malheurs et l'injustice de la politique. Du reste, cette défiance s'adressait non point à ses gouverneurs, mais bien aux événements qui les lui avaient imposés. S'il éprouvait du mécontentement, sa rancune ne passait jamais la journée : il était toujours le premier à tendre une main amie, en priant qu'on oubliât ses torts.

» Il avait dès lors une telle énergie de caractère, qu'il se corrigeait aussitôt qu'il pouvait connaître une faute ou un défaut. Ses résolutions étaient irrévocables. On en cite un exemple. Afin de donner plus de force à ses assertions, il avait l'habitude de prononcer le mot *vrai* avec un air presque solennel, et en levant sa petite main avec beaucoup de grâce pour faire un geste affirmatif.

» Le 12 décembre 1815, il devait adresser un compliment à sa mère pour l'anniversaire de sa naissance. On lui fit quatre vers que je ne citerai pas (j'ai plusieurs raisons de les passer sous silence); le mot *vrai* entrait dans la composition du quatrain. Quand il l'eut appris, on le lui fit remarquer. « Il était là, avait-on ajouté, parce qu'il avait l'habitude, la manie de se servir de ce mot, s'il voulait donner quelque poids à ses paroles. » Il devint sérieux; mais il n'ajouta aucune observation; et au moment de réciter ses vers, il ne fut jamais possible de l'y faire consentir. Il n'en dit pas la raison; il fut facile de la deviner. Depuis ce jour, il n'affirma jamais par le mot *vrai*.

» Ces détails pourraient paraître légers aux personnes indifférentes; pour nous qui aimons, ce qui a rapport à ce cher prince ne peut manquer de nous intéresser bien vivement. Depuis mon séjour à Vienne, je recherche avec avidité, néanmoins avec prudence, tout ce qui doit me parler de lui. Quand il m'est impossible de le voir, j'aime à entendre énumérer ses éminentes qualités; les traits de son enfance me plaisent toujours, et j'ai du bonheur seulement à me les rappeler.

— « Je veux être soldat (disait-il un jour à M. Hummel, chargé de le peindre. Il avait alors cinq ans). Je me battrai bien..... je monterai à l'assaut.....

— » Mais, prince, les baïonnettes des grenadiers vous repousseront, vous tueront peut-être.....

— » N'aurai-je pas une épée pour les écarter? » répondit-il avec fierté.

» Quand le portrait fut terminé, le peintre demanda de

quel ordre il fallait décorer le jeune duc. — « De l'ordre de Saint-Étienne, répondit le comte de Dietrichstein. — Monsieur le comte, j'en avais beaucoup d'autres..... — Oui, prince ; mais vous ne les portez plus. »

» Il garda le silence; et pour cette raison, on prétend qu'il se contenta de cette réponse. — Non, madame, cet enfant de cinq ans mesurait toute la profondeur du mal que le sort lui avait fait : il comprenait aussi combien il lui importait de se taire, et il se taisait..... Il remettait à l'avenir le soin de le venger du présent et du passé !... Se contente-t-il aussi de la réponse suivante, faite un jour par l'empereur? Ose-t-on se l'imaginer? Le duc lui disait :

— « Mon grand-papa, n'est-il pas vrai, quand j'étais à Paris, j'avais des pages ?

— » Oui, *je crois* que vous aviez des pages.

— » N'est-il pas vrai aussi qu'on m'appelait le roi de Rome?

— » Oui, on vous appelait le roi de Rome.

— » Mais, mon grand-papa, qu'est-ce donc être roi de Rome ?

— » Mon enfant, à mon titre d'empereur d'Autriche, roi de Hongrie, je joins celui de roi de Jérusalem, sans jamais avoir joui de ce royaume..... Eh bien, vous étiez roi de Rome comme je suis roi de Jérusalem. »

» Le prince sentait bien les torts de la fortune, et il dévorait dans le secret de sa jeune âme toute espèce d'humiliation, tant il savait déjà souffrir! Il fut toujours tourmenté par une extrême curiosité sur sa position passée, sur l'histoire de son père, sur les causes de sa chute. Quoi qu'on ait dit, les réponses évasives n'ont jamais pu le satisfaire. Si, dans la suite, ses gouverneurs furent autorisés à lui parler de la vie de l'empereur, c'est que le ministre Metternich crut trouver le moyen de rendre sa curiosité inutile, favorable même aux vues de la politique. Nous verrons comment il réussit. On s'étonne souvent à la cour des Césars de n'entendre jamais le duc exprimer un seul regret sur le bonheur passé : on attribue ce silence à la dissimulation..... — Les bourreaux ont-ils la délicatesse d'apprécier toute la résignation de leurs victimes? Non, ministres de la Sainte-Alliance; et malgré vos efforts répétés, vous n'avez rien obtenu : le fils n'oublie pas le père; il ne condamne point sa mémoire. S'il ne vous en parle jamais, c'est parce que vous, ses humbles courtisans, ses rampants adulateurs d'autrefois, vous êtes trop au-dessous de l'homme que vous avez trahi, que vous avez aidé à charger d'injustes chaînes, que vous avez envoyé, que vous avez peut-être fait aussi mourir sur le rocher de Sainte-Hélène.....

» Où me suis-je laissé entraîner? Pardon, madame; je vous parle de l'enfance du royal captif, sans vous dire le jour où j'ai eu le bonheur de le voir pour la première fois. C'était peu de temps après l'assassinat du duc de Berri. Je travaillais non loin de Tyroler-Haus (c'est le nom d'une chaumière construite dans la forme des chalets de la Suisse; elle se trouve sur les hauteurs qui dominent Schœnbrünn, à droite des élégantes arcades de la Gloriette, au fond d'une allée sombre, dans une enceinte séparée par des arbres épais de la vue de Vienne et des bords du Danube. De là on n'aperçoit que les montagnes qui s'élèvent jusqu'aux cimes du Schneeberg). J'avais remarqué dans cette espèce de solitude une caverne nouvellement creusée, dans l'intérieur de laquelle on avait réuni un grand nombre de petits outils, plutôt faits pour un enfant que pour un homme. Bientôt je vois arriver un grave personnage en costume noir : il semblait accompagner avec toutes les marques du respect un jeune prince de la famille impériale. A peine arrivé dans ce nouveau désert, l'enfant se met au travail : ses tendres mains continuent de creuser avec une activité énergique la retraite rustique qu'il se ménageait sans doute pour les moments de contemplation. J'entends, au milieu de ces occupations, le grand homme noir lui parler de Robinson et de son île déserte..... Ma curiosité est vivement excitée : je me rapproche... Quelle ne fut pas ma joie, mon ravissement, de reconnaître, dans la figure de cet admirable enfant, les traits héroïques de notre empereur ! Cependant je puis assez me commander pour ne pas me trahir par des démonstrations intempestives ; mais je m'arrête longtemps à contempler ce cher prince. — Je le retrouvais enfin après des années d'attente ! Le résultat de ma muette admiration me navra cruellement le cœur. Il devint dès lors évident pour moi que, ne pouvant comprimer entièrement ni la force de son âme, ni l'énergie de son imagination, on s'efforçait de détourner cet enfant du but auquel ses vœux tendirent toujours, en dépit de la politique européenne... Les infâmes ! Ils voulaient en faire un Robinson Crusoë ! Pensaient-ils au rocher de son père ? Quelques personnes ont voulu ne voir là qu'une innocente distraction..... — Pourquoi l'attirer seul dans ce désert ? Pourquoi ne lui pas donner des compagnons pour le jeu, comme on en avait trouvé pour la lecture ? — Emile Gobereau n'était plus là !..... N'aviez-vous plus de fils de valets de chambre, à défaut de princes ?...

» Pardonnez-moi mon indignation, madame..... Quand vous saurez tout ce qu'ils lui ont fait souffrir, vous trouverez mon excuse dans ma douleur..... »

CHAPITRE QUATRIÈME.

SOMMAIRE.

La Pensée politique. — Mort de Napoléon I. — Le capitaine de Foresti chargé d'apprendre cette nouvelle à son fils. — Longwood et Schœnbrünn. — Le lion de Schœnbrünn. — Vénération du jeune duc pour son père. — Comment le capitaine se fait connaître de lui. — Arrêts du prince à la suite d'une promenade au Prater. — Intelligences du capitaine et du prince. — La Pensée favorise ses amours avec la jolie fille du Prater. — Calculs infâmes. — Marguerite.

IV

« Le fils de l'empereur Napoléon Ier venait d'accomplir sa neuvième année au moment où je le vis pour la première fois; et déjà il avait souffert tous les caprices de la fortune! Exilé de France, dépossédé du sceptre royal avant d'avoir appris à le porter, il s'était vu séparer de ceux qui l'avaient aimé dans la patrie : madame de Montesquiou, les autres Français attachés à sa personne avaient été congédiés sous différents prétextes. Sa mère elle-même l'avait laissé au milieu d'une cour étrangère, pour aller gouverner ses chétifs états de Parme et de Plaisance. Il était donc désormais seul dans la vie, confié aux soins de son aïeul, qui avait trahi son père et aidé à le dépouiller, lui roi de Rome, et de son diadème, et de tout l'héritage impérial. Non content d'avoir assisté à cette spoliation, François II avait consenti à lui enlever jusqu'au nom qui pouvait lui rappeler la gloire de son origine : le nom de Napoléon était encore trop redoutable dans un enfant captif, au sein d'une cour ennemie de la France. A ces humiliations la politique eût voulu en ajouter une autre, l'oubli de son illustre naissance ; mais là s'arrêtait le pouvoir odieux des tyrans, maintenant conjurés contre le fils, comme autrefois contre le père. L'image de la patrie et de la grandeur française avait survécu dans cette tête si jeune, mais déjà si forte. On avait dû renoncer à l'espoir du présent : on comptait sur l'avenir ; ce fut encore en vain.

» Ici je dois rendre justice à la bonté de l'empereur d'Autriche ; il l'aima toujours avec tendresse. S'il n'eût pas été entravé dans ses desseins par la pensée qui le tyrannisait lui-même sur le trône des Césars, le roi de Rome, devenu duc de Reichstadt, aurait pu être élevé comme il convenait au fils de l'empereur des Français. L'amour que cet enfant avait inspiré au vieux monarque était partagé par l'impératrice et toutes les princesses de la cour. On soupçonne les archiducs d'avoir trop souvent nourri contre lui une secrète jalousie. Cependant nous devons établir une exception en faveur de l'archiduc François, qui l'a toujours sincèrement affectionné. Ses vertus et ses talents si supérieurs devaient, sinon justifier, du moins expliquer cette antipathie dans des princes beaucoup au-dessous de son mérite personnel, et dont le berceau n'avait pas été entouré du même éclat. Le bon vouloir de l'empereur était donc paralysé par l'opposition qu'il rencontrait au sein même de sa famille, surtout par la haine invisible, mais hypocrite, de la Sainte-Alliance. Elle enchaînait le fils à Schœnbrünn, comme elle torturait le père sur le rocher de Sainte-Hélène!......

— » Sainte-Hélène! ce nom fera toujours couler mes pleurs. Je ne puis, sans une vive émotion, me rappeler le jour néfaste où l'on vint nous apprendre que le héros n'existait plus! Nous aurions dû bénir le ciel : celui que nous aimions était affranchi des humiliations et des tortures, pour aller jouir, avec les demi-dieux, de toute la gloire et de toute la félicité réservées à sa grande âme..... Mais, s'il cessait de souffrir, nous cessions aussi d'espérer le voir aborder encore une fois sur le sol de la France, la patrie des braves. . . . .

» C'était le 22 juillet 1821 : le comte de Dietrichstein, premier gouverneur du prince, était absent de Vienne : il venait de partir pour Wurtzbourg. Le capitaine de Foresti fut seul chargé par l'empereur d'apprendre cette cruelle nouvelle au jeune duc de Reichstadt. Je dois le dire à la louange de cet officier, ce terrible devoir lui coûta plus qu'un jour de bataille. Il n'avait peut-être jamais tremblé au milieu de la plus sanglante mêlée : quand il dut se rendre auprès du prince, on le vit entrer avec la pâleur de la mort sur le front : il n'osait aborder le fatal sujet. A la vue de son instituteur pâle et défait, le prince, effrayé pour lui, s'est écrié : « Capitaine, vous souffrez... Pourquoi me continuer vos soins généreux aujourd'hui ? vous avez besoin de soigner votre santé. M. Collin ne peut-il pour quelques jours vous remplacer auprès de moi ?.. Je désire..., j'ordonne que vous vous retiriez ; car, je le répète, vous souffrez...

— » Oui, prince, je souffre ; mais ce n'est pas du mal que j'éprouve, c'est de la douleur que je vous apporte... » ajouta-t-il en baissant la tête et laissant expirer sa voix sur ses lèvres.....

» Et le maître et l'élève n'osent plus se parler. M. de Foresti n'a pas la force d'achever : le prince craint d'avoir trop bien pressenti la fatale nouvelle qu'il soupçonne.....

Et des larmes coulent avec abondance. . . . .

— « O mon père!... » s'écrie-t-il avec des sanglots... Le malheureux enfant n'a plus une seule parole pour exprimer sa douleur.

— « Monseigneur, dit le capitaine après un moment de silence, nous ne devons pas pleurer, puisque le héros ne souffre plus.....

— » Ce n'est donc que trop vrai, monsieur de Foresti, (l'excès de la douleur lui a rendu une force convulsive : ce jeune enfant trouve alors dans son âme assez d'énergie pour exprimer toute son indignation....); ils ont enfin tué leur première victime!... Comme toutes ces vieilles royautés respirent déjà sur leurs trônes en ruine ! Désormais elles n'auront plus que moi à redouter. Mais un enfant de mon âge est-il si terrible, monsieur?... Non, vous, sujet de l'Autriche, vous ne devez pas le regretter : n'avez-vous pas aidé à l'assassiner?.... Sa mort va rassurer tous les monarques de la Sainte-Alliance... — Non, vous ne le devez pas ; cela se conçoit ; les larmes ne conviennent qu'à moi, dans ma prison de Schœnbrünn... — Et ma mère qui n'est pas là pour pleurer avec moi !.... Que faut-il penser d'elle? La font-ils souffrir aussi? la punissent-ils aussi de la gloire de l'empereur des Français, du vainqueur de la Prusse, de la Russie et de l'Autriche, capitaine de Foresti?... Ou bien...

Non, cette pensée est affreuse : il serait honteux de m'y arrêter... Retirez-vous, monsieur ; j'ai besoin d'être seul, dans cette chambre : elle est assez pleine des souvenirs du grand empereur... Je veux rester en face de la gloire et des malheurs de mon père... »

» Il y avait ici quelque chose de cruellement ironique dans la destinée de cet infortuné prince. Le capitaine Foresti, chargé de lui apprendre la mort de son père, était un des débris de l'armée autrichienne épargnés par la clémence de Napoléon après la campagne de 1809. On a fait tenir au duc un langage trop singulier pour mériter toute créance.—«Monsieur de Foresti, aurait-il dit au milieu de sa douleur, mon père était bien loin de penser en mourant qu'un jour je recevrais de vous des soins si affectueux et tant de preuves d'attachement. »— Ce qu'on ajoute éveille surtout ma défiance et me laisse entièrement incrédule:—«Dans
» ce moment le prince faisait allusion à une circonstance que
» le capitaine lui avait racontée. Dans la campagne de 1809,
» M. de Foresti, fait prisonnier à l'affaire de Ratisbonne,
» aurait (selon son rapport) été conduit avec d'autres officiers
» autrichiens devant l'empereur des Français. Napoléon, à
» cheval, entouré de son nombreux état-major, était fort
» agité, ajoute toujours le capitaine de Foresti. — Où donc
» est l'archiduc ? aurait-il répété plusieurs fois. — Alors,

» faisant retomber toute sa colère sur M. de Foresti, il se
» serait emporté sur ce que l'Autriche avait voulu profiter
» contre lui de la guerre d'Espagne, et lui suscitait des
» obstacles qui l'empêchaient de terminer une lutte san-
» glante. »

» Ainsi donc, le duc de Reichstadt, à la nouvelle de la mort de son père, aurait fait *avec beaucoup de discernement ce rapprochement remarquable que le prisonnier traité durement par Napoléon I*^{er} *était destiné par la Providence à être un jour le guide et l'ami fidèle de son fils!*

» Non, assurément non, le prince n'a jamais porté un jugement si injurieux à la mémoire du grand homme. S'il se trouve une ombre de vérité dans cette fable inventée à plaisir, ce sont quelques paroles échappées de la bouche du conteur : *la perfidie de l'Autriche suscitant des obstacles qui empêchaient Napoléon I*^{er} *de terminer une lutte sanglante!* — On l'avoue donc, ce prétendu bourreau de l'humanité se surprit parfois à regretter le sang qu'on le forçait de répandre!… Et c'est ainsi que ceux qui ne comprennent pas le génie de la civilisation et de la démocratie parlent de guerres, de désastres, de sang!… Du sang!… qui le fit si longtemps couler? L'absolutisme, assez adroit pour amener les peuples ignorants à ensanglanter les chaînes qu'il leur fait porter.

» Pendant plusieurs jours le duc ne voulut voir personne :

on essaya de lui offrir des consolations, il les repoussa toutes avec amertume. L'impératrice Augusta-Caroline, qui avait pour lui la tendresse d'une sœur, ne fut pas plus heureuse que les autres : il ne voulut rien entendre. Ses maîtres tentèrent en vain de reprendre le cours de leurs leçons, pour faire diversion à sa douleur ; ce ne fut qu'au bout de quinze jours de solitude qu'il consentit à les écouter. Ce sentiment si profond de son malheur et cette force de caractère, si extraordinaire dans un enfant de dix ans, effrayaient pour lui l'empereur François II, qui avait tous les secrets de l'infernale politique dont les réseaux enlaçaient l'Europe asservie. Ses éminentes qualités devaient l'entraîner et l'anéantir au fond de l'abîme creusé sous son berceau.

» A quelles pensées ne dut pas se laisser emporter cette jeune et brûlante imagination, au milieu de cette douleur récente et de ces souvenirs de gloire passée !... Il était assis dans la chambre où son père avait dicté des lois à l'Europe, où l'empereur d'Autriche lui-même était venu incliner sa tête couronnée devant son épée d'Austerlitz. Et dans cette même chambre la cruelle destinée a voulu lui donner des chaînes, à lui faible enfant qui ne devrait avoir aucun tort avec l'absolutisme ! — Il est vrai, on lui cache ses fers sous l'apparence du respect et des égards dus au plus haut rang ; mais la prison de Schœnbrünn n'en est pas moins odieuse que celle de Sainte-Hélène !...... Qui peut dire ce qu'ils lui réservent dans l'avenir ? Assurément, madame la comtesse, autant que mon dévouement ose le prévoir, ce n'est ni le bonheur ni la puissance... Je tremble que Schœnbrünn ne soit le Longwood de l'infortuné duc de Reichstadt.

— » Soyons plus confiants dans l'avenir : les peuples mieux instruits sont revenus de leur égarement : le soleil de juillet doit ranimer celui d'Austerlitz... Ne perdons pas courage, capitaine : si j'en crois mon cœur, Napoléon II n'est pas destiné à s'éteindre sur cette couche étrangère, où Napoléon Ier a sans doute rêvé la gloire de la France et le bonheur des nations. Le ciel ne doit pas nous avoir donné de si belles espérances dans l'héritier du héros, pour nous faire plus tard retomber une dernière fois dans le malheur et le désespoir. — De grâce, monsieur, continuez de parler de ce prince bien-aimé : il me tarde de le connaître comme vous le connaissez.....

— » Que me reste-t-il, madame, à vous apprendre sur son enfance, jusqu'à ce qu'il eût accompli sa quinzième année, époque à laquelle j'eus le bonheur d'être personnellement connu du prince ? On laissait arriver au dehors bien peu de renseignements sur lui : toute la ville de

Vienne s'accordait à faire l'éloge de son esprit et de ses talents; ses gouverneurs parlaient avec orgueil des succès de leur jeune élève; mais là s'arrêtaient les bruits qui nous parvenaient du sein de cette cour ombrageuse. On citait parfois différents traits qui annonçaient ce qu'il y avait de vif dans son imagination et de sérieux dans son caractère : on admirait aussi le sang-froid et le courage, la fermeté et l'adresse qu'il montra dès ses premières années. On donne un exemple de ces dernières qualités. On élevait à la ménagerie du château de Schœnbrünn un jeune lion, offert à l'empereur par un général italien. Trop faible encore pour nuire, il jouait avec les chèvres qui le nourrissaient : il attirait la curiosité du public; on le caressait comme le chien le plus docile. Un jour l'empereur voulut faire voir ce lion à ses enfants et au prince : la plus jeune des archiduchesses fut effrayée non de cet animal, mais de l'une des chèvres, qui accourait menaçante.—Ne craignez pas, s'écria le duc de Reichstadt; je l'empêcherai bien d'approcher. — Il s'était déjà précipité sur la chèvre et l'avait saisie adroitement par les cornes. Il l arrête fortement et regarde avec fierté. — Il est bien jeune, murmura l'empereur en souriant; et il sait déjà comment il faut triompher de la difficulté.

» Ce qui le distingua surtout et toujours, ce fut l'amour

de son père et la vénération qu'il conserva toute sa vie pour sa mémoire, en dépit de toute haine politique. Vers la même époque, c'est-à-dire à l'âge de cinq ou six ans, dans une réunion à la cour, la princesse Caroline de Furstemberg s'entretenait avec quelques personnes des événements du siècle. Un général cite alors trois personnages comme les premiers capitaines du temps. Le jeune duc, qui semblait ne pas suivre la conversation, l'interrompt brusquement : J'en connais un quatrième que vous n'avez pas nommé, le plus grand, le premier de tous... dit-il en rougissant d'indignation. — Lequel, monseigneur ? — Mon père !... s'écria-t-il de toutes ses forces; et il s'enfuit rapidement.

» Il me reste, madame, à vous dire comment je parvins jusqu'au prisonnier de Schœnbrunn. La mort de l'empereur Napoléon Ier avait profondément affligé tous les cœurs français : quelques-uns avaient succombé au chagrin, comme Eugène Beauharnais : il aimait tant le héros ! d'autres au milieu des pleurs avaient retrouvé de nouvelles espérances; ces derniers étaient les plus jeunes. Vous savez combien de projets sont venus échouer contre la police conjurée de tous les rois absolus de l'Europe : vingt fois on tenta d'enlever le prince à l'odieuse surveillance qui le cerne jour et nuit ; vingt fois l'espoir dut nous échapper au moment où nous comptions sur un entier succès. Le règne de Napoléon II n'avait pas moins été proclamé dans les comités bonapartistes : Napoléon II était l'héritier de Napoléon-le-Grand; mais, comme lui, il devait longtemps encore gémir dans une odieuse captivité... Triste héritage, la haine des rois et le poids des chaînes, que doivent continuellement resserrer les souvenirs d'un passé glorieux et les craintes d'un avenir incertain !!... Mais du fond de sa prison de Schœnbrünn, le nouvel empereur régnait dans nos cœurs en dépit de ses geôliers..... Funeste royauté! tous les jours le cercle de son empire se rétrécissait par la mort des anciens et le désespoir des nouveaux. A Louis XVIII avait succédé Charles X sur le trône de France : l'espérance était revenue aux cœurs des dévoués; mais les partis s'agitaient, se mêlaient, se confondaient : les principaux défenseurs succombaient dans la lutte : la royauté régnait au milieu du désordre... Cependant Charles X, poussé par des traîtres ou d'aveugles serviteurs, commençait à mal profiter de la confusion des partis : au lieu de les désespérer prudemment comme son prédécesseur, il s'était jeté dans une pieuse exagération, et le mal allait croissant du côté où il s'éleva toujours.— Enfin était survenu l'imprudent licenciement de la garde nationale de Paris : l'espoir augmenta dans les cœurs patriotes, en proportion des fautes d'un maladroit et insensé gouvernement : de différents points de la France on organisa des comités libéraux....... La royauté constitutionnelle s'abaissait sous les exigences de la monarchie absolue, qui voulait encore une fois envahir un trône longtemps occupé; sur ses ruines incessantes, se relevait peu à peu, mais forte, mais menaçante, la démocratie qu'ils avaient espéré voir enfin mourir de cent blessures mal cicatrisées. Il parvint ici, à cette époque, un envoyé du parti impérial que je rencontrai dans Vienne. Nous nous comprîmes bien vite : notre mutuelle confiance aurait pu servir notre cause, si... la Providence n'avait pas ordonné autrement ! — L'envoyé bonapartiste vit échouer ses tentatives, et dut se hâter de repartir, en me recommandant de faire tous mes efforts pour arriver jusqu'au prince, et lui dire seulement quelques mots, afin de le mettre en garde contre les mensonges de son éducation.

» Le duc se promenait à cheval, exercice dans lequel il excella de bonne heure et auquel il se livrait avec passion. Il se trouvait seul au moment où il passait devant un massif d'arbustes et de fleurs, dans lequel je travaillais depuis le matin. L'occasion me paraît favorable : je me hasarde à lui parler : — Sire, lui dis-je en français....

— » Que dites-vous, imprudent ?...

— » Oui, prince, depuis la mort du héros vous êtes empereur et roi pour les véritables Français.

— » Quoi ! seriez-vous ?....

— » Oui, prince, né sujet de votre père je suis aussi le vôtre. Je vous révélerai plus tard comment je suis ici par dévouement à votre personne. — Prince, (on ne nous entend pas) votre parti est sur le point de l'emporter en France : on vous attend : un complot vient d'échouer, il est vrai ; tenez-vous prêt néanmoins. Défiez-vous de vos maîtres et de vos gouverneurs : ils calomnient votre père, en vous parlant de son histoire. — Hier j'entendais l'abbé Wagner avancer que le pape avait reçu un soufflet de l'empereur Napoléon. — Mensonge, calomnie que tout le clergé ingrat répète partout contre son bienfaiteur... — Un jour je pourrai démentir mille autres fables qu'ils ont inventées pour tromper votre religion. Je vous reverrai, prince : je demeure dans une petite habitation non loin du Prater.

» Je me remets au travail ; il était temps : les gardiens du jeune duc arrivaient et commençaient à se plaindre à lui de ce qu'il les avait ainsi laissés en arrière. Leurs regards inquiets, soupçonneux, tombèrent d'abord sur moi ; mais ils passèrent aussitôt : qu'avaient-ils à craindre d'un stupide jardinier allemand, qui ne se doutait même pas qu'il y eût un fils de Napoléon à Vienne ?

» Deux jours après, c'était un dimanche de septembre, la matinée était belle. De rares promeneurs parcouraient alors les sombres allées du Prater : trois cavaliers chevauchaient seuls dans cette vaste promenade ; c'était le prince, escorté par deux hommes de sa suite. Ce n'étaient pas les mêmes que dans le parc de Schœnbrünn. Tout à coup le duc s'arrête en face d'une maison rustique. — Oh ! la jolie paysanne !…. Je veux voir ses beaux yeux. — Et le prince de lancer son coursier de ce côté. — Les deux graves personnages ont-ils songé à une observation ? Je ne sais ; mais cela fût-il, elle ne serait pas arrivée assez tôt pour l'empêcher de s'arrêter devant cette espèce de chaumière, de parler à la belle villageoise, et de revenir se placer au milieu d'eux, avant qu'ils eussent fait faire quelques pas en avant à leurs montures.

— » Elle est vraiment jolie, répète le duc de Reichstadt ; après tout ce n'est qu'une jeune paysanne…

» Grand fut le scandale à la cour, quand l'escapade du jeune prince fut rapportée au conseil d'éducation. Le comte Dietrichstein fit des reproches très-sévères à son élève : le prélat Wagner gémit profondément :—Fils bien digne du père !… Et le vieil empereur en fut effrayé pour l'avenir de ce malheureux enfant, qui montrait si jeune des goûts si dépravés et une si violente indépendance. . . . .

» Le duc fut pendant quinze jours privé de promenades à cheval, pour avoir fait preuve d'insubordination, et avoir manqué de respect envers deux de ses instituteurs. L'impératrice Augusta et l'archiduchesse Sophie comprirent seules qu'un jeune homme de cet âge, fût-il prince, n'était pas si coupable pour avoir, dans une promenade, témoigné quelque plaisir à regarder une beauté de quatorze ans.....

» Ce que personne ne soupçonnait, c'est que la jolie fille du Prater était la nièce de l'un des jardiniers du parc de Schœnbrünn, de celui qui s'était fait allemand pour tromper la surveillance dont on entourait le fils de Nopoléon Ier. De loin j'avais vu le prince, et il m'avait aussi aperçu. Je rentrai alors, avant d'être remarqué par sa suite. Marguerite — c'est le nom qu'elle porte depuis que nous avons quitté la France, — Marguerite resta en dehors, sans se douter de l'intelligence qui existait entre le beau cavalier et moi. Un mot dit au prince, de l'intérieur de mon habitation, avait suffi pour cette première visite ; et il s'était aussitôt hâté de rejoindre ceux qu'il avait tant alarmés. Ma nièce fut surprise de m'entendre parler une langue dont elle n'avait gardé aucun souvenir : je lui recommandai de ne jamais s'entretenir de cette circonstance, même avec sa mère ; l'intelligente enfant me comprit vite, et me fit une promesse que depuis elle tint religieusement.

» Le duc de Reichstadt était donc aux arrêts dans le château et le parc de Schœnbrünn : je n'en continuais pas moins de travailler comme autrefois, sans éveiller le moindre soupçon. — Il passa souvent devant moi ; comme il ne semblait pas me remarquer, personne ne fit attention aux signes d'intelligence que nous échangions quelquefois, mais rarement, entre nous. Cependant ses arrêts sont levés, et quelle n'est pas sa surprise ! La première promenade est dirigée par ceux qui l'accompagnaient vers le Prater, du côté de la maison où il avait admiré une jolie paysanne. Nous devons croire que tous obéissaient, sans le savoir, à une volonté mystérieuse, aussi ennemie de la cour que du malheureux fils de Napoléon. Le second jour ce fut encore vers cet endroit qu'il fut conduit. Il regarde alors avec plus de hardiesse que la veille, et personne ne crie au scandale. — On finit par adopter les bords du Danube, à son grand étonnement.

» Pourquoi ce changement si subit ? Pourquoi cette sévérité à punir ce qui n'était même pas une faute, et cette affectation de diriger les promenades du prince vers l'habitation de la jeune fille, qui avait d'abord paru si terrible ? C'est que l'empereur d'Autriche, si bon, si loyal, n'était pas seul maître dans son empire, ni même dans sa famille : c'est qu'une pensée opposée à ses goûts simples et honnêtes, à ses idées de vertu et de justice, dominait le trône impérial qu'il occupait comme le prête-nom de la monarchie absolue en Autriche... — Et cette pensée tyrannique, quelle était-elle? Tout le monde peut le savoir : je n'ai donc pas besoin de le dire maintenant.

» La Pensée politique, la Pensée dominante avait remarqué dans le jeune empereur déchu des talents, des vertus et un caractère dignes du génie de Napoléon. Ne devait-il pas, à l'aide de ces éminentes qualités, dans un avenir peu éloigné sans doute, renverser le rempart vivant qui l'étreignait, et reconquérir avec sa liberté individuelle — que pouvait-on prévoir ? — peut-être le vaste empire fondé par le conquérant, le maître des rois vaincus et soumis ? La pensée autrichienne était parvenue, avec toutes les pensées militantes de la monarchie absolue, voire celle de la Grande-Bretagne, à étouffer la grande âme du héros dans une atmosphère de trahisons, de tortures et d'humiliations de tout genre. — On a même avancé — faut-il le croire? — que le miasme de l'infamie britannique s'était souvent fortifié de la turpitude d'un poison lent et obscur. Mais suffisait-il d'avoir arraché du sol ce Napoléon, chêne colossal dont les racines s'étendaient d'un continent à l'autre, et dont la cime sublime cachait et cachera longtemps encore à l'œil breton les purs rayons d'une gloire immortelle qui ne brillait que pour l'empire ? Un seul rejeton pouvait grandir et couvrir encore le monde entier de rameaux tutélaires pour la France, funestes à l'Angleterre, à toute la Sainte-Alliance. Il fallait se hâter de détruire celui qui se rapprochait le plus de l'arbre géant. — On aurait plus tard bon marché des autres.

» Donc la Pensée devait tenter une nouvelle expérience pour ôter un ombrage odieux à l'absolutisme, en écrasant le jeune chêne qui semblait croître pour protéger à son tour l'arbre si faible de la liberté. Jusqu'ici on avait essayé sur Napoléon II de tous les moyens de destruction morale ; et plus on s'efforçait, plus on s'éloignait du but proposé. On avait d'abord voulu lui arracher jusqu'au souvenir de la France : on avait brutalement renvoyé sa gouvernante : on avait séparé la mère du fils ; on n'avait même pas rougi, pour la rendre odieuse aux Français, de la déshonorer à ses propres yeux en exploitant, du vivant de l'empereur, des passions coupables, sous le manteau protecteur d'un hymen clandestin, mais religieux... — Partout on avait échoué dans ces premières tentatives. Le duc de Reichstadt se rappelait dans l'exil, qu'enfant il fut salué du titre de roi de Rome par l'Autriche elle-même, inclinée devant son berceau.

» Désespérant de lui faire oublier son origine, la Pensée

avait voulu d'abord diriger ses talents et ses vertus vers un but tout pacifique : on avait espéré un moment effrayer sa jeune imagination par des idées exagérées de religion, on eût volontiers consenti à lui faire échanger le sceptre pour une crosse épiscopale ; mais vains efforts ! la nature, supérieure à tout, l'entraînait vers un but opposé : les talents militaires, tout le génie du martyr de Sainte-Hélène semblait renaître dans la jeune tête du prisonnier de Schœnbrünn.....

» Il était désormais impossible d'étouffer l'esprit par l'éducation : il ne restait plus que d'essayer de tuer l'âme par le corps... Ce projet d'infamie n'appartenait qu'à la Pensée dont nous parlerons longuement plus tard. François II, père et monarque vertueux, ne pouvait prêter les mains à ce complot infernal : il fallait le tromper. La Pensée en vint toujours à bout.

» Quoi qu'il en soit, les visites à l'habitation du Prater ne furent bientôt plus un mystère, excepté pour l'empereur et les personnes honorables qui avaient sa confiance. Quel mal résulterait-il de ces promenades?.... Ce serait un innocent aliment aux passions naissantes du prince : ne serait-il pas heureux pour lui et pour son aïeul, dont il était tendrement aimé, d'avoir réussi à le détourner de ces idées d'ambition qui commençaient à germer dans son esprit?

L'empereur d'Autriche s'effrayait de l'avenir : combien des goûts si opposés à l'amour des grandeurs et du pouvoir ne laisseraient-ils pas de sécurité dans l'âme faible du vieillard!....

» Je dois vous l'avouer, madame la comtesse, je m'applaudis en secret de cette nouvelle politique : elle était trop favorable à mes vues : je l'encourageai autant qu'il fut en moi.....

— » Monsieur.......

— » Oui, madame; vous allez aussi m'accabler de vos reproches, et intérieurement vous m'accusez déjà d'infamie... Oh! non : le vieux soldat de l'empire connaissait trop ses devoirs, et d'ailleurs il avait assez étudié son jeune et malheureux empereur, pour avoir mesuré toute la grandeur de son âme. Le fils de Napoléon Ier, l'héritier de sa gloire et de son nom, ne pouvait descendre à la bassesse d'un coureur de bonnes fortunes : en venant à nous, ce n'était pas le déshonneur, c'était la haine des étrangers et l'amour des Français qu'il nous apportait.

» Et la mère de ma nièce ne veillait-elle pas sur sa fille? Marguerite, trop bien élevée dans le sentiment et la pratique de toutes les vertus, ne songeait même pas que les visites du beau duc de Reichstadt dussent avoir pour seul but d'admirer dans sa figure des traits dont elle soupçonnait peu la beauté. Dès les premiers jours j'ai voulu lui faire comprendre que les démarches du prince étaient toute bienveillance pour moi ; mais qu'il importait à ma sûreté de garder le secret sur ces marques de bonté. La vertueuse enfant rougit à la seule pensée d'une dissimulation inoffensive, et j'eus bien de la peine à la rassurer sur le motif de ces fréquentes visites en mon absence. Sa mère elle-même parut un jour s'en alarmer : c'est au point que pour rendre le calme et la sécurité à l'âme candide de ma nièce, je fus contraint de lui avouer toute la vérité. — Oh ! combien cette enfant fut heureuse d'apprendre que nous étions Français, et que le duc ne venait à nous que parce que nous avions aimé son père ! Et pourtant, à son âge, élevée par nous dans l'ignorance de la patrie, elle ne pouvait savoir ce que c'était que l'empereur, mort à Sainte-Hélène !.... Il semble que l'amour de Napoléon et de sa gloire soit inné dans tous les cœurs français... — Nom magique ! Faites-le retentir, murmurez-le seulement aux oreilles d'un enfant, il frémit aussitôt d'enthousiasme ; on dirait que la nature l'a initié d'avance aux merveilles et aux mystères de cette époque mémorable. Le seul souvenir de la puissance impériale fait encore trembler nos ennemis. Que serait-ce si ce fils un jour..... — Mais, madame, j'oublie la prudence et le récit que je vous ai commencé.

PREMIÈRES VISITES AU PRATER.

Page 107.

» Je n'ai pas eu besoin de recommander la discrétion à Marguerite ; elle avait apprécié l'importance de la révélation que je venais de lui faire. La première fois que le prince revint à notre habitation, elle fut toute tremblante à sa vue : elle était debout auprès de moi : je l'observais avec attention, mais en secret. Quand le jeune Napoléon parlait à sa mère, ce qu'il faisait avec sa bienveillante bonté, elle semblait se cacher derrière moi, elle avait besoin d'un appui pour oser regarder avec une avide curiosité sa pâle et belle figure..... — Alors, si le prince, entraîné par son ardeur, paraissait oublier, en parlant de la France, que d'autres étaient là pour l'écouter, Marguerite, toujours protégée par mon ombre, avançait un peu plus hardiment sa jolie tête, pour ne pas perdre une seule de ses paroles. S'il faisait un léger mouvement, la timide enfant se retirait en rougissant..... Oh ! qu'ainsi elle était belle dans son admiration ingénue ! on eût dit l'une des nymphes de Calypso écoutant avec avidité le récit de Télémaque. Et quand le duc était parti, elle sortait avec nous de notre demeure : nous le suivions des yeux ; il avait quelquefois depuis long-temps disparu, que nous restions tous encore en silence, le regard tourné vers le château de Schœnbrünn... — « Oh ! que j'aurais aimé l'empereur Napoléon, si le fils ressemble au père ! nous répétait presque toujours notre fille, aussitôt que le prince s'éloignait de nous. » Quelquefois de ses beaux yeux bleus tombaient de grosses larmes sur ses joues devenues pâles. Dans ces moments de douleur, la blancheur de son cou n'égalait plus celle de sa figure.

— « Quel malheur! Un prince si beau, si aimable, être condamné à mourir dans une prison comme son père ! »

— » Eh ! monsieur, interrompt la comtesse avec une sorte de mécontentement, ne voyez-vous pas que c'est de l'amour que vous venez de peindre là ?...

— » De l'amour, madame... sans doute, mais de l'amour comme tous les cœurs français en ont toujours eu pour le père, de l'amour comme ils en conservent pour le fils. Quelle femme en France n'éprouverait pas, n'exprimerait pas les sentiments que cette enfant éprouvait et exprimait avec ingénuité ? Oui, madame, elle l'aimait dès lors, et elle en était tendrement aimée. Rassurez-vous, pourtant; son affection n'est pas plus criminelle que la mienne : rien n'est plus pur que le cœur de Marguerite. Vous verrez plus tard comment cette innocente amitié, cet amour, ainsi que vous l'appelez, fut un précieux talisman pour la vertu de ce prince..... La douce image de cette enfant fut souvent son heureuse étoile.— Ici la Pensée politique fut encore une fois trompée dans ses ignobles calculs. »

— La comtesse poussa un profond soupir.....

CHAPITRE CINQUIEME.

SOMMAIRE.

Deux systèmes d'éducation. — Trame impie. — Le capitaine entraîné de force dans une maison inconnue : entretien d'un médecin et d'un vieillard. — Entretien du capitaine avec ce même vieillard. — Le libelle du jésuite Loriquet soumis à la lecture du prince. — Indignation du capitaine. — Metternich donne des leçons d'histoire politique au fils de Napoléon Ier. — Le capitaine français réfute le ministre autrichien. —Usurpation. —Légitimité. — Les Capets et les Bonapartes. — Barthélemy à Vienne. — Fin du récit.

V

« Depuis longtemps l'éducation du prince était soumise à deux systèmes opposés, l'un de François II, l'autre d'un personnage invisible, mystérieux, qu'on retrouvait partout pour empoisonner les bienveillantes intentions du monarque autrichien. Toutes les personnes qui, par intrigue ou autrement, parvenaient jusqu'au duc ne méritaient pas également la confiance de l'empereur d'Autriche : quelques-unes d'entre elles, subordonnées à une impulsion secrète, obscure, auraient dû réussir à corrompre l'âme du royal captif, si la Providence ne lui eût réservé des moyens de se soustraire à une influence pernicieuse.

» Au milieu de l'effervescence politique, le prisonnier de la Sainte-Alliance pouvait échapper à la surveillance qui l'entourait. Des pensées d'ambition n'allaient-elles pas tout à coup surgir menaçantes dans l'esprit de celui qu'une fatalité irrésistible avait toujours instruit, on ne savait comment, des progrès et de la marche des partis en France et dans toutes les contrées européennes? Si le grand-père, effrayé dans son amour pour le fils de l'ex-impératrice des Français, craignait des trames et des complots qui auraient eu pour but de l'entraîner et de le faire périr dans un piége, la Pensée politique redoutait bien plus que la révolution, triomphante encore une fois des vieux principes monarchiques, ne vînt ranimer des espérances affaiblies par le temps. La Pensée vit donc avec joie son amour naissant pour une jeune fille : le favoriser par une tacite complaisance, ce sera désormais sa tactique,—tactique odieuse, infernale, qui n'a de rivale que celle qui consista, sur le rocher de Sainte-Hélène, à user, heure par heure, une existence également chère aux patriotes français.

» Je n'ose vous continuer, madame, la révélation de cette trame impie...—J'ai honte d'appartenir à l'humanité, quand je pense jusqu'où les hommes les plus haut placés descendent parfois sans rougir ! J'avais souvent révoqué en doute ce qu'on rapporte des cruautés exercées contre le masque de fer, ce frère aîné de Louis XIV, autre martyr d'une infâme politique ; mais à la vue des crimes que mes yeux vont découvrir, mon incrédulité doit céder à mon horreur.......

» On a longtemps répandu en France que le malheureux roi de Rome ne passerait pas sa vingt-unième année : hélas ! madame la comtesse, je commence à le craindre......

— » Vous me faites trembler, capitaine...

» Un jour, par ordre supérieur, on m'avait entraîné dans une des rues les plus obscures de Vienne ; il était nuit : on m'introduisit clandestinement dans une maison de mauvaise apparence... Tout à coup je me trouve dans un appartement meublé à l'antique, où j'aperçois deux personnages qui n'ont pas l'air de remarquer ma présence. Mon guide a disparu : je suis seul devant ces hommes mystérieux. Je reste debout, attendant que l'un d'entre eux daigne au moins m'adresser la parole. Quel est mon étonnement ! Ils continuaient devant moi un entretien confidentiel : ils croyaient n'être pas indiscrets, parce qu'ils parlaient à voix basse une langue étrangère. Qu'ils étaient loin de supposer que le jardinier du Danube dût comprendre le français !....

— » ..... Ainsi, docteur, murmurait la voix aigre d'un vieillard, votre opinion est que le jeune malade dont je vous ai parlé et auquel je m'intéresse, a besoin de grands ménagements. De violents exercices pourraient achever de briser une santé déjà trop minée par des études fortes et continues... Je dois vous dire que ce jeune homme appartient à une famille très-haut placée : un illustre personnage veille nuit et jour sur lui. Je vous ai demandé vos conseils, pour l'aider à faire vivre cet enfant bien-aimé... Je vous remercie pour lui, docteur : comptez sur notre commune reconnaissance.

» ... Et le vieillard fait alors quelques pas vers la porte, où il conduit le médecin.

— » ... J'oubliais, docteur... Nous avons appris que ce jeune homme sur lequel les passions exercent déjà leur empire, nourrissait une de ces flammes légères et fugitives, un de ces caprices, comme nous en avons sans doute éprouvé jadis, vous et moi, dans notre jeunesse. Ne serait-il pas heureux pour sa santé... de lui... permettre... ainsi... quelques... distractions à des études trop sérieuses ?... Ne doit-on pas... fermer les yeux ?.... Qu'en pensez-vous, docteur ?....

» Le digne médecin regarde froidement le vieillard : je dois dire que son regard fut tout mépris. Puis :

— » Monsieur, je pense que le jeune homme, quel qu'il soit, courrait infailliblement de très-grands risques et pour l'esprit et pour le corps. S'il est d'une santé aussi fragile que vous l'avez dépeinte, je craindrais d'autant plus pour lui des habitudes vicieuses. Cet enfant, dites-vous, réunit à une grande faiblesse physique une très-grande puissance morale : si vous voulez énerver, tuer même l'âme par le corps, vous ne sauriez mieux réussir qu'en favorisant les passions naissantes d'un jeune homme de quinze ans !.... Coupez donc le mal dans sa racine, et, pendant qu'il en est temps encore, gardez-vous de détourner un seul moment votre pupille du sentier de la vertu... — De grands ménagements, une prudence extrême dans les exercices du corps et de l'esprit..., et surtout un éloignement absolu pour ces perfides plaisirs qui perdent presque tous les jeunes gens.

— » Mille remercîments, docteur : notre reconnaissance vous est acquise à jamais.

» Le médecin est sorti : le vieillard vient se rasseoir sur un énorme fauteuil, en face d'un bureau qui le cache presque à mes yeux. Je l'aperçois cependant assez, par moments, pour juger de sa physionomie, avant qu'il se soit douté de ma présence!.... — Un air faux et rusé; des joues pâles et maigres avec des pommettes saillantes ; des lèvres couleur sang, mais livides; une bouche cruellement ironique dans l'ensemble ; un nez recourbé comme le bec d'un vautour; un front ridé, osseux; des yeux vifs et brillants, mais comme ceux de la hyène. Tel est le portrait du vieillard que je désigne sous le nom de Pensée... — Quel est cet être mystérieux ? — Le représentant de toutes les haines, qui s'insinue dans le labyrinthe de la politique, pour courir après une vengeance personnelle. On dirait qu'il est le mandataire de l'absolutisme : il n'est le plus souvent qu'un intrigant effronté, trompant tout le monde, pour satisfaire sa rancune et sa cruauté individuelle. Ainsi, dans toutes les cours, sous l'apparence du zèle et de la fidélité, des monstres humains cachent leur sanglante bassesse. — Un sourire a parcouru toute cette figure sinistre : je ne puis me défendre d'un frémissement glacial... Je me crois en face de mon bourreau. Ainsi l'agneau doit trembler sous la griffe du tigre.

» Cependant, après quelques éclairs de satisfaction intérieure, le vieillard semble s'apercevoir enfin que je suis là... — C'est vous, N***, me dit-il sans témoigner le moindre étonnement, sans s'inquiéter de ce que j'ai pu, sinon le comprendre, du moins l'entendre. — J'ai voulu, avant de vous croire coupable, savoir comment vous parviendriez à justifier votre conduite. On a vu entrer dans votre habitation du Prater un jeune homme d'une très-illustre famille... — Le connaissez-vous? L'aviez-vous attiré chez vous?

» Il y avait si peu de colère, si peu d'aigreur dans le ton avec lequel ces reproches m'étaient adressés, que je répondis sans crainte :

— » Que puis-je vous apprendre, monsieur? Puisque vous savez mon nom, ma demeure, vous devez aussi connaître ma position : je suis employé comme ouvrier jardinier dans le parc impérial de Schœnbrünn ; par conséquent je n'ignore pas qu'un prince m'a fait l'honneur de s'arrêter assez souvent à la porte de ma maison du Prater. Quant à votre dernière question, je la trouve d'autant plus injurieuse pour le prince et pour moi, que je suis placé trop bas pour avoir jamais eu aucun rapport avec une altesse impériale. Si monseigneur daigne en se promenant adresser quelques paroles bienveillantes à ma femme et à ma fille, suis-je donc si coupable?....

— » Mais on dit que son altesse semble vous marquer trop de bienveillance.......

— » Si la cour, si les personnes chargées de surveiller l'éducation du prince trouvent un si grand mal à ces visites, les gouverneurs peuvent, quand ils le voudront, diriger d'un autre côté les promenades de leur auguste élève. Ce n'est pas à un ouvrier jardinier qu'il appartient de donner des ordres à une altesse royale...

» Ici le vieillard fait une mouvement de lèvres, qui annonce une vive satisfaction; ses yeux étincelants semblent dire : — Cet ignorant paysan ne comprend rien ni à ce qu'il dit, ni à ce qu'il fait; c'est une bonne dupe : laissons un libre cours aux caprices aventureux de monseigneur le duc de Reichstadt : ma vengeance ne saurait rencontrer un instrument plus aveugle... — Puis, après un moment de silence et comme se rappelant qu'il me doit une réponse :

— » Allons, brave homme, je vois que vous êtes de bonne foi : on ne vous inquiétera nullement désormais; loin de s'ombrager de ces démonstrations bienveillantes du jeune prince, on ne trouvera plus aucun mal dans ces marques de bonté ; car je vois qu'elles ne pouvaient s'adresser à de plus honnêtes sujets de sa majesté. Seulement, puisque le duc de Reichstadt aime à passer devant votre habitation, n'oubliez jamais le respect dû à une altesse impériale et royale... — Vous pouvez vous retirer.

» Donc l'homme mystérieux me trouvait assez stupide pour jouer le rôle de dupe. Plus de doute, cet obscur personnage appartenait à la Pensée, ou plutôt, c'était elle-même… — Et ce fils de famille dont tout à l'heure ce vieillard et le médecin parlaient devant moi, l'un avec dignité, l'autre avec un hypocrite intérêt, ce fils de famille était peut-être l'infortuné duc de Reichstadt. La joie de cette bête fauve ne m'annonçait que trop le succès de calculs infâmes….. Notre amitié devait-elle servir à perdre ce prince bien-aimé ? Les craintes de la médecine faisaient tout l'espoir de la vengeance. — « Enfant, jusqu'ici tu as déjoué tous mes projets de haine ; mais je te défie de t'arrêter sur les bords de l'abîme où tes passions de jeune homme vont t'entraîner….. »

» Depuis cette époque le duc vint toutes les semaines visiter ses bons amis de France. Qu'il était loin de soupçonner la vérité ! Un jour je rentrais harassé : c'était au mois de juillet 1827 ; la chaleur du jour avait accru pour moi les fatigues du travail…., Je trouve le prince assis sur un banc de gazon dans mon jardin ; ma sœur et ma nièce en face sur des chaises rustiques. Il y avait dans ses traits toujours graves plus de tristesse qu'à l'ordinaire ; ma présence parut lui causer un plaisir inaccoutumé. — Que je vous attendais avec impatience ! me dit-il affectueusement. Ami, je dois vous dire toutes mes peines ; car je trouve toujours en vous de grandes consolations. Vous le savez, depuis que je vous connais, j'ai obtenu après des demandes souvent répétées d'avoir au moins quelques ouvrages écrits sur l'histoire de mon illustre père ; mais je suis devenu défiant avec les différents auteurs qu'ils me mettent entre les mains ; presque tous sont allemands, quelques-uns italiens ; j'obtiens rarement des livres français ! Quelles contradictions dans tout ce que je lis ! Et souvent quelles accusations absurdes, j'en suis sûr ! Et je n'ai que mon sentiment pour me guider. Je puis refuser de croire les mensonges ; mais comment m'instruire de la vérité ? Je ne puis que la supposer. — Le croirez-vous, capitaine, on a eu la cruauté de me laisser lire un libelle infâme, écrit à la suite d'un résumé de l'histoire de France par le jésuite Loriquet ?.... Je conçois les injures de l'auteur ; mais devais-je craindre qu'à la cour de mon aïeul on ne mît sous mes yeux toutes les grossièretés du jésuitisme ? — Et si je vous citais encore les autres libellistes qu'on veut bien soumettre à mon jugement...

— » Prince, je n'ai jamais lu le libelle du jésuite que vous venez de nommer ; mais j'en ai assez entendu parler pour en connaître toute la portée. Comprend-on la conduite de ceux qui vous exposent à la honte de semblables lectures ? Je conçois que, dans une cour d'Allemagne, on offre à votre avide curiosité des histoires faites pour ménager l'orgueil germanique et diminuer la gloire du grand

LE PRINCE, A CHEVAL, QUITTE LE PRATER.

Page 121.

LE PRINCE, A CHEVAL, QUITTE LE PRATER.
Page 121.

homme ; mais je plains l'empereur d'Autriche, puisqu'on méprise assez son autorité pour ne pas craindre d'insulter son petit-fils en le forçant d'entendre les mensonges qu'on invente pour calomnier votre père. Quelle foi peut-on ajouter à ces histoires toutes dictées par la haine et écrites par les ennemis de Napoléon ?

» La soirée se passa à discuter, à réfuter plusieurs accusations. Le prince était plus gai au moment du départ : jamais il ne m'avait témoigné autant de joie, autant de bienveillance en me quittant.

— » Je bénis tous les jours la Providence, me dit-il en me pressant fortement la main, de vous avoir envoyé vers moi, pour m'aider à repousser les mensonges dont ils voudraient ternir la vie du héros... Merci, capitaine ; mille fois merci !

» Marguerite le suivit longtemps des yeux ; elle partageait son contentement.

» Qu'aurait-il pensé des projets de la Pensée politique, si je lui avais révélé tout le mystère d'infamie ? L'âme de ce noble jeune homme fut toujours si pure, que je crus inutile de l'attrister par la vue d'un hideux tableau... Pourquoi lui parler des calculs de ses ennemis, à lui qui avait dans le cœur tant de générosité, tant de grandeur ? Je l'observais toutes les fois qu'il était avec nous ; ma sœur l'étudiait aussi quand j'étais absent et qu'il causait avec Marguerite. — Il aimait cette enfant, mais d'une sainte amitié, comme on aime une sœur préférée... Ne valait-il donc pas mieux le laisser dans l'ignorance à l'égard de la vengeance calculée par la Pensée ?... N'avait-il pas assez de mal à déplorer ?..

» Cependant les observations du prince au sujet de Napoléon Ier devenaient plus embarrassantes pour ses gouverneurs. On s'étonnait qu'il ne fût pas content des renseignements offerts à son avidité dans les livres d'histoire qu'on lui abandonnait. Qui lui suggérait les questions qu'il adressait ? A quelle source puisait-il les opinions si souvent émises par lui ? La haine voulut triompher des nouveaux obstacles : elle tenta de vaincre l'incrédule obstination du jeune duc de Reichstadt, tout en paraissant céder à sa juste curiosité. Cependant M. de Metternich fut choisi par l'empereur d'Autriche pour lui faire l'histoire politique de Napoléon Bonaparte. Etait-il possible de mieux trouver ? Qui pouvait plus utilement l'aider à distinguer les erreurs dont un ennemi caché l'entourait pour le séduire ? D'ailleurs il importait qu'aux études classiques et militaires le prisonnier de Schœnbrünn joignît des connaissances plus directement applicables à sa situation. Ses gouverneurs lui avaient fourni tous les ouvrages publiés sur son père, et approuvés par la Sainte-Alliance ; mais il commençait à émettre des doutes sur les notions qu'il avait reçues ; mais il exigeait impérieusement une révélation sincère et complète de la vérité..... Il fallait donc, afin de satisfaire son désir de s'instruire, rencontrer un homme assez habile pour lui apprendre à la trouver même dans cette multitude d'écrits que la calomnie, l'intérêt et la passion de la haine avaient inspirés. Alors le prince de Metternich se chargea de lui tracer une histoire exacte et entière de Napoléon Ier. L'homme qui avait eu tant d'influence sur les événements était seul capable de l'initier à la politique et à la philosophie de l'histoire. Vous en avez déjà pu juger, madame la comtesse. — La Pensée crut néanmoins avoir à se réjouir d'un tel choix.

» François II, dans sa sollicitude, recommandait au ministre instituteur d'apprendre à son petit-fils toute la vérité sur Napoléon, général, consul et empereur : — « Parlez-lui de son père, comme vous voudriez qu'on » parlât de vous à votre fils : je veux que le duc de Reich- » stadt apprenne à respecter sa mémoire. » — D'un autre côté, la Sainte-Alliance ordonnait de calomnier le grand homme : elle ne pouvait nier la gloire du conquérant, du législateur ; il fallait représenter le vainqueur des rois comme l'oppresseur des peuples ; il importait de persuader que le génie qui avait voulu étendre les bienfaits de la civilisation se proposait un seul but, la corruption, la dégradation des nations européennes au profit d'une étroite ambition. Partout les populations avaient accueilli avec reconnaissance l'administration et la législation de l'empire ; il était nécessaire de prouver au fils du grand homme que l'éclat des victoires et le despotisme de la gloire expliquaient seuls cet enthousiasme passager dans les esprits populaires, toujours si faciles à éblouir !..... Quel homme pouvait mieux essayer ces leçons que le rival de notre Talleyrand ? Mais ces derniers efforts se briseront encore une fois contre la forte volonté d'un enfant qui n'a jamais oublié le roi de Rome......

» On prétend ici que d'aveugles partisans de la dynastie impériale sont tombés dans une monstrueuse exagération, en rapportant ces tentatives de corruption morale et politique. Pour démontrer la vérité des faits, il suffirait de citer les paroles de quelques personnes dont on ne peut suspecter la bonne foi. Je prendrai pour preuves du mauvais vouloir les aveux échappés à l'un de ses gouverneurs, et je citerai fidèlement sans aucun commentaire : le lecteur jugera. Selon ces confidences : « Le prince de Metternich dirigea le duc
» de Reichstadt dans les hautes études historiques. En met-
» tant sous ses yeux des documents irrécusables, il l'accou-

» tumait à connaître la *bonne foi* des *factions*, la justice de
» l'*esprit* de parti : il s'attachait à former son *esprit* aux habi-
» tudes d'une saine critique, à éclairer sa raison, en lui
» enseignant à apprécier les actions et les événements dans
» leurs causes, aussi bien qu'à les juger dans leurs résul-
» tats. Il traçait au jeune prince le tableau *fidèle* de la car-
» rière extraordinaire de Napoléon, de son avénement au
» trône, de son règne et de sa chute, en lui expliquant ce
» que cette existence avait de grand, d'habile, d'élevé
» dans la guerre, l'administration et la politique ; mais
» aussi ce qu'elle avait eu *d'injuste, de violent et d'exagéré*.
» Ce tableau qu'il mettait sous ses yeux, avait pour objet
» de lui démontrer que ce fut l'abus des mêmes qualités,
» comme l'influence des mêmes défauts, qui après avoir
» contribué à élever Napoléon, le précipitèrent plus tard
» du faîte de la grandeur et du pouvoir. Les hommes
» (toujours selon M. de Metternich) qui montent au-dessus
» de leur niveau, jusqu'aux hauteurs du rang suprême, ne
» peuvent y parvenir en effet que par un prodigieux en-
» semble de grandes qualités et de défauts non moins
» remarquables, dont l'exagération doit généralement en-
» traîner leur chute. Quelque vaste que fût le génie de Na-
» poléon, il ne serait jamais parvenu à créer son immense
» empire, s'il n'eût été sans cesse activé par le stimulant

» d'une ambition ardente ; c'est cette *ambition* même, trop
» confiante dans les ressources de talents incontestables,
» qui creusa le précipice où devait s'engloutir l'édifice
» étonnant de sa fortune. Il manquait à Napoléon cette
» qualité essentielle qui seule peut assurer le bonheur
» des peuples et la solidité des trônes, la modération ;
» mais avec la modération il ne serait jamais parvenu à
» l'empire. »

» C'est ainsi, de l'aveu même des instituteurs du prince, que M. de Metternich traçait au duc de Reichstadt l'histoire exacte et complète de Napoléon !..... Un ennemi de la France, un ministre autrichien devait-il donner un autre coloris à son tableau ? Ce qui passe toute vraisemblance, c'est qu'on s'efforce de nous convaincre de la docilité, de la facilité du fils à croire toutes les calomnies inventées contre son père..... Non, ministres de la Sainte-Alliance, jamais le duc n'a pu ajouter foi à vos exagérations, et vous le savez mieux que personne. On pourrait réfuter ces lignes une à une ; mais ce travail serait inutile et pour les étrangers de mauvaise foi et pour tous ceux — ils sont en plus grand nombre — qui ont déjà rendu justice à la politique et à l'administration de l'empereur ; car il n'eut jamais rien de violent, que son amour pour la France ; rien d'injuste, rien d'exagéré, que sa clémence à l'égard de certains monarques ou hommes d'état, que vous connaissez aussi bien que moi, messieurs les seigneurs autrichiens. — Vous osez dire que le prince recevait ces *hautes* instructions avec un grand empressement : mensonge..... S'il montrait du zèle, de l'ardeur, ce n'était que pour repousser les accusations calomnieuses et défendre avec acharnement la mémoire de son père. Non, vos efforts ne réussiront pas à persuader à la France que l'héritier du sceptre impérial s'est rendu indigne de l'amour des Français en acceptant votre haine et votre injustice pour tout ce qui a rapport à la gloire de l'empire..... — Pardon, madame, j'oublie trop souvent que je vous parle, et je m'aperçois que mon amour pour lui devient de l'indignation contre eux.

» Un dimanche, le duc de Reichstadt (toujours favorisé dans ses visites par les calculs et l'espoir de la Pensée politique) était venu me voir à mon habitation des bords du Danube. Nous parlions de cette France chérie, qui faisait si souvent l'objet de nos longs entretiens. Ce jour-là j'avais remarqué plus de mélancolie dans les traits du prince : son front s'inclinait parfois soucieux ; son regard se fixait sur le cours du fleuve, dont les flots fuyaient à l'ombre de ses rives, tandis qu'un dernier rayon du soleil éclairait faiblement encore la cheminée de mon toit rustique : un poids semblait accabler sa poitrine ; une nouvelle douleur avait sans doute été ajoutée à toutes celles qui l'oppressaient déjà : j'en jugeai à ses fréquentes distractions. Je n'osais lui adresser aucune question à cet égard ; mais il s'aperçut de mon inquiétude, et il me dit en me pressant la main :

— » Vous m'avez compris, capitaine, un grand chagrin me poursuit... Je vous remercie de cette sympathie qui vous fait toujours courir au-devant de mes aveux. Vos craintes n'avaient que trop de fondement : on veut absolument égarer mon jugement sur la vie et les actions de mon père, en dénaturant à mes yeux la vérité de son histoire. Hier j'ai dû soutenir une lutte pénible avec mon nouvel instituteur, lutte inégale dans laquelle je n'apporte que mon amour et mes sentiments pour me défendre contre mon ennemi. Puis-je discuter la valeur des pièces et des arguments diplomatiques dont il s'entoure, autrement que par la conscience de leur fausseté ? Que veulent-ils faire du fils de Napoléon Ier ? Espèrent-ils, par leur acharnement à dénigrer la gloire de l'empereur, m'amener à partager leur injustice et leur perfide antipathie ? Espèrent-ils, en attaquant la légitimité de la puissance impériale, me faire proclamer l'usurpation de mon père et ma déchéance de tous droits à la couronne de France ?.... Les insensés !....

— » Prince, que parlent-ils d'usurpation et de légitimité ? Veulent-ils vous convaincre que le droit de commander en souverain à un peuple immense est inné dans certaine famille privilégiée, droit imprescriptible, inaliénable? Eh bien ! à ce titre le roi qui règne sur la France, Charles X occupe un trône usurpé. Sans nous arrêter à l'identité du malheureux fils de Louis XVI, qu'on dit encore existant et qui réclame en vain l'héritage paternel ; sans nous occuper de ce frère aîné de Louis XIV qu'on affirme avoir été sacrifié à je ne sais quelle politique, la légitimité des Capets, dont on fait tant de bruit, est-elle donc si respectable, si évidente, à la juger comme ils vous jugent? A-t-on attendu, pour poser la couronne sur la tête de Hugues dit le Grand, que le dernier des Carlovingiens eût laissé le trône vacant par sa mort naturelle ? Et les Carlovingiens eux-mêmes n'avaient-ils pas ravi le sceptre à la race Mérovingienne, dont la postérité s'éteignit dans un cloître à peu près comme votre illustre père sur le rocher de Sainte-Hélène?.... La légitimité, prince, est un grand mot dont on a souvent recouvert bien des intrigues : la légitimité, dans notre histoire, n'est que la tolérance du temps effaçant par des siècles d'oubli les plus grands crimes politiques. Le premier qui fut proclamé roi des Francs ne réunit pas un concours aussi unanime que votre père..... Clovis, porté sur le pavois national par l'élite de quelques bandes guerrières, peut-il être comparé à Napoléon réunissant en sa faveur des millions de voix, l'immense majorité d'un grand peuple, et montant sur le trône aux applaudissements d'un vaste et puissant empire? Qu'on nous parle ensuite de légitimité, comme si le peuple français du dix-neuvième siècle faisant usage d'un droit inné, mais oublié, mais imprescriptible, n'était pas la même nation, devenue plus puissante, qui, à son gré, proclamait un Clodion, ou proscrivait un Childéric.... Deux races sont parvenues frauduleusement à la puissance souveraine ; l'une d'elles est celle dont on élève si haut les droits équivoques. Osera-t-on assimiler les petites intrigues d'un Hugues Capet à la gloire de Napoléon Ier, et à l'assentiment, aux acclamations unanimes qui le déclaraient seul père, seul défenseur de la patrie?....

— » Que leur langage ressemble peu au vôtre, capitaine !....

— » Prince, quand ils argumentent contre ce qu'ils appellent l'usurpation de votre père, ils se gardent bien de vous parler des circonstances si différentes pour les vieilles dynasties et pour la nouvelle. — Quand Napoléon parvint au pouvoir, le trône royal était renversé, et certes on ne vous avancera pas que ce fut par ses mains : sa gloire politique, guerrière et administrative avait déjà régénéré la France au moment où il fut proclamé l'élu de la nation.

Que firent au contraire Pépin le Bref et Hugues Capet ? Ils furent obligés d'expulser de leurs palais leurs maîtres et leurs rois, de les renfermer dans des couvents, de se former une majorité par l'intrigue, Hugues surtout, et de se constituer ainsi eux-mêmes les dominateurs de la nation française..... — Avant d'être rois, ils furent bourreaux. — La légitimité, ce n'est point un Pépin le Bref, un Hugues Capet, arrachant la couronne à leurs souverains imbéciles. — Ce n'est point l'Europe conjurée, favorisée par quelques traîtres, nous ramenant avec ses baïonnettes un vieillard impotent. — La légitimité, c'est le sénat, le peuple et l'armée unanimes, c'est toute la nation proclamant, déclarant vouloir l'hérédité de la dynastie impériale dans la descendance directe, naturelle, légitime et adoptive de Napoléon Bonaparte, et dans la descendance naturelle et légitime de Joseph et de Louis Bonaparte. Je respecterais de même la Restauration, si elle était l'œuvre du peuple français, au lieu d'être le résultat de la trahison et de la majorité des hordes étrangères.

» Le duc ainsi instruit sur une partie de l'histoire de son père me quitta le plus tard possible. Il était heureux de pouvoir repousser encore une calomnie. Marguerite jouissait de ce bonheur du prince : sa joie naïve n'était pas une des moindres consolations de l'auguste exilé.

» Cependant les ennemis personnels du fils de l'empereur, désespérés de l'impuissance du ministre-instituteur à convaincre son esprit, ne voyaient pas sans une secrète satisfaction son développement physique. D'une santé délicate, il avait atteint à dix-sept ans une taille prodigieuse, cinq pieds huit pouces ! Comment cette faible constitution pourrait-elle résister à une excessive croissance ? — On commençait donc à se rassurer sur l'avenir..... — Le temps ferait plus que tous les efforts.

» Je sais, madame la comtesse, qu'à sa haine la Sainte-Alliance joint d'hypocrites protestations : on la calomnie, s'écrie-t-elle...; mais, pour convaincre ceux qui douteraient de ma véracité, il me suffirait de citer les résultats du voyage de M. Barthélemy à Vienne..... — En 1828, l'auteur de *Napoléon en Egypte* avait traversé l'Autriche, pour offrir son poëme au fils de son héros. Cette démarche n'avait rien que de naturel. Je ne connais cet auteur que par quelques-uns de ses ouvrages : a-t-il entrepris ce voyage en poëte, ou en agent politique ? Est-il loyalement dévoué à l'empire, ou sert-il en aveugle, en mercenaire, le parti des faux libéraux, souvent assez habile pour exploiter les talents à son profit ?.... C'est ce que le temps dévoilera. Soit calcul, soit dévouement, le poëte était à Vienne. Il demandait à être admis à présenter lui-même son œuvre au duc de Reichstadt; l'audience qu'il sollicitait lui fut refusée. Des Français, exagérés dans leurs opinions de royalisme, ont approuvé la mesure prise par le gouvernement autrichien : quel bien, disent-ils, pouvait-il résulter pour le prince d'un entretien avec un homme dont les écrits ne pouvaient qu'égarer son esprit?....

» Quoi qu'il en soit, de ce refus résulte la preuve évidente que le gouvernement imposait au prince une dure captivité. En vain ose-t-on affirmer qu'on ne craignait pas de lui dire toute la vérité sur son père : les craintes du grand maître et du grand ministre démontrent mal la franchise de ces assertions.

» M. Barthélemy, à peine arrivé à Vienne, se fit présenter au comte de Dietrichstein. L'accueil qu'il en reçut fut des plus aimables tant qu'il se contenta de parler de ses ouvrages; mais lorsque, encouragé par l'affabilité du grand maître, il osa le supplier de l'aider à obtenir une audience du prince, la conversation prit aussitôt une tournure moins agréable. — « Aux premiers mots de mon humble requête (dit M. Barthélemy lui-même), le visage du comte prit une expression, je ne dirai pas de mécontentement, mais de malaise, de contrainte : il paraissait comme fâché d'avoir été assez aimable pour m'enhardir à cette demande, et sans doute il aurait préféré n'être pas dans la nécessité de me répondre. Après quelques secondes de silence, il me dit : « Est-il vrai que vous soyez venu à Vienne pour voir le jeune prince ? Qui a pu vous engager à une pareille démarche ? Est-il possible que vous ayez compté sur le succès de votre voyage ? On se fait donc des idées bien fausses, bien ridicules sur ce qui se passe ici ? Ne savez-vous pas que la politique de la France et celle de l'Autriche s'opposent également à ce qu'aucun étranger, et surtout un Français, soit présenté au prince ?.... »

» Le poëte représenta vainement qu'il n'était envoyé par aucun parti ; qu'homme de lettres et l'un des auteurs de *Napoléon en Egypte*, il avait cru devoir faire hommage du poëme au fils du héros. — On répondit à ses instances par un refus formel. — « C'était une mesure générale, un système constant adopté par les deux cours : ce qui devait excuser ces rigueurs, c'était la crainte d'un attentat contre sa personne..... »

» Un attentat !.... Le gouvernement autrichien si complaisant, si soumis aux désirs de la cour de France, si docile aux injonctions de la Sainte-Alliance, craignait-il sérieusement un crime ?.... Quand ne fut-il pas possible au premier scélérat qui l'aurait entrepris, de l'approcher, de l'assassiner soit aux courses du Prater, soit à la promenade dans le parc de Schœnbrünn ? Le seul attentat qu'on eût à redouter, c'était de laisser parvenir la lumière jusque dans la nuit de sa royale prison. La dernière réponse faite au poëte français prouve trop bien ce que j'avance : « Le prince n'est pas prisonnier ; mais..... il se trouve dans une position toute particulière. » — M. Barthélemy, désespérant d'obtenir une audience, avait demandé pour dernière faveur qu'on voulût au moins placer son livre dans la bibliothèque de Schœnbrünn....... Cette demande n'obtint pas même un refus. — Osera-t-on désormais affirmer que le prince lit tous les ouvrages écrits sur son père ? Évidemment non : on laisse arriver jusqu'à lui les livres menteurs qui décolorent la gloire du grand homme... On lui refuse un poëme qui n'a rien d'offensif !....

» Partout repoussé, le poëte chercha au moins à rencontrer le jeune prince : il put voir sa belle et noble figure au spectacle, dans la loge de la cour. Sa douleur fut extrême à la vue de cette seconde victime de la haine des rois : son indignation s'exprimera en beaux vers :

> . . . Oui, ce corps, cette tête, où la tristesse est peinte,
> Du sang qui les forma portent la double empreinte.
> Je ne sais, toutefois je ne puis sans douleur
> Contempler ce visage éclatant de pâleur :
> On dirait que la vie à la mort s'y mélange :
> Voyez-vous comme moi cette couleur étrange ?

> Quel germe destructeur, sous l'écorce agissant,
> A sitôt défloré ce fruit adolescent ? . . . . . .
> . . . .
> Faut-il vous répéter un effroyable doute ?
> Écoutez. . . ou plutôt que personne n'écoute :
> S'il est vrai qu'à ta cour, malheureux nourrisson !
> La moderne Locuste ait transmis sa leçon,
> Cette horrible pâleur, sinistre caractère ! . . .
> Annonce de ton sang le mal héréditaire ;
> Et peut-être aujourd'hui, méthodique assassin,
> Le cancer politique est déjà dans ton sein. . . .

» Une personne en faveur à la cour de Charles X nous a dit que cette insinuation ne fut pas accueillie en France ; je ne sais pas moi-même si une tentative de poison lent comme celui de Sainte-Hélène a dû obtenir créance dans la patrie ; mais un mal secret mine intérieurement le prince, c'est ce que je puis vous affirmer, madame la comtesse... »

Napoleone Camerata pâlit visiblement et reste sans voix.

« On affirme que *le Fils de l'homme* fut lu dans la famille impériale, en présence du jeune duc de Reichstadt, avec une froide indifférence. Quelle vraisemblance que ce poëme fût communiqué au prince, quand on avait refusé pour lui l'hommage de *Napoléon en Egypte !* Quelle probabilité que la famille impériale écoutât cette lecture avec une froide indifférence !....

» Ici, madame la comtesse, s'arrêtent les renseignements que je puis vous transmettre sur le prince, l'objet de notre amour. On ne s'est trompé ni en France ni en Italie. Le duc de Reichstadt est toujours à Schœnbrünn un prince français, animé de sentiments généreux pour son pays ; la révolution de 1830 lui a rendu l'espoir de revoir la terre des braves, et de saluer un jour la glorieuse colonne de la place Vendôme.

» Depuis 1828 jusqu'à ce jour, l'histoire de votre royal parent peut se résumer en quelques lignes : — lutte continuelle entre lui et ses instituteurs, qu'il doit toutefois bientôt quitter ; car le terme de son éducation approche. Reconnaissance pour le bien qu'ils lui font rarement, oubli des mensonges qu'ils veulent lui graver dans la mémoire. — A l'époque où nous sommes parvenus, le duc est le prince le plus accompli et sous le rapport de l'art militaire et sous le rapport de la science littéraire et politique.

» Vous pourrez d'ailleurs, madame, le mieux juger vous-même ; car j'espère que vous arriverez jusqu'à lui. — Quand vous connaîtrez ma nièce, vous bénirez le ciel d'avoir envoyé au prince cet ange de vertu, pour le préserver, par sa sainte amitié, des piéges dans lesquels la vengeance politique voulait l'attirer. »

La princesse Napoleone Camerata remercia le capitaine N*** des renseignements qu'elle devait à son noble dévouement. Nous verrons comment elle obtint à la fin une entrevue du prince; mais avant tout nous devons parler de la révolution de 1830, et de l'effet moral qu'elle produisit à Vienne.

CHAPITRE SIXIÈME.

SOMMAIRE.

Entrevue de Napoléon II et de Marie-Louise, pendant un voyage de l'empereur d'Autriche à Gratz, juin 1830. — M. de Prokesch. — Waterloo et Napoléon Ier jugés par cet officier. — Sentiments du prince. — Le duc à son retour à Vienne annonce à la fille du capitaine qu'il doit cesser de la voir : douleur de Marguerite. — Au moment même de ces tristes adieux, un Français vient leur apprendre la révolution de juillet. — Agitation du prince. — Le duc s'entretient avec M. de Metternich sur les destinées de la France.

VI

Jusqu'ici, depuis le chapitre III, j'ai transcrit littéralement le récit du capitaine N***; désormais il prendra bien rarement la parole; toutefois il continuera de m'aider de ses utiles renseignements; car il n'a quitté l'Autriche qu'après la mort de l'infortuné prince.

Le duc de Reichstadt voyait peu Marie-Louise. La politique qui avait dégradé l'ex-impératrice par un hymen anticipé et des affections dégénérées se défiait encore du cœur de la mère : à la vue du fils malheureux, le souvenir du père pouvait renaître; le regret et le remords auraient en un jour détruit le fruit de plusieurs années d'une éducation monstrueuse, du moins suivant l'intention qui la dirigeait; la duchesse de Parme et de Plaisance aurait peut-être rougi de sa honte, et racheté son crime par un repentir sincère. Que n'avait-on pas à redouter de la vue et de l'amour de ce fils ? N'inspirait-il pas à son insu, comme son père, le fanatisme du dévouement à toutes les personnes assez heureuses pour l'approcher ?

Cependant au mois de juin 1830, la Politique permit une rencontre du fils avec la mère : elle était désormais rassurée sur l'avenir du prince : M. de Metternich avait su graver la vérité dans son esprit... C'est du moins ce que la Pensée croyait depuis l'année 1829. Le duc, averti par de dévoués amis, avait dû laisser un libre cours aux réflexions et aux considérations du prince de la diplomatie. S'il eût continué de repousser la calomnie avec opiniâtreté, les soupçons se seraient éveillés. Le silence, pendant le cours des hautes leçons, lui avait donc été imposé par la prudence. On a voulu insinuer de là que le prince avait contracté des habitudes de dissimulation; mais, comme on le voit, le seul sentiment de sa position lui imposait la réserve. Prémuni contre les mensonges sous lesquels on avait essayé de lui déguiser la vérité, le fils de Napoléon Ier avait appris à se défier des hommes et des choses. Il est presque fâcheux que l'empereur des Français n'ait pas reçu comme le duc de Reichstadt la leçon d'une jeunesse pénible et malheureuse ; il se serait plus souvent mis en garde contre cette magnanimité qui a fait tant d'ingrats. Toujours comblé dès ses premiers débuts des faveurs de la fortune, l'homme de génie n'avait jamais vu dans ses généraux que les fidèles instruments de la victoire. Napoléon II, plus défiant, aurait souvent découvert, sous le masque, l'hypocrisie et la trahison. L'héritier du héros, devenu empereur des Français, n'aurait pas épousé la fille des Césars ; il ne serait pas allé mourir sur le rocher de Sainte-Hélène, victime de la jalouse et mercantile Angleterre.

Que se passa-t-il dans l'âme de la duchesse de Parme et de Plaisance quand elle apprit à Gratz, où elle avait ordre d'attendre l'empereur François II, qu'elle allait embrasser le fils de celui dont elle avait trahi la fortune et la mémoire ? On dit qu'à l'aspect de cette douce et grave figure, de ce front large et sévère, où se retraçaient le génie et la pensée de Napoléon, la comtesse de Nieper eut honte de son apostasie. Il y avait dans les yeux de ce pâle jeune homme quelque chose de la vivacité et de la pénétration du regard paternel : ne pouvait-il pas lire sur son front le trouble et l'agitation de son âme ? Ne découvrirait-il pas lui-même la dégradation qu'on lui avait toujours cachée, les Français comme les autres ? (Aurait-on jamais eu la cruauté de lui apprendre que la femme du héros des temps modernes était descendue assez bas pour devenir l'épouse presque criminelle d'un comte de Nieper ?...)

— Ma mère! s'écria-t il en se jetant dans les bras de la duchesse tremblante. — Et il la pressait dans une douce étreinte. On s'était montré pour lui si avare des pieuses affections, que toute son âme se répandit dans cet embrassement. Quelle fut bientôt sa douleur ! sa mère ne répondait à son amour que par une froide immobilité.....

— Ma mère, vous aussi !...... Vous m'abandonnez donc tout à fait ? Vous n'aimez donc pas votre malheureux fils ?......

La princesse devient plus pâle : la tendresse de son fils est pour elle le plus horrible supplice : il y a en lui tant de noblesse, tant de grandeur, tant d'amour filial !......
— Marie-Louise, accablée sous le poids de sa honte, s'évanouit dans ses bras. C'était la première fois que le remords frappait un bourreau dans les embrassements de sa victime. Le duc est seul avec sa mère : il ne peut appeler, que faire ?.... Mais la vie revient vite.......

— Mon fils, ose murmurer la princesse — mon fils, ne m'accusez pas ainsi....... Si vous compreniez ce que je souffre, vous ne seriez pas sans pitié pour votre mère !!....

En ce moment Marie-Louise était sincère ; mais il ne pouvait comprendre la vraie cause de sa douleur. A la vue de ce beau jeune homme au front grave, au regard profond, elle dut se reporter aussitôt par la pensée aux temps plus heureux où la gloire et la fortune leur souriaient à tous les deux. Si la femme avait pu se parjurer, la mère ne devait pas renier plus longtemps l'amour de l'ancien roi de Rome; il lui retraçait si amèrement l'image du héros trop vite oublié !...... On s'étonne que le ciel n'ait pas encore puni cette impératrice coupable : quel plus grand supplice pour elle que la présence du jeune Napoléon, dont les traits lui rappellent celui qui l'avait faite si grande ! Et, quand il lui parlera de l'empereur des Français, comment pourra-t-elle lui répondre? Car ce pieux fils avait toujours la mémoire de son père présente à l'esprit : il en parlait à tous et toujours.....

— Je le comprends, ma mère, vous avez presque honte de moi, quand vous vous rappelez votre immortel époux.....

L'ex-impératrice fait un mouvement involontaire : un frisson de mort a parcouru tous ses membres.....

— A mon âge mon père était déjà loin sur le chemin de la gloire….. Suis-je donc coupable des malheurs qui m'ont exilé de ma patrie ? Les chaînes que la Sainte-Alliance me fait traîner dans l'oisiveté d'une cour étrangère ne pesèrent point sur sa jeunesse libre et glorieuse….. Je demande seulement une épée et le grade de lieutenant, on me refuse tout. On m'envie l'air que je respire.

C'était bien le fils de Napoléon le Grand : même courage, même amour de la gloire. Les nobles sentiments qu'il exprime condamnent sa criminelle faiblesse. Elle a honte du présent et du passé.

— Vous avez raison, mon fils ; les circonstances ne sont pas les mêmes : celles qui nous dominent tous les deux, nous imposent la soumission aux ordres de la Providence. J'étais assise sur le premier trône du monde : j'ai dû en descendre pour obéir à une volonté souveraine. Vous êtes né roi de Rome, et le ciel a changé l'avenir qui semblait s'ouvrir devant vous ; mais pour avoir perdu la couronne, vous ne devez pas renoncer à l'espoir d'acquérir la renommée……. — La gloire d'Eugène de Savoie n'égale pas celle de votre père (elle ne peut prononcer ce nom sans pâlir); mais elle est encore assez belle pour que vous aspiriez un jour à l'obtenir… Vous y parviendrez, si vous en avez la ferme volonté…

Comment cette femme sur laquelle les sentiments d'honneur ont perdu toute influence, et dont le cœur de mère, un moment ravivé par le remords, est à jamais flétri ainsi que l'âme de l'épouse, comment cette femme ose-t-elle froidement calculer les chances d'un glorieux avenir pour ce fils qui semblait destiné à s'asseoir sur le premier trône du monde ? Eugène de Savoie !!... Ce fut un illustre guerrier; mais il était né sujet du royaume de France : c'est donc la trahison contre la patrie qu'elle propose à ce roi détrôné !!... Elle s'est donc trouvé un courage, celui de braver la déconsidération ? Elle n'ose toutefois pas porter le cynisme de l'oubli jusqu'à parler de sa dégradation, pour la justifier aux yeux de ce fils, son juge le plus implacable; car il n'a dans l'âme que de généreuses inspirations, et dans la bouche de nobles et royales paroles. La sévérité de son langage, la fermeté de son caractère et la pureté de ses actions flétrissent, à son insu, la conduite de Marie-Louise. Je ne sais si elle conserva un bien doux souvenir de cette entrevue; mais le duc de Reichstadt dut plus d'une fois se demander si cette mère au cœur froid, cette ex-impératrice aux pensées rétrécies, était bien la veuve du grand empereur des Français. — On lui avait donc tout flétri, tout, jusqu'à la tendresse maternelle !!...

Il se souvint alors de la chaumière du Prater et de ses

modestes habitants. Quel contraste !..... Un soldat de son père, dont les devoirs avaient fini avec le règne de Napoléon I*er*, sacrifiait, pour vivre non loin de lui, patrie, fortune, tout son avenir, et se vouait à sa personne avec le fanatisme de la fidélité, tandis que sa mère s'était laissé séparer de son fils pour aller gouverner un duché d'Italie, cruelle dérision du puissant empire des Français !...... Une jeune fille qui n'avait pas même vu briller le soleil impérial, immolait au culte de la gloire napoléonienne les plus belles années de la vie, et consacrait toutes les forces de son âme au dévouement que lui inspirait le prisonnier de Schœnbrunn : elle s'enthousiasmait avec lui au souvenir de nos victoires et de notre puissance, tandis que sa mère oubliait dans une honteuse union tout l'amour qu'elle devait au héros et à son fils bien-aimé, tandis qu'avec la conscience de son propre avilissement, l'ex-impératrice s'efforçait de faire renier à Napoléon II la mémoire du vainqueur d'Austerlitz et du législateur du monde, pour proposer à son émulation l'exemple de pâles généraux autrichiens, à peine dignes d'être les lieutenants de son père. —Marie-Louise, tu ne réussiras pas à dégrader ton fils ; sa grandeur d'âme te fera maudire tes coupables amours ; tu peux bien perdre son avenir; mais tu ne saurais le déshonorer.....

Pendant son séjour à Gratz, l'empereur, selon sa coutume, invita à sa table plusieurs généraux autrichiens. Le duc se trouva placé auprès d'un officier dont le mérite lui était connu, bien qu'il ne l'eût jamais rencontré à la cour. Pour la première fois il parlait à un étranger assez impartial pour juger son père avec la réserve et la modération convenables. Une sincère amitié s'établit donc promptement entre le prince français et l'officier autrichien.

— Je vous connais depuis longtemps, lui dit le jeune duc : je me suis déjà beaucoup occupé de vous.

— Comment, monseigneur, ai-je pu mériter cet honorable intérêt ?

— J'ai lu, j'ai étudié l'article écrit par vous sur la bataille de Waterloo, et inséré dans le Journal des Sciences militaires en 1819 ; j'en ai été tellement satisfait, que je l'ai traduit en français et en italien.

Ce contentement du prince ne m'a jamais été affirmé par le capitaine ; mais, puisqu'il se trouve consigné dans l'ouvrage d'un ancien ministre de la Restauration, je veux faire preuve d'impartialité en le rapportant ici, quoique la source puisse en paraître suspecte. Je n'ai jamais parcouru l'ouvrage de M. de Prokesch ; j'aime à le croire exempt de tout préjugé. La défaveur dont la Politique poursuivit cet officier depuis sa liaison avec le prince (défaveur déguisée sous l'apparence de fréquentes missions qui l'éloignaient du jeune Napoléon), prouverait au besoin que ce soldat courageux d'abord sur le champ de bataille, avait ensuite été assez généreux pour rendre justice et hommage au génie malheureux. S'il faut en croire le ministre dont j'ai parlé plus haut, M. de Prokesch, indigné des calomnies et des fanfaronnades de la Sainte-Alliance, avait voulu consigner dans un écrit public son jugement sur cette déplorable bataille. Les Anglais et les Prussiens se disputent encore les honneurs du triomphe; que ne les abandonnent-ils à la Fortune; elle les a seule mérités!... Dans les premiers temps de la Restauration, d'autres ont assez voulu détruire la gloire, comme ils avaient trahi la puissance de Napoléon Ier; mais là devaient s'arrêter leurs efforts. M. de Prokesch, formé aux préceptes et aux exemples du prince de Schwarzenberg, savait qu'un brave guerrier doit combattre l'ennemi avec fermeté, mais qu'il ne doit jamais nier ni déprécier son mérite. « Honte, disait-il au duc de Reichstadt, honte aux intrigants vulgaires et aux passions mesquines qui prodiguent leurs louanges aux succès, et poursuivent les revers de leurs insultes!... Loin de partager le mépris, ou plutôt la haine de ceux qui ont applaudi à la chute de l'empereur, j'admire plus que jamais le génie avec lequel le grand capitaine avait médité la bataille et préparé la victoire de Waterloo...... Elle fut à lui toute la journée : ses prétendus vainqueurs se font trop de gloire d'un triomphe qui ne leur appartient pas. »

En effet, tout le monde a dit ou écrit la défaite des Anglais dans ce jour fatal : jusqu'à six heures du soir ils furent battus par les Français ; et si la fuite ne s'est pas opérée en pleine déroute, l'inhabileté du général Wellington combinée avec le hasard a seule empêché la retraite d'abord, et ensuite l'entière destruction de l'armée britannique, malgré la supériorité du nombre....... En effet, le fameux vainqueur de Waterloo avait plusieurs fois tenté le mouvement en arrière; mais acculé contre des marais et des montagnes où il avait pris position, il ne put y parvenir. Alors on le vit perdre la tête et pleurer sa funeste inexpérience. Battu toute la journée par des forces moins nombreuses, l'Anglais devait être à jamais exterminé...... si la Providence n'en avait ordonné autrement. Soit trahison, comme quelques-uns l'ont affirmé, soit un retard causé par l'orage qui a rendu tous les chemins impraticables, les différents corps sur lesquels le génie de l'Empereur avait compté n'arrivent pas pour compléter sa victoire ; et quand vers le soir le vieux Blücher survient, amené là par le Destin dont il est le prête-nom, l'armée française, qui croit avoir en face des frères d'armes, se trouve cruellement désabusée . elle reconnaît l'armée prussienne....... — A quoi tiennent donc les grandes renommées ? De quoi dépend le sort des plus puissants empires ?....

M. de Prokesch avait parcouru l'Orient : il avait surtout visité l'Egypte avec intérêt ; le duc voulut savoir, en l'interrogeant sur les différentes contrées rendues célèbres par les hauts faits d'armes de son père, jusqu'à quel point la calomnie avait cherché à dénaturer ses actions ; il était heureux d'avoir enfin rencontré un étranger plus juste que les autres. M. de Prokesch étonna, dit-on, le prince en lui affirmant que ce pays avait conservé un glorieux souvenir de Napoléon Bonaparte. J'ignore jusqu'où peut aller cet étonnement ; mais il me semble trouver une exagération dans son récit. On suppose le duc comprenant l'admiration de Méhémet-Ali et d'Ibrahim-Pacha, et ne pouvant croire à celle du peuple. — La multitude — aurait dit le prince — juge d'un grand homme comme d'un tableau, sans pouvoir se rendre compte de son mérite : aussi les traces qu'il laisse dans sa mémoire doivent s'effacer promptement.

Non, M. de Prokesch, le peuple n'oublie pas si vite les bienfaits dont il jouit tous les jours ; car, vous devez le savoir, en Egypte comme en France, le grand homme a élevé des monuments éternels, les lois et les progrès de la civilisation. Je ne puis croire à un tel jugement du fils de l'empereur sur les grands hommes en général, ni sur son père en particulier. Pour vous contredire, je citerai seulement des exemples guerriers : Alexandre et César ne sont-ils pas encore aujourd'hui des noms populaires? Cependant ces héros ne nous ont guère légué que des souvenirs de dévastation et de gloire militaire... Vous avez pu le comprendre, comme le duc, Napoléon législateur et conquérant, loin de s'éteindre dans la mémoire des hommes, à mesure qu'il s'est éloigné des regards, a grandi pour tous et tous les jours. Ses ennemis les plus acharnés le déifient maintenant qu'il n'est plus à craindre, maintenant qu'il appartient à la postérité. — Ainsi les Saxons modernes révèrent comme nous la mémoire de Charlemagne.

Pour ajouter un dernier mot sur Waterloo, qui ne fut pas le tombeau de la France, comparons rapidement Napoléon Ier avec Annibal. Leur fin tragique se ressemble. Pourquoi le guerrier carthaginois n'a-t-il pas détruit Rome? Parce que ne pouvant agir par lui-même, et dépendant d'un sénat plus envieux de sa gloire que jaloux de la prospérité nationale, il fut condamné à se soutenir seul par son génie sur une terre étrangère. La haine et la trahison, se masquant d'un faux amour de liberté, empêchaient ce sénat de voter les subsides qu'il réclamait chaque jour....... Et cependant ainsi trahi, le grand capitaine s'est maintenu dix-sept ans au milieu du puissant empire romain. Que n'aurait-il pas fait, si, maître absolu, il eût disposé seulement une année de la souveraine puissance?... — C'est l'histoire de Napoléon, quand la jalousie ou la trahison le perdit, quand la chambre des représentants usurpa la dictature qui devait à l'heure du danger rester entre ses mains habiles et vigoureuses. Comme Annibal, avec sa seule armée, Napoléon aurait pu tenir longtemps contre les puissances conjurées; seulement il n'était pas sur le sol ennemi, comme le Carthaginois; le héros d'Austerlitz ne pouvait accepter la guerre civile. En cela les deux plus grands capitaines du monde diffèrent...... Mais Zama, c'est Waterloo : les deux chefs-d'œuvre des deux guerriers.

La Pensée politique ne s'applaudit pas du voyage de Gratz : les larmes furtivement répandues par Marie-Louise n'échappèrent pas aux regards de ses argus invisibles : c'était un commencement de repentir qui pouvait amener d'importantes révélations. L'ex-impératrice était perdue à jamais : le déshonneur l'avait fait descendre assez bas pour la rendre impuissante; mais n'avait-on pas à craindre ses remords? La séparation du fils et de la mère fut aussitôt exigée : et depuis ce jour la duchesse de Parme ne reverra son fils que pour recevoir son dernier soupir. A combien de gloires cette femme doit-elle survivre !!... La honte ne tue donc pas?...

M. de Dietrichstein avait accueilli avec joie les commencements d'une sincère amitié entre le duc et M. de Prokesch : un officier distingué par sa science et par son courage pouvait donner au prince d'utiles enseignements sur la carrière militaire qu'il voulait embrasser avec ardeur. Son éducation première touchait à son terme ; il importait de l'entourer d'hommes recommandables par leur mérite personnel et surtout par leur loyale bravoure. Quand la Pensée politique était loin de la cour impériale, les idées nobles et généreuses y trouvaient facilement accès. M. de Dietrichstein et les autres gouverneurs, n'obéissant qu'aux ordres de l'empereur, auraient fait son éducation suivant les vœux de tous ceux qui l'aimèrent ; mais il fallait toujours finir par se soumettre aux rigueurs de la tyrannie occulte, et l'empereur lui-même s'inclinait sous le joug commun : sa tendresse paternelle s'effaçait. Quand le duc parla au prince de Metternich de sa rencontre avec M. de Prokesch et de l'impression produite sur son âme, la leçon d'histoire et de politique devint plus laborieuse pour le savant instituteur. La Pensée instruite aussi du résultat des imprudentes confidences de l'officier autrichien, en fut irritée, et l'auteur de l'article inséré en 1819 dans le journal des sciences militaires fit un voyage littéraire et politique en Suisse, en Prusse, dans toute l'Allemagne, au lieu de suivre à Schœnbrünn le fils du héros de Waterloo.

— .... On était en août 1830 : le duc se trouvait au milieu de la famille du capitaine N*** : la soirée était belle. Du jardin de l'habitation du Danube, on voyait les plus brillants équipages parcourir les grandes allées du Prater : de nombreux groupes de promeneurs à pied s'acheminaient lentement le long des deux rives du fleuve, vers la ville de Vienne, où chacun cherchait à rentrer. La brise était fraîche et parfumée par la douce haleine des fleurs ; si le rossignol ne chantait plus sous la feuillée, on entendait les petits des oiseaux gazouiller un adieu du soir sous l'aile maternelle : les plus grands arbres se balançaient voluptueusement au-dessus des flots, au milieu d'une tiède atmosphère : la lune montée à l'horizon resplendissait comme un globe de feu posé par la main du Tout-Puissant sur le sommet des montagnes, pour éclairer les plaisirs d'une nuit d'été. Tout était bonheur, tout, excepté dans le cœur du fils de l'Empereur et de la nièce du capitaine N***.

— Marguerite, vous m'aimez comme une sœur aime son frère, et de mon côté j'ai pour vous la tendresse la plus

ÉVANOUISSEMENT DE MARGUERITE.

Page 187

ÉVANOUISSEMENT DE MARGUERITE.

Page 187.

vraie. Quand mon âme est attristée, c'est toujours à vous que je demande de ces douces paroles qui me rendent mes peines moins lourdes, et jamais je ne m'éloigne du Prater sans emporter une consolation. Ce soir je me sens accablé d'une plus grande douleur ; et pour la première fois je n'ose réclamer l'appui de mon ange tutélaire.....

— Vous éprouvez du chagrin, prince, interrompt la jeune fille ; et vous semblez nous retirer votre confiance...

— Ma confiance !... Marguerite, vous la méritez, vous la conservez toujours ; mais ne serais-je pas aussi cruel qu'eux, si je vous révélais ce qu'ils me font souffrir ?... Je vous aime, comme j'aime votre père, comme j'aime tout ce qui porte le nom français : les rares moments de bonheur que je trouve dans mon exil, je les dois à votre amitié, à celle de vos parents ;.... et pourtant il faut dès aujourd'hui cesser de nous parler..... Je vous fais ma dernière visite...

La pauvre enfant ne s'attendait pas à cette terrible nouvelle : le seul mot de séparation fut pour elle un coup de foudre. Elle reste muette, pâlit, et tombe bientôt évanouie... Le capitaine et sa sœur n'ont pas entendu l'entretien : leur effroi égale celui du malheureux duc : mais ils n'ont pas compris la cause de cet évanouissement. La jeune fille, malgré les soins empressés de tous ceux qui l'aiment, est bien longtemps à revenir à la vie. Elle est appuyée inanimée sur un banc de gazon ; le frère et la sœur la soutiennent dans leurs bras, tandis que le prince, debout devant elle, épie avec angoisse le premier signe d'animation. Pygmalion aux pieds de la belle statue d'ivoire, ouvrage de ses mains, suppliait Vénus avec moins d'ardeur, la conjurant d'animer son immortel chef-d'œuvre de beauté : il espérait, il attendait la vie :...... le duc de Reichstadt redoutait la mort qui menaçait de flétrir cette chaste vierge. Il craint de respirer. Cependant Marguerite soupire : ses lèvres se colorent et murmurent; les roses reparaissent sur ses joues; son front n'a plus sa pâleur livide; elle va parler..... ses yeux ont rencontré ceux du prince.... il est là..... debout..... tremblant..... Moins pâle doit être la mort qui voulait la frapper. Elle se rejette alors dans le sein de sa mère : on dirait qu'elle a rougi d'une faute : hélas ! elle avait compris combien elle aimait le duc de Reichstadt.....

Le prince a tout pressenti lui-même, et cette triste certitude a augmenté son tourment. Il aime tendrement la fille du vieux guerrier; mais il n'a jamais, un seul moment, nourri cette passion, que la Pensée croyait enracinée dans son cœur : le fils du héros a trop de grandeur d'âme pour soupçonner même des projets infâmes. Il comptait, en retour de son attachement, sur l'amitié d'une sœur; le ciel, pour le soumettre sans doute à une nouvelle épreuve, a laissé croître un ardent amour dans l'âme de Marguerite...

— Que faire désormais? A qui demander conseil? Son parti est bientôt pris : il aura le courage de se sacrifier lui-même. Tandis que la jeune fille reçoit les soins de sa mère, à quelques pas de là, il révèle toute sa pensée à celui qu'il croit son père.

— Capitaine, je vous dois la vérité sur tout ce qui se passe : le fils de votre empereur a seul causé tant de douleur.....

— Prince, qu'ai-je entendu ?....

— Je remercie le ciel d'inspirer un si grand dévouement à la cause impériale, même dans le cœur d'une fille ignorante de notre gloire passée.....

Le capitaine regarde avec étonnement...

— Vous le savez, j'ai toujours eu pour votre Marguerite l'amitié d'un frère. J'ai souvent épanché ma douleur dans son âme : je lui confiais tout à l'heure que l'odieuse surveillance dont je suis obsédé me forçait à interrompre mes promenades et mes visites.... Elle ne sait pas la cause de cette mesure; elle a vu dans ce que je lui annonçais un nouvel acte de tyrannie contre le fils de Napoléon, et sa douleur l'a sans doute accablée...

— Prince, aurait-on découvert le secret de notre amitié ? Si je tremble, c'est moins pour moi que pour mon souverain : combien je redoute les maux qui peuvent résulter de cette dernière trahison !...

— Fasse le ciel qu'il en soit ainsi !... mon cœur ne serait pas si cruellement déchiré.....

— Oh ! de grâce, prince, parlez-moi avec confiance ! mon dévouement n'a point de bornes...

— Si vous connaissiez comme moi toute la malignité des hommes, vous plaindriez le fils de votre Empereur, et vous ne le contraindriez pas à une explication.

— Prince, ma vie est à vous ; si je puis me sacrifier à votre service.....

— Vous sacrifier !...... Non : je n'ai déjà été que trop funeste à ceux qui aiment en moi leur Empereur !...... Capitaine, je ne me croyais pas la force de vous dire la vérité ; mais, je le vois, il faut que je me trouve assez de courage pour la révéler......— Vous êtes-vous quelquefois expliqué l'indulgence avec laquelle on tolère mes fréquentes visites chez vous ?

— Prince, cette tolérance m'a souvent effrayé : je ne puis encore la comprendre. Dois-je trembler que ma patrie.....

— Non, capitaine ; nous ne courons aucun risque de ce

côté; mais apprenez tout. Je suis jeune, vous avez une fille jeune aussi, elle est jolie : on a remarqué mon amitié pour elle....... J'ai d'abord été puni de ma première visite...... Depuis j'ai pu vous visiter à mon gré..... Comprenez-vous le reste ?

— Non, prince, répond froidement le capitaine.

— Oh! vous avez trop de noblesse de sentiment pour pressentir ces calculs....... Capitaine, je dois cesser de parler à la vertueuse Marguerite...... — Ils la font passer pour...... .

— Les infâmes!..... interrompt le vieux soldat en regardant sa nièce... — Puis il se tait, comme atterré par la douleur.

La jeune fille ne peut entendre cet entretien; mais elle a compris qu'ils parlent d'elle... Le duc, qui ne doit plus la revoir, la regarde encore avec bienveillance.... Il ne la hait donc pas? — C'est presque du bonheur pour elle.

— Béni soit le ciel, prince, reprend tout à coup le capitaine ! Cette infamie de nos ennemis doit nous servir. Laissez-les croire à cet amour.... Que deviendrions-nous, s'il nous était désormais impossible de nous voir?.... Je vous aime assez, prince, pour vous offrir ce sacrifice.......

— Mais votre Marguerite !... Mais son honneur !... Ces vils courtisans le croient perdu !...

— Que nous importe l'opinion d'hommes méprisables? J'ai la conscience de votre grandeur d'âme et de l'innocence de ma fille.

— Que dirait-elle, si elle savait que vous la sacrifiez ainsi à votre dévouement politique? N'aurait-elle pas horreur de moi, peut-être aussi de vous-même?

— Prince, cette enfant vous est aussi dévouée que son père : elle méprise comme moi les jugements des courtisans autrichiens : ce qu'elle désire, c'est l'estime de son prince et de tous les Français. Personne en France ne soupçonnerait un seul instant l'infamie proclamée ici par toutes les bouches....

— Mais l'excès de votre dévouement....

— Prince, doutez-vous de ma fille? Je vais.....

— Oh! non, capitaine : la vertueuse Marguerite ne doit pas connaître ces calomnies. Pourriez-vous consentir à souiller ses oreilles du récit de tant de basse corruption?......

Le duc avait compris tout l'amour de la jeune fille. Que doit-il faire?... S'il continue ses visites, les soupçons deviendront une certitude.... La jeune Française s'attachera plus fortement à lui...... S'il ne vient plus au Prater, il sera désormais sans amis, sans nouvelles de France : l'opinion n'en proclamera pas moins cette enfant sa maîtresse;

seulement on dira : ce caprice est passé ; favorisons une nouvelle passion…..

Tout à coup on a vu se glisser comme une ombre derrière les arbustes du jardin. Le capitaine a reconnu un homme : il s'avance ; il veut s'assurer que son habitation n'est pas explorée par les limiers de la police ; il disparaît. Quelle n'est pas l'inquiétude du prince et des deux Françaises ! Quelques minutes se sont déjà écoulées, il ne revient pas encore ! Le duc tremble pour la vie de son brave compatriote ; les deux femmes généreuses et dévouées craignent surtout pour le fils de Napoléon….. Cependant on n'a entendu aucun bruit, aucune explosion d'armes. Il règne un silence de mort. Soudain le feuillage a frémi de nouveau ; on écoute : des pas se font entendre : on distingue des voix qui murmurent et approchent : on a reconnu le capitaine accompagné de l'inconnu….. Que va-t-il se passer ?

— Prince, dit brusquement le capitaine, je vous présente un compatriote dévoué : il arrive de France……

— M'auriez-vous trahi ? murmure tout bas l'inconnu. Quel est ce prince autrichien qui se trouve ici à cette heure ?……

—Lieutenant***, vous m'annoncez des nouvelles de Paris : elles sont très-importantes : vous ne pouvez mieux me les apprendre qu'en présence de celui que nous aimons tous, le fils.......

— Lui, capitaine !..... Et le lieutenant stupéfait de s'incliner devant le prince : il était loin de s'attendre au bonheur de voir si tôt le duc de Reichstadt : la voix a expiré sur ses lèvres : il ne peut plus éprouver qu'une muette admiration pour l'héritier du héros..... Cependant la joie, le bonheur, l'étonnement ont fait place à une vive impatience : il lui tarde de redire la nouvelle importante : et le duc, et tous voudraient déjà la savoir.

— Prince, réjouissez-vous, vos fers sont brisés, si vous le voulez, si vous aimez la France; elle a les yeux tournés vers vous en ce moment.

— Que voulez-vous dire ?

— Le trône des Bourbons est renversé.....

— Qu'entends-je ?

— Charles X est conduit à la frontière : il part pour la terre d'exil.....

— Vive Napoléon II ! murmure le capitaine. — Vive l'empire !

— De la prudence, cher capitaine. — Lieutenant, expliquez-moi.....

— Sire — car vous êtes désormais le roi, l'empereur des Français — je vous dirai tout en peu de mots. L'Europe savait la situation de la France : les libéraux, vrais ou faux, s'agitaient contre la tyrannie occulte : les tendances rétrogrades devenaient tous les jours plus sensibles : le mécontentement du peuple était au comble : le parti de la noblesse, ou plutôt les prêtres vont triompher : surviennent le 25 juillet de fatales ordonnances qui sapent la Charte jusque dans ses fondements : c'en est fait, la constitution est perdue : plus de presse, plus de liberté : l'absolutisme va de nouveau appesantir son sceptre de fer sur la Patrie, sur toute l'Europe...... Mais le peuple de Paris s'est levé comme un seul homme : la force a été opposée à la violence : la lutte avait commencé le 27 entre les oppresseurs et les opprimés ; et le 29 la couronne était arrachée au malheureux Charles X. Je suis parti le lendemain de la victoire, pour vous l'annoncer : prince, le trône est vacant : il vous appartient : les vrais patriotes espèrent que vous consentirez à y monter.....

— Oh ! la France !...... s'est écrié le duc en se frappant le front. — Un silence solennel a succédé à cette exclamation. Que se passe-t-il dans son esprit ? Hésite-t-il à se prononcer ? Dédaigne-t-il de remonter sur un trône où il a été appelé enfant et d'où l'intrigue et la trahison l'ont déjà banni ? Tous sont dans l'attente : Marguerite ne respire plus : elle craint de perdre une seule des paroles qu'elle attend, comme les autres, avec avidité.

— Ils sont là les yeux fixés sur moi; et ne pouvoir franchir le rempart vivant qui m'entoure !...... Cette chère France que j'ai toujours tant aimée comme une mère aux embrassements de laquelle on m'a ravi trop jeune !...

— Prince, il faut nous hâter de quitter l'Autriche.... En votre absence la patrie peut tomber aux mains de quelques intrigants faux patriotes.

— Quitter l'Autriche !.... Le puis-je sans la volonté du gouvernement? Jamais il ne consentira..... Celui qui a laissé ravir une couronne impériale à sa fille, qui lui-même a aidé à trahir la puissance napoléonienne, peut-il avoir le désir de voir remonter sur le trône le fils du héros proclamé usurpateur par tous les monarques? Nous ne pourrons jamais triompher des obstacles : nous ne devons même pas songer à la force ouverte, et la ruse nous est impossible. Ils sont toujours là autour de moi; ils me surveillent comme le suspect de la royauté absolue. Peut-être en ce moment sommes-nous déjà trahis par des espions, qui auront surpris quelques-unes de vos paroles, mon cher lieutenant..... Cependant, je le sens, il n'y a point de bonheur pour moi loin du sol de la France, et, j'en ai le pressentiment, le ciel ne m'a pas fait naître pour le malheur des Français !........ Après tout, mes amis, dois-je, comme un aventurier, courir de ville en ville ? La volonté des Français peut seule m'arracher à ma prison : le gouvernement autrichien ne cédera qu'à la force et à l'intimidation. — Brisez mes fers : mes mains ne suffisent pas pour les secouer...... Et quand je pourrais avec vous parvenir à la frontière, savons-nous si je n'apporterais pas la guerre civile à cette chère patrie ?..... — Non, messieurs, je dois attendre la volonté du peuple souverain. — Qui peut m'en répondre aujourd'hui ?

— Prince, la France entière vous attend avec impatience.

— Oui, prince, la majorité vous est assurée : le trône vous est réservé ; mais hâtez-vous d'imposer silence aux passions égoïstes ; elles pourraient triompher en votre absence. Dans une révolution comme celle qui vient de briser le sceptre des Bourbons, le peuple s'est montré magnanime ; tous les vœux tendent à la liberté ; mais s'il est grand et sublime sur le champ de bataille, il est facile à tromper après la lutte et la victoire : l'intrigue de quelques faux libéraux (et il s'en glisse partout) peut exploiter sa générosité au profit d'une perfide ambition, et alors nous ne faisons que changer de tyrannie ; la liberté n'est qu'un masque dont quelques hommes tarés vont essayer de couvrir leurs projets, masque qu'ils déchireront quand ils le croiront devenu aussi inutile qu'importun...... Prince, je ne sais pas ce qui se passe en ce moment à Paris : je connais à peine les membres du gouvernement provisoire ; de grâce, consentez à faire le bonheur et à consolider la liberté des Français.....

Pendant ce long entretien la jeune fille a gardé le silence : son regard suit tous les mouvements du prince. Combien elle voudrait pouvoir lui persuader de se déclarer en faveur de cette France qui n'attend que lui pour être heureuse !... L'hésitation du prince l'inquiète, et les obstacles dont il parle l'ont découragée. Que ne peut-elle inspirer à tous l'amour dont elle brûle pour l'héritier du héros !....... — Chacun se tait. — En ce moment le Prater est presque désert : le calme le plus profond règne dans la campagne. Tout dort : la brise elle-même a cessé de balancer mollement la cime des arbres : on n'entend que le clapotement des eaux du fleuve qui bondit contre les rives, dont il semble toujours vouloir se débarrasser, comme un captif impatient de ses chaînes : le soleil des nuits s'avance majestueux et parcourt sa carrière étoilée. Le capitaine et le lieutenant interrogent en silence les yeux du prince : Marguerite reste suspendue à ses lèvres ; et plus loin, dans l'ombre, sa mère adresse des vœux pour le bonheur de Napoléon II.

Cependant le prince avec impatience : J'aime la France : vous n'en doutez pas, mes chers compatriotes…. Je voudrais pouvoir contribuer à sa prospérité ; mais, soyez-en persuadés, la couronne ne m'éblouit pas au point de m'attirer comme un insensé dans une entreprise aventureuse, qui se terminerait par la déception et l'humiliation ; car jamais, je vous le répète, je ne pourrai m'éloigner de l'empire d'Autriche sans l'assentiment du prince de Metternich, qui s'est constitué mon geôlier aux gages de la Sainte-Alliance. — Lieutenant, retournez dans la patrie ; dites aux nationaux que j'ai hérité de l'amour de mon père pour le grand peuple. Ils doivent me réclamer auprès du gouvernement autrichien, s'ils veulent m'arracher à mon odieuse prison : je suis impatient de consacrer ma vie au bonheur de la France. Je renouvelle la proposition faite par mon père après le désastre de Waterloo . je désire servir, fût-ce comme simple officier, dans les armées françaises : mon sang appartient à la terre des braves. Retournez à Paris, dites que j'attends. C'est mon devoir.

Ce fut une bien grande douleur pour le capitaine et le lieutenant d'entendre cette dernière résolution : des larmes s'échappèrent de leurs yeux. Dans le fond de l'âme, ils appréciaient la justesse de ces raisonnements ; mais quel désespoir !…… En l'absence du fils de Napoléon, que ne pouvait l'intrigue!...... Peut-être la couronne serait-elle placée sur une autre tête, quand il lui serait possible de se montrer à la frontière........ et alors tout était perdu sans retour........ Nous allions sans doute rétrograder au-delà de 93, époque où sur la place de la Révolution la tête de Louis XVI et celle de Philippe d'Orléans tombaient aux applaudissements d'une populace effrénée.....

— Chère France! reprend Napoléon II après un moment de silence, combien de fois ai-je tourné vers toi mes regards attristés! Glorieux berceau de mon enfance, combien de fois ne t'ai-je pas regretté, en entendant le récit des maux dont on accablait les plus braves et les plus vertueux enfants de la patrie!...... France, tous les rayons de la gloire ne sont pas éteints pour toi, puisque tu vois une nouvelle aurore de bonheur.... — Prenez garde pourtant, Français trop magnanimes, les cœurs généreux sont faciles à tromper...... Rappelez-vous le martyr de Sainte-Hélène!..... Mon père..., c'était la personnification de la gloire nationale, de la liberté....; c'était la France entière.

— Dans les jours de trahison il s'est confié à la foi des traîtres; ne l'oubliez pas. Après votre victoire populaire, ne laissez pas enchaîner vos bras nerveux par la main rusée de quelques libéraux, aristocrates liberticides. — Que je suis malheureux d'être renfermé ici dans le cercle

d'un rempart vivant contre lequel ma volonté se brise !...
Savoir que la France redevenue libre m'attend, et ne pouvoir secouer mes fers, pour voler à la frontière !!.... Voir de loin le phare de la liberté, et ne pouvoir vaincre la fureur des flots, pour sortir des récifs qui me retiennent captif et me repoussent loin du port !... Quand je reporte mes yeux sur les maux déjà soufferts par toi pour l'affranchissement des peuples, France, je tremble en apprenant que la Sainte-Alliance est assez puissante pour t'effrayer....

Le lendemain le lieutenant avait quitté Vienne. Les habitants de la maison du Prater étaient revenus s'asseoir sous l'arbre, témoin la veille d'une scène solennelle. Le capitaine affaibli par une fièvre brûlante n'avait pu regagner ce jour-là ses travaux ordinaires : Marguerite et sa mère lui prodiguaient tous les soins de la tendresse et de l'amour... Ils parlaient entre eux de cette patrie redevenue libre, qui ne s'était pas encore choisi un défenseur contre les attaques présumées de l'Europe absolue encore aux abois : leurs traits exprimaient la joie ou la tristesse, suivant que l'espérance ou le désespoir les dominait; mais l'espoir était plus fort chez le capitaine : la gloire de l'empire allait renaître avec une ère nouvelle : les ennemis de nos libertés devaient encore une fois trembler : il était plus fier d'appartenir à la nation des braves. Marguerite était moins triste que la veille, avant l'arrivée du lieutenant : elle espérait revoir le duc sur les rives du Danube : s'ils devaient un jour se quitter, ce n'était que pour se retrouver sur les bords de la Seine. Le fils de Napoléon Ier allait donc rendre à la France l'héritage de la grandeur impériale! ...

Quand le ministre Metternich vint le matin pour donner au duc la leçon d'histoire et de haute politique, il le trouva pâle et agité : ses yeux lançaient des regards de feu : une grande pensée était empreinte sur ce front large et soucieux : la douceur habituelle du prince avait fait place à une fermeté, à une énergie qui se dénotait jusque dans sa démarche : il se promenait dans sa chambre à pas précipités : ses lèvres muettes avaient un reproche amer et sardonique prêt à frapper le noble instituteur.

— Monsieur de Metternich, lui dit-il aussitôt qu'il fut entré, j'ai passé une nuit pénible : je ne sais si j'aurai assez de force pour recevoir aujourd'hui vos utiles leçons; mais, sans me fatiguer l'esprit par une attention trop sérieuse, ne pourrais-je vous demander ce qui se passe en ce moment en Europe ? On m'occupe assez souvent du passé; ne pourrais-je ce matin obtenir quelques renseignements sur le présent ?

— Monseigneur, vous ne m'avez jamais adressé de ces questions.....

— Hier, monsieur le ministre, je lisais dans un vieux journal, tombé je ne sais comment entre mes mains, que le roi Charles X avait dissous la garde nationale parisienne, et cela pour un motif bien inconstitutionnel selon moi ; car le droit de plainte, comme celui de pétition, est consacré par la Charte...... Comment la royauté pourrait-elle quelquefois connaître la conduite de ses ministres, si jamais il n'était permis de les citer à son banc? Ne craignez-vous pas que cette mesure commandée par une politique insensée ne soit tôt ou tard funeste à la monarchie?

— Prince, répond le vieux ministre en hésitant, cette dissolution date de quatre ans, et je ne pense pas....

— Ah! vous ne pensez pas, interrompt le duc, le peuple français assez fort pour lutter victorieusement contre l'armée........ Vous oubliez donc la prise de la Bastille, dont vous m'avez parlé rapidement dans notre cours d'histoire? — Eh! bien, moi, je pense que les Bourbons n'ont pas été de bonne foi en acceptant la Charte jurée par eux : je crois qu'ils écoutent trop les conseils qui leur sont donnés par les cabinets étrangers, par celui de Vienne, entre autres. — On méconnaît la nation française, si on espère lui imposer par degrés l'ancien absolutisme qu'elle a répudié. Elle se souviendra un jour, bientôt peut-être, que le chef conquérant de la démocratie n'était pas un oppresseur, comme la calomnie l'a souvent représenté, et que les monarques du Nord ont voulu tuer la liberté en accablant son héros.

— Napoléon le héros de la liberté !..... s'écrie le ministre en jetant au jeune prince un regard presque sardonique !....

— Oui, monsieur..... vous le savez aussi bien que son fils..... Si mon père s'était montré absolu à la manière de vos autocrates, toutes les royautés se seraient-elles conjurées pour détrôner le plus ferme appui de la monarchie absolue, le seul capable de faire tolérer toute espèce d'absolutisme ? — Napoléon était le père du peuple : toute sa vie a été consacrée à son bien-être : oui, monsieur, je dois vous le déclarer, dès aujourd'hui je ne souffrirai plus la calomnie, me fût-elle présentée sous le voile hypocrite de l'insinuation. — Si mon père à cette heure pouvait encore monter sur le trône de France, à la voix de la nation (le diplomate a frémi), je défierais toutes les cours de l'Europe de lui arracher le sceptre protecteur des franchises populaires...... Je vous défierais de réunir, comme en 1815, douze cent mille hommes, pour aller combattre le fondateur de la civilisation européenne...... Le génie du grand homme a pénétré jusqu'aux déserts de Sibérie : sa lumière vivifiante n'est plus niée que par les aveugles et les imposteurs. —Vous-même, monsieur le ministre, dans votre Autriche, vous êtes forcé de lui rendre hommage, en adoptant de son administration tout ce qui n'alarme pas trop votre amour pour la vieille royauté. Prince de Metternich, tous les peuples commencent à comprendre leurs droits... La France a éclairé les esprits, et je ne doute pas qu'un jour la vraie liberté ne secoue un joug intolérable. La Sainte-Alliance s'écroulera quand la France voudra encore une fois donner le signal au monde régénéré.....

A la fin de cet entretien politique, le maître et l'élève étaient pâles tous deux ; mais Napoléon II avait le regard de l'aigle, et les yeux ternes de Metternich se baissaient sournoisement vers le sol. — « Son altesse aurait-elle appris la révolution de France ? murmura-t-il en sortant et en lui lançant un regard sinistre. »

CHAPITRE SEPTIÈME.

SOMMAIRE.

Nouvelle dynastie en France. — Le Libéralisme et l'Impérialisme. — Le fils de Napoléon, la Terreur de l'Absolutisme. — Douleur de Napoléon II. — La Baronne ***. — L'ambassadeur à partie double. — La comtesse Napoleone Camerata. — Lettres au duc de Reichstadt. — Marguerite à l'hôtel du Cygne. — Envoyés français. — Dévouement des habitants du Prater. — Nuit sans sommeil. — Le fantôme de l'Absolutisme. — Dévouement de la Baronne ***. — Projet manqué, joie de Marguerite.

VII

Donc le trône constitutionnel de 1815, miné par les nombreux envahissements d'une pensée rétrograde, s'était écroulé sous ses propres débris. Longtemps le peuple avait rongé muet le frein qu'on lui imposait. Il paraissait endormi sous le joug : l'imprudence et l'exagération avaient provoqué l'heure du réveil : la vengeance avait été prompte et terrible. La chute de Charles X eut bientôt retenti aux extrémités du monde civilisé. A peine l'officier français avait-il quitté la capitale de l'Autriche, qu'on y apprit la proclamation de Louis-Philippe d'Orléans comme lieutenant général du royaume, et comme successeur de la race aînée des Bourbons.

La consternation fut grande en Europe : les rois absolus ne voyaient pas sans effroi le fils de Philippe-Égalité appelé à porter la couronne de saint Louis : l'aristocratie française, d'abord muette de stupéfaction, osa vite en murmurer hautement : c'était presque pour elle un nouveau régime de la terreur..... Ses craintes ne durèrent pas. Les patriotes qui s'étaient encore une fois rattachés à l'espoir de voir continuer la dynastie impériale pour protéger nos libertés, virent avec regret le glorieux drapeau de l'empire arboré par le parti d'Orléans. Les quelques députés qui avaient octroyé leur vote à leurs collègues de la chambre basse triomphaient donc seuls au milieu de la perturbation universelle. C'est alors que les libéraux se divisèrent en deux camps bien distincts. Parmi les factions multiples qui surgirent à cette époque, où se trouvait le patriotisme ?...
— Il faut attendre pour se prononcer.

Après sa victoire, le peuple, crédule et confiant comme toujours dans sa générosité, fut facile à persuader. On lui avait appris les refus de l'Autriche, même avant juillet : il lui fallait une guerre pour ressaisir son idole, le fils du grand homme : on lui fit entrevoir la Sainte-Alliance encore prête à sacrifier une nouvelle victime à sa haine, dès le premier coup de canon : il pouvait envahir de nouveau toutes les capitales de l'Europe ; il recula devant la pensée de voir couler le sang du malheureux duc de Reichstadt. Sa pitié protégea l'avénement de la famille d'Orléans.

Louis-Philippe fut d'abord le roi le plus populaire ; mais, soit légèreté, soit repentir, soit exagération de la liberté, quelques partisans laissèrent bientôt refroidir leur enthousiasme. Inconstance de l'humanité ! La Charte, qui devait être désormais une vérité, fut soupçonnée de mensonge ! On voulait trop vite obtenir la réalisation de promesses indéfinies : la liberté d'enseignement pouvait-elle être utilement accordée au milieu de la fermentation des sectes nombreuses qui apparaissaient dans la capitale et même jusque dans les plus petites villes des provinces? Pouvait-on la proclamer en présence de ce qu'on appelait les absurdités du saint-simonisme ? Le peuple sera-t-il toujours ingrat ? Au lieu de faire justice de toutes ces tentatives de désordre, il ôtait son affection à un gouvernement de sa *création*, sous le prétexte qu'il faisait moins pour lui que pour ses ennemis de la veille...... — Peuple, tu es assez fort pour briser des trônes ; tu peux créer des royautés ; es-tu capable d'apprécier la marche du gouvernement nouveau-né ?......

L'avénement des Orléans fut une cruelle déception pour le duc de Reichstadt : la nouvelle de l'élection de Louis-Philippe le jeta dans l'abattement : le vieux soldat de l'empire en frémit de rage ; des larmes sillonnèrent ses joues flétries par le désespoir...... Comment expliquer cette soudaine révolution dans l'opinion publique ?

On comprenait facilement le duel de haine qui existait entre le peuple et la royauté de 1815. L'une ne pouvait oublier 93 ; elle avait toujours sous les yeux la tête de Louis XVI roulant sur l'échafaud de la place de la Révolution. L'autre, opprimé de nouveau, torturé par la soif d'une vengeance terrible, ne pouvait oublier les baïonnettes étrangères lui ramenant les rois qu'il avait maudits et chassés. Le duc d'Orléans, fils de Philippe-Égalité, avait dû hériter de l'une et de l'autre haine : si son père avait voté la mort de Louis XVI à la Convention, il avait bientôt après apporté lui-même sa tête sur l'échafaud royal, pour satisfaire à la capricieuse férocité de la foule. De retour en France avec la Restauration, défiant de la royauté — elle le supportait ; mais elle ne pardonna jamais au fils le vote régicide du père —, il comprit aussitôt que le peuple devait l'aider à lutter contre la haine occulte de la famille régnante ;

et le peuple espéra que le chef de la maison d'Orléans oubliait pour toujours la fin tragique de son père. La protection accordée par ce prince pendant les jours de persécution aux débris héroïques de l'empire lui acquit la confiance des opprimés : persécuté lui-même, quoiqu'en secret, il dut bientôt faire cause commune avec tout ce que la France avait de grand et de malheureux. L'ancien duc de Chartres était donc devenu le tuteur naturel et obligé de tous les orphelins de notre gloire nationale. L'impérialisme dut être la première tige du libéralisme; mais ce n'était malheureusement pas la seule : de la différence d'origine vint plus tard la divergence des opinions.

Autour de ce royal tuteur vinrent aussi, à son insu sans doute, et sous des masques trompeurs, se grouper une foule d'hypocrites intrigants. Ainsi dès le début le parti libéral renfermait des principes de dissolution : c'est la loi de notre nature humaine : le mal se mélange toujours au bien qu'il finit le plus souvent par étouffer : d'un côté les bonapartistes et les royalistes constitutionnels, ces patriotes sincèrement dévoués à nos libertés, à notre prospérité, ces héros persécutés de toutes nos gloires nationales à toutes les époques et sur tous les champs de bataille; de l'autre ces frelons du libéralisme qui, repoussés par la Restauration, à laquelle beaucoup avaient sacrifié leur infamie, se réfugiaient au sein des braves et honnêtes citoyens, pour exploiter leur courage ou leur probité au profit de leur impuissante lâcheté. Le but des premiers était noble, le maintien des franchises populaires et la gloire de la patrie ; les autres ne connaissaient qu'un mobile, l'amour d'eux-mêmes, la cupidité des places, un sordide intérêt. Les intrigants seront-ils toujours la plaie inévitable de notre société ?....

Cependant en 1826 le libéralisme avait fait des progrès menaçants, et la révolution de 1830 s'était accomplie au milieu des espérances de la nation. Avant cette fatale époque, on avait répandu des bruits défavorables sur le duc de Reichstadt, longtemps resté le palladium vivant de nos libertés. La calomnie (semée par quelle main ? L'histoire l'inscrira plus tard......), la calomnie avait représenté l'esprit de ce jeune prince comme dégradé par une éducation monstrueuse : le roi de Rome, selon ces récits, n'était encore à dix-neuf ans qu'un grand enfant dégénéré. On savait que le peuple accordait une immense part de sa haine au clergé, et parmi la foule on avait fait circuler que l'esprit du prince, envahi, dominé par l'influence jésuitique, avait laissé éteindre son génie naissant dans les stupides pratiques d'une dévotion exagérée. On ajoutait, tant on avait sans doute intérêt à l'abaisser aux yeux des peuples, qu'entraîné par de violentes passions, il avait énervé dans les plaisirs le peu qui lui restait de forces physiques et morales. Ces bruits mensongers n'avaient pas trouvé créance auprès de tous; mais ils conservaient assez de crédit auprès de quelques-uns pour refroidir l'élan populaire au moment où la révolution de juillet éclata. Ces circonstances expliquent en partie l'influence qui porta la famille d'Orléans au trône de France : elle seule semblait aimer et comprendre la gloire impériale.

Je me rappelle ici un bruit longtemps répandu : en le rapportant, je ne veux lui accorder ni lui enlever aucune autorité : l'opinion — finit toujours pas discerner la vérité; elle distinguera le vrai du faux; je l'en charge. Seulement si la scène que je vais transcrire a eu lieu — on ne peut malheureusement presque pas en douter, — c'est le comble de toute infamie : je ne trouve pas d'expressions assez énergiques pour flétrir les criminels courtisans, les ignobles suborneurs.

La Pensée n'avait pas encore obtenu le fruit qu'elle espérait des amours de Marguerite et du duc de Reichstadt. — A quelle cause devait-elle attribuer ce non-succès ? — Elle avait même remarqué avec effroi l'immense développement que l'intelligence du prince acquérait chaque jour. Quelle bouche lui transmettait sur l'histoire du temps toutes les notions qui le rendaient si redoutable à son illustre instituteur? Ce ne pouvait être ni la jeune fille ni le grossier jardinier son père : et pourtant toutes les fois qu'il revenait du Prater la leçon de politique devenait orageuse pour le ministre Metternich. La police était aux abois : elle n'avait découvert ni livres dangereux, ni secrets émissaires. Les insensés! Ils ne savaient donc pas une chose? ce Don Miguel, qui avait, en faveur de son ignorance, obtenu l'honneur de lui être donné pour menin, avait entendu prononcer les noms de Napoléon, Austerlitz, Wagram, dans les tabagies où sa royale personne allait chercher des consolations contre l'exil? Ce noble débauché aurait suffi pour l'instruire, si la Providence ne lui avait pas réservé d'autres moyens d'instruction.

L'héritier de l'empire était devenu la terreur de l'absolutisme depuis que la révolution était flagrante : il fallait le perdre : on s'aperçut qu'il ne se rendait plus aussi souvent à l'habitation du Prater depuis le mois d'août. Assurément cette enfant naïve n'avait pas eu le don de plaire au prince, ou ce dernier s'en était déjà détaché. A cette époque, des envoyés du parti impérial n'étaient pas encore venus ouvertement à Vienne demander la personne du prince à l'empereur d'Autriche. Cependant le duc, depuis quelque temps, paraissait absorbé dans des pensées profondes : le gouvernement craignait qu'il n'eût été instruit des événements de France : son dernier entretien avec Metternich était de nature à lui inspirer de vives inquiétudes. La Pensée politique jugea prudent de lui chercher de plus grande distractions, toujours à l'insu, en haine même de l'empereur et de son auguste famille.

Un jour le duc de Reichstadt était assis en dehors d'une petite grotte du parc de Schœnbrünn, celle qu'il avait creusée lui-même quand on eut le bon esprit de lui faire jouer le rôle de Robinson Crusoé. Il était les coudes appuyés sur les deux genoux, le front dans les deux mains. Il revoyait ainsi, dans son imagination, cette belle France, l'objet de tous ses vœux. — « Que devient la cité des héros ? Le
» Bourbon proclamé roi par eux fera-t-il oublier celui
» qu'ils ont détrôné ? Les autres monarques de l'Europe
» vont-ils se conjurer comme autrefois contre la première
» révolution ? Quel chef marchera à la tête des armées
» françaises ? Mon père n'est plus là ! Oh ! quoique jeune,
» je me sentais appelé à les conduire à la victoire !.....
» Quelle douleur, si un jour on me condamnait à porter
» les armes contre la France !.... Je ne marcherais pas....
» — Ils s'épuisent en vains efforts ; ils ne feront jamais de
» moi un prince autrichien..... Non, je ne veux pas non
» plus être un duc de Savoie..... Les insensés !.... Il me

» proposent cette gloire immense, disent-ils…. Comme si
» ce n'était pas une trahison, de conduire des troupes
» étrangères sur le sol de la patrie ! Rien ne peut détacher
» l'homme de ses devoirs. »

Soudain le duc est tiré de sa rêverie : il a entendu un faible gémissement derrière lui, comme une douce voix partie du fond de la grotte : il se retourne, regarde… Une femme est là : elle semble sommeiller ; mais c'est pour mieux étudier ses poses voluptueuses : on dirait qu'un rêve affreux la poursuit ; mais elle feint l'effroi pour prendre plus librement une attitude lascive. Napoléon n'est plus dans la grotte de Robinson ; ce n'est pas non plus celle de Calypso…… Il a honte de se trouver dans l'antre du vice, en face de la jolie baronne de ***, cette fameuse courtisane. Elle semble sortir d'un profond sommeil ; elle se dresse comme terrifiée….. Avec quelle pudeur ne paraît-elle pas réparer un désordre mal simulé !

Qu'elle n'espère pas avoir fasciné par son regard le fils du héros…… Peut-il oublier ou la chaste figure de Marguerite, ou l'image de la patrie ? Le piége est trop grossier : le vice enlaidirait la beauté la plus remarquable. Cette femme soudoyée par la haine et la vengeance a déjà compris sa défaite… Elle oublie sa mission de corruption : elle tremble à l'aspect de cette figure noble et sévère. —

« Pardon, prince..... » s'écrie-t-elle en se jetant à ses pieds.....

Le fils de Napoléon ne semble même pas l'écouter. La dégradation se lit-elle sur le front d'une femme? Le prince la regarde avec étonnement, puis il détourne les yeux avec une sorte de dégoût. Quel contraste! Cette femme, qu'il a rencontrée à peine une fois, venant effrontément à lui ; et Marguerite, cette jeune fille qui l'aime avec tant de pureté et rougit d'un sentiment dont elle n'ose se rendre compte à elle-même!... Quel charme l'innocence ne donne-t-elle pas à l'amour!...

La baronne n'est pas habituée à un tel accueil : elle reste aussitôt muette.— « Oh! mon Dieu, pense-t-elle!.... Non... jamais... Puis reprenant : Monseigneur, je n'obtiens que vos mépris, je le vois..... mais je ne vous en donnerai pas moins une preuve de dévouement, tant il est vrai que vous inspirez un véritable attachement à toutes les personnes qui approchent de vous. Prince, je veux vous sauver ; un grand danger vous menace.... »

Le duc regarde avec une sorte d'incrédulité.

— « Oui, monseigneur ; apprenez les projets de vengeance médités par un ennemi personnel de votre illustre père, qui vous continue sa haine, à vous le malheureux fils du grand empereur. »

Elle ne peut poursuivre. Le prince la regarde avec plus de mépris.

— « Monseigneur, en vous voyant j'ai vite oublié les promesses que j'ai faites...... Mais vous ne connaissez pas toute l'infamie... »

Elle n'a pas besoin d'achever. Le duc a tout compris. Cette révélation le fait frémir.......... Il a tout pardonné ; mais il maudit les hommes à l'aspect de tant de corruption.

Quelle ne dut pas être la douleur de François II, de toute la famille impériale et du prince de Metternich lui-même, s'ils eurent connaissance de cette tentative impie!!...

Cependant la France était livrée à la plus vive agitation : déjà les mécontents fomentaient la haine de la nouvelle royauté. L'espérance était allée au delà de la réalité. Les factions, adroites à tourner à leur profit les passions de la foule, s'entre-disputaient l'honneur de pousser le gouvernement de juillet dans des voies de perdition. Les efforts étaient inutiles. Un mauvais génie semblait l'entraîner au suicide, d'autres disent à l'assassinat de nos libertés : en quelques mois il avait perdu la confiance et l'estime des hommes les plus éminents de la révolution. Plusieurs étaient déjà retombés dans le doute et presque dans le désespoir. Dès le premiers jours de novembre, une catastrophe était imminente. Le gouvernement et la liberté semblaient redevenus ennemis irréconciliables. Le duel de 1815 à 1830 était-il sur le point de recommencer?...

À cette époque, la cour d'Autriche vit arriver un personnage célèbre dans les fastes de la révolution et de l'empire : son nom avait été mêlé aux différentes époques de notre histoire depuis 93 : redoutable à tous les partis, ou plutôt assez adroit pour se ménager une influence dans celui qui pouvait triompher, cet homme venait chargé de faire des propositions positives en faveur de Napoléon II, mais sous le voile d'une mission bien différente. Ses communications furent écoutées avec un calme froid qui déconcerta ses projets : il s'éloigna peu de temps après. Je ne sais pourquoi cet homme, dont parle un ancien ministre de Charles X, avait été assez heureux pour reconquérir un seul moment la confiance des bonapartistes : je me serais défié d'un diplomate assez souple pour se plier aux exigences de toutes les situations politiques. Cependant on avait foi en lui ; c'est presque une niaiserie historique : celui qui avait trompé tour à tour la convention, le directoire, le consulat, l'empire, la restauration, les cent jours, la révolution et le gouvernement de juillet, ne faisait qu'obéir à sa nature perverse en se chargeant d'une mission ardemment sollicitée pour trahir: il voyait la haine commencer à gronder, il ignorait les dispositions de l'Autriche; et, quand il se fut assuré des intentions de Vienne, son dévouement fut encore une fois acquis au gouvernement nouveau, en attendant qu'à l'occasion un danger sérieux lui dictât d'autres devoirs. L'envoyé bonapartiste, ou plutôt l'ambassadeur à partie double, avait reconnu la calomnie répandue sur le fils de Napoléon Ier; mais le mal était fait en France : il ne lui importait pas pour le moment de désabuser les peuples, il s'était convaincu de l'impossibilité où le parti se trouvait alors de réaliser ses espérances : sa politique à lui était rassurée : il pouvait désormais, en servant son ambition personnelle, exploiter la nouvelle crédulité des impériaux au profit du gouvernement dernier venu.

Le duc de Reichstadt ne voyait pas sans douleur la France lui échapper encore une fois. Il ne demandait pas de reconstruire le trône impérial : que lui importait? Du moins il se le persuadait : toute son ambition, tout son bonheur eût été d'être un jour appelé à conduire, comme son père sous la république, les armées françaises contre les ennemis qui semblaient encore une fois sur le point de disputer à la France le droit de constituer ses libertés.

— « Capitaine, disait-il un jour, ont-ils juré de me faire mourir de chagrin avant l'heure? Je commence à croire que l'empereur mon aïeul veut encore me sacrifier à sa tranquillité personnelle : je sais qu'il a quelque tendresse pour moi ; mais il se laisse dominer par M. de Metternich, et ce ministre, soumis à je ne sais quelle pensée politique, a sans doute juré de me traiter comme l'Anglais fit autrefois de mon père... — Pourquoi repousser impitoyablement toutes les propositions en ma faveur ? Pourquoi m'entourer d'une surveillance plus ombrageuse que jamais ? Vraiment, si je n'avais pas découvert leurs espérances, je ne comprendrais pas dans quel but on me laisse venir ici ? A ce sujet il faut que je vous apprenne une dernière tentative d'infamie.

Le prince lui raconta, non sans quelque dégoût, la scène de la caverne de Robinson Crusoé ; puis la générosité qu'il avait inspirée à la courtisanne envoyée vers lui par la Pensée occulte.

— « Prince, vous me faites frémir d'horreur ! Des hommes peuvent-ils descendre à ce degré de haine et de dépravation !... Tous les crimes sont donc bons à la Pensée qui vous persécute et vous poursuit dans l'ombre ? Vos ennemis ont toujours échoué dans leurs projets ; mais que leur importe ? Ils n'en ont pas moins répandu en France que votre âme dégradée par le plaisir serait désormais incapable de grandes choses, surtout de commander au peuple souverain. — J'attribue à ces calculs de la vengeance le peu d'élan manifesté en votre faveur après juillet, même chez les Bonapartistes restés fidèles à la mémoire de votre père. — Prince, nos amis de France venus ici depuis la grande révolution vous ont apprécié, et ils ont redit leur étonnement à nos compatriotes : une réaction ne manquera pas de se prononcer pour Napoléon II : il vous suffirait de vous montrer, pour reconquérir l'amour et le dévouement de toute la nation trompée, qui reconnaîtrait bientôt son erreur.

— » Ils me retiennent ici, capitaine! et ils rejettent toutes les demandes faites à l'Autriche! Chaque jour je vois arriver des Français qui s'adressent inutilement au ministre tout-puissant!... M. de Metternich reste inflexible : je demeure toujours captif, tandis qu'un grand peuple se souvient de moi.... Tenez, mon ami, lisez : vous me direz ensuite votre opinion. »

Cette lettre a été transcrite dans l'ouvrage d'un ancien ministre de Charles X : si elle n'est pas entièrement exacte, c'est à lui seul qu'il faudra s'en prendre. Je l'extrais littéralement.

Vienne, 17 novembre 1830.

AU DUC DE REICHSTADT.

« Prince, je vous écris pour la troisième fois : dites-moi

» si vous avez reçu mes lettres, et si vous voulez agir en archi-
» duc autrichien ou en prince français : dans le premier cas,
» donnez mes lettres ; en me perdant, vous acquerrez une
» position plus élevée, et cet acte de dévouement vous sera
» attribué à gloire ; mais si au contraire vous voulez profiter
» de mes avis, si vous agissez en homme, vous verrez com-
» bien les obstacles cèdent devant une volonté calme et
» forte : vous trouverez mille moyens de me parler que
» seule je ne puis embrasser. Vous ne pouvez avoir d'es-
» poir qu'en vous ; que l'idée de vous confier à quelqu'un
» ne se présente même pas à votre esprit. Sachez que si je
» demandais à vous voir, même devant cent témoins, ma
» demande serait refusée ; sachez que vous êtes mort pour
» tout ce qui est Français, pour votre famille. Au nom des
» horribles tourments auxquels les rois de l'Europe ont
» condamné votre père, en pensant à cette agonie de
» banni par laquelle ils lui ont fait expier le crime d'avoir
» été trop généreux envers eux, songez que vous êtes son
» fils, que ses regards mourants se sont arrêtés sur votre
» image : pénétrez-vous de tant d'horreurs, et ne leur
» imposez d'autre supplice que de vous voir assis sur le
» trône de France. Profitez de ce moment, prince.......
» J'ai peut-être trop dit : mon sort est entre vos mains,
» et je puis vous dire que si vous vous servez de mes

» lettres pour me perdre, l'idée de votre lâcheté me
» fera plus souffrir que tout ce qu'on pourrait me faire
» endurer.

» L'homme qui vous remettra cette lettre se chargera
» aussi de votre réponse : si vous avez de l'honneur, vous
» ne m'en refuserez pas une..... »

— » Voyez, capitaine, à quel point leur politique a dégradé le nom du fils de Napoléon même aux yeux de sa famille ! Cette femme est dévouée aux souvenirs de l'empire ; mais elle doute de moi : elle me parle de lâcheté !... Ce soupçon m'attriste : je suis moins sensible aux persécutions que j'endure....

— » Prince, je connais celle qui vous a fait remettre cette lettre : son dévouement vous est acquis pour toujours : Napoleone Camerata est la digne fille d'Elisa Bacciochi.....

— » Comment savez-vous le nom de celle qui m'a écrit ? Je ne vous l'ai pas dit ; et il n'est plus au bas de la lettre.... Comment connaissez-vous ma cousine ?

— » Je la connais, prince, pour l'avoir vue dans le parc de Schœnbrünn, et pour lui avoir parlé dans son hôtel de la rue de Carinthie, où je l'ai suivie. Je lui ai fait un long récit de vos souffrances ; et cette femme que vous soupçonnez, a donné des larmes à vos douleurs. C'est elle,

prince, qui un jour s'est jetée tout à coup à votre rencontre dans l'escalier conduisant aux appartements de votre gouverneur M. Obenaus; elle avait bravé toutes les fureurs de la police pour baiser la main du fils de son empereur.
— Vous vous rappelez sans doute l'étonnement et la stupeur de votre instituteur. — « Madame, que faites-vous? Quelle est votre intention?...

— » Qui me refusera, s'écrie-t-elle avec une exaltation extrême, de baiser la main du fils de mon souverain?.... »

— » Vous saviez tout cela, et vous ne m'en avez jamais parlé!...

— » Vous le voyez, prince, je suis aussi discret que M. Obenaus : il vous a juré de ne jamais révéler cette scène à personne; si j'en ai été instruit, ce n'est pas, je vous assure, par votre digne gouverneur. — Oserai-je vous demander ce que vous avez résolu de faire après cette lettre?.....

— » Eh! mon cher capitaine, le sais-je moi-même? Accorder l'audience que cette parente dévouée sollicite, ne serait-ce pas l'exposer au ressentiment du gouvernement autrichien? — Mon amitié sera donc toujours funeste aux personnes qui se dévouent pour moi!...

— » Prince, pourquoi ces craintes? Ne pourrions-nous

trouver un moyen de vous mettre en présence de la comtesse Camerata, sans même troubler un moment la quiétude de la police ? Ne suis-je pas à vous, corps et âme ? Ne puis-je vous servir en cette conjoncture, comme en tant d'autres ?

— » Je vous comprends ; mais n'avez-vous pas réfléchi que les visites d'une étrangère, de distinction surtout, finirait par exciter la défiance ?

— » Prince, j'ai le plus grand intérêt à ne pas éveiller le moindre soupçon. N'est-il pas possible de tout prévoir ?... La lettre de la comtesse Napoleone Camerata m'a fait oublier celle que j'ai à vous remettre de la part de la personne assise auprès de ma femme ; elle vous tourne le dos en ce moment.

— » Donnez, capitaine... Que vois-je ? Le nom du prince Napoléon-Louis, de mon plus cher, de mon plus dévoué cousin de France, de ce neveu bien-aimé de mon père..... que peut-il m'apprendre ?....

Florence, 27 octobre 1830.

« Mon cher prince et cousin, la personne qui vous re-
» mettra elle-même ma lettre vous est aussi dévouée que
» moi : elle la détruirait plutôt que de la laisser tomber en

» des mains ennemies : accordez-lui donc toute votre con-
» fiance, si elle parvient jusqu'à vous..... »

— » Mais, interrompt le prince, je ne vois ici que votre fille : nous devons donc nous prémunir contre la trahison.

— Lisez, prince; le reste s'expliquera.

« ..... Une fatale circonstance a trahi encore une fois
» votre espoir et celui de notre famille : les calomnies ré-
» pandues sur votre éducation vous ont nui au moment de
» la révolution de juillet; alors surtout les contes ab-
» surdes avaient trouvé crédit; il faut expliquer ainsi
» l'avénement de la dynastie actuelle : les libéraux vrais
» ou faux, tous avaient hâte de donner une direction
» aux affaires; l'anarchie pouvait naître du provisoire : on
» le crut du moins, et le nom de Napoléon II est resté au
» fond de l'urne! Quelle réaction ne s'est déjà pas
» opérée dans les esprits! Les différents bonapartistes
» revenus successivement d'Autriche, en ont rapporté les
» nouvelles les plus favorables pour vous; on a gémi de
» l'erreur et de la déception...... Cette nouvelle disposi-
» tion est une juste conséquence des choses, et ne té-
» moigne nullement de la légèreté du peuple français,
» comme on l'a répandu; car rien au monde n'a jamais
» été aussi invariable que son admiration pour le héros

» qui n'est plus et son amour pour son noble héritier. La
» crainte seule empêche un mouvement en votre faveur;
» pouvons-nous prévoir le sort qu'on vous réserverait, si
» l'absolutisme européen avait à redouter encore une fois
» la gloire impériale? Sainte-Hélène me fait trembler pour
» le prisonnier de Schœnbrünn. Metternich nous effraie
» autant que sir Hudson-Lowe. Si vous pouviez, sous un
» prétexte, parvenir jusqu'à la frontière de France ou d'I-
» talie, votre cause serait à demi gagnée. Si vous n'avez
» pas secoué vos chaînes avant la fin de l'hiver, je ferai
» mes efforts pour me retrouver non loin de vous, à la fa-
» veur du nom que je prendrai. La comtesse vous en in-
» struira en temps utile, et pourra sans doute nous faciliter
» une entrevue. A bientôt, cher prince. Le bonheur de la
» France et la gloire de Napoléon II seront toujours le but
» unique de mes désirs comme de mon dévouement.

» Votre affectionné,

» Napoléon-Louis. »

« Capitaine, je veux savoir qui a remis cette lettre à votre fille.—Marguerite, connaissez-vous?... »

Quel est son étonnement!.... La fille du capitaine n'est pas assise auprès du foyer : il a reconnu la femme qui s'est précipitée à ses pieds dans l'escalier d'Obenaus; plus de doute, il voit Napoleone Camerata! Mais comment ainsi parvenue sous ce costume?..

« Prince, dit la comtesse, le capitaine vient de vous affirmer qu'il saurait trouver un moyen de tromper la police, et il vous le prouve déjà. Si j'étais descendue ici de ma voiture, avec les habits que je porte ordinairement, assurément les soupçons seraient tombés sur le fidèle serviteur si dévoué à votre personne; mais la prudence dictait d'autres mesures : à cette heure votre jeune compatriote est dans mon hôtel, où je l'ai laissée en otage, après avoir pris ses vêtements. Vous le voyez, nous ne courons aucun risque, vous pouvez parler sans contrainte : ici je suis la belle Marguerite... — Vous souriez, prince; oh! ce n'est point sa beauté que j'envie, mais son bonheur de vous voir, de vous parler souvent; car il me semble être en ce moment devant le grand empereur, dont j'ai tant de fois entendu parler.— M'avez-vous pardonné la dernière lettre qui vous est parvenue de moi? Je le sens comme vous, j'ai peut-être mis trop d'aigreur dans l'expression de mon impatience...

— » Je vous pardonne tout, madame, tout, excepté une seule expression échappée sans doute à votre inattention. Le mot *lâcheté* glissé dans une lettre adressée à moi, au fils de Napoléon, est un outrage trop sanglant. — Si vous avez de l'honneur, dites-vous ensuite... Et c'est la fille d'Elisa Bonaparte qui élève ce doute !...

— » Prince, je ne vous comprends pas. Que parlez-vous de lâcheté et d'honneur? Un soupçon aussi injurieux n'est jamais entré dans mon esprit. » — La lettre de la comtesse avait été en partie altérée par une main étrangère. La consternation fut grande. Après cette découverte, un parti fut bientôt pris. Le prince voulut tromper la défiance de la police par une confidence qui parût spontanée : il remit lui-même la lettre non signée à M. Obenaus ; cette démarche fit plaisir à ce dernier, et son silence fut pour toujours acquis.

Au sujet de cette circonstance, on trouve dans l'ouvrage de l'ancien ministre les paroles suivantes adressées par le prince à M. de Prokesch : « Vous sentez que je ne pren-
» drai pas pour guides de ma conduite, et pour garants de
» mon avenir, des personnes d'un caractère aussi exalté ;
» mais je me trouve dans un embarras véritable : il est
» dans mes sentiments envers l'empereur, comme dans la
» dignité de ma situation, de ne lui cacher ni mes pensées
» ni mes démarches ; lui taire cette circonstance me sem-
» blerait un tort à son égard ; d'un autre côté, je ne vou-
» drais pas nuire à la comtesse ; elle manque de prudence ;
» mais elle a droit à mes égards ; d'ailleurs c'est une

» femme : cependant mon premier devoir est envers l'em-
» pereur. Ne pourriez-vous (M. de Prokesch) pas aller trou-
» ver de ma part le comte de Dietrichstein, lui confier ce
» qui se passe, en lui demandant de tout arranger de ma-
» nière à ce que la comtesse Camerata n'éprouve aucune
» persécution, aucun dérangement, et qu'on ne la force
» pas à s'éloigner de Vienne?... »

M. de Prokesch raconte lui-même son entretien avec le duc et continue ainsi : — « Après avoir attentivement examiné cette affaire, j'approuvai sa résolution, et je me chargeai volontiers de la mission confiée à mon honneur. Le lendemain je reçus un billet; il renfermait les phrases suivantes :

« Depuis que je vous ai vu, j'ai reçu une nouvelle lettre
» de la comtesse Camerata. C'est le valet de chambre d'O-
» benaus qui avait mis sur ma table la première que je
» vous ai confiée ; renvoyez-la-moi ; il est convenable et
» nécessaire que j'en parle à Obenaus. J'arrangerai les
» choses de manière à éviter toute tracasserie et tout scan-
» dale ; mais je ne veux pas répondre : qu'il ne soit plus
» question de cela. J'espère vous revoir à six heures pour
» reprendre nos lectures.
           » François de Reichstadt. »

Je ne ferai aucun commentaire sur ce récit : je le crois

peu fidèle. J'en laisse la responsabilité à qui de droit. Il prouve une seule chose : Il exista des rapports secrets entre le duc et la comtesse; jamais le prince n'aurait pu trahir un noble dévouement.

J'admets la découverte immédiate de cette lettre; mais le nom de Napoleone Camerata ne dut être soupçonné que plus tard. Ici je veux encore repousser une erreur : — On prétend qu'aux premiers bruits de la révolution de France, au moment où la nouvelle récente et confuse des événements de Paris laissait encore du doute sur les résultats, et permettait de croire à la possibilité d'une lutte, son premier mouvement fut de dire avec vivacité : « Je voudrais que l'empereur me permît de marcher avec ses troupes au secours de Charles X... » Quelle calomnie absurde! On en comprend tout le ridicule; car on ajoute quelques lignes après : « Mais dans la position et à l'âge du duc de Reichstadt, ses idées à cet égard ne pouvaient avoir beaucoup de constance; elles variaient et se succédaient avec une rapidité qui lui causait à la fois de la tristesse et de la fatigue. » — La niaiserie pourrait-elle aller plus loin en fait de discussion historique? Et c'est un ancien ministre de l'instruction publique qui parle ainsi de la vérité! — Non, jamais l'héritier de Napoléon n'a eu la pensée d'apporter la guerre à la France pour raffermir sur le trône une race funeste à l'empire, ennemie de toutes ses gloires. Non', les complices de Sainte-Hélène, les bourreaux de Ney et de Labédoyère, ceux qui n'avaient pas puni les assassins du maréchal Brune, ne devaient pas exciter la sympathie du roi de Rome déchu. Une seule pensée dominait l'âme de cet héroïque jeune homme, l'honneur et la liberté des Français; et ses yeux ne les rencontrèrent jamais à l'ombre du trône relevé par les baïonnettes étrangères, protégé par une politique haineuse et rétrograde. Il ne savait pas toutes les bassesses; mais l'instinct de la gloire nationale était inné chez le duc de Reichstadt; et cet instinct ne l'avait jamais trompé.

Mais revenons à la comtesse.

Il fut donc convenu entre elle et le duc de livrer la lettre, puisqu'il était impossible à Obenaus de découvrir par quelle main elle était écrite. Comme la fraude ne venait pas de la police, cette affaire n'eut pas de suite.

Tandis que le prince parle à Napoleone Camerata de ses craintes et de ses espérances; tandis que le nom de la France fait vibrer d'orgueil tous les cœurs à l'habitation du Prater, que se passe-t-il rue de Carinthie? Que devient Marguerite ainsi seule dans les appartements de la comtesse? Si elle est heureuse de savoir que le duc reçoit en ce moment des nouvelles de toute la famille Bonaparte, un sentiment de jalousie ne se glisse-t-il pas dans son âme quand elle songe au dévouement de la princesse?

Soudain elle entend du bruit. Sa captivité momentanée va donc finir! Peut-être avant l'heure du repos rencontrera-t-elle le doux regard du fils de Napoléon... La porte s'ouvre; elle va se précipiter à la rencontre de la comtesse Camerata; mais elle s'arrête saisie d'effroi : elle est en présence de quatre hommes entièrement inconnus. Ils ont compris sa terreur.

— « Ne craignez pas, noble dame, murmure l'un d'eux ; vous voyez des amis... »

Marguerite est rassurée : plus de doute, ils l'ont prise pour la princesse. Ils ne la connaissent donc pas elle-même? Quels sont-ils? Ne lui est-il pas facile de le deviner à leur accent français? Il faut qu'elle surprenne leur secret. Sa présence d'esprit l'aidera dans cette circonstance.

— « Qui êtes-vous, messieurs? Que me voulez-vous? répond-elle après un moment de silence.

— » Nous arrivons de France, madame; nous vous savions arrivée à Vienne; nous sommes venus à vous, pour vous demander de nous seconder dans notre entreprise. Vous avez sans doute déjà vu le prince, vous pourrez nous aider à lui faire connaître l'importante mission qui nous amène ici...

— » Si vous voulez me suivre, dès ce soir vous lui parlerez... Mais je suis imprudente : vous ne pouvez tous venir sans éveiller les soupçons de la police. Qu'un seul de vous m'accompagne, tandis que les autres attendront ici notre retour. »

L'un des Français se prépare à la suivre ; elle jette sur ses épaules une espèce de manteau rustique, pour cacher les habits que la comtesse lui avait laissés en échange des siens. Ils sortent ; ils sont bientôt arrivés au Prater, après mille détours pour tromper les regards et la surveillance de la police.

Quelle consternation à l'habitation du capitaine quand on vit la jeune fille entrer seule d'abord, suivie aussitôt de l'étranger qui l'avait accompagnée depuis l'hôtel de la rue de Carinthie ! Cet homme n'avait pas encore pris le temps de secouer la poussière du voyage, la fatigue avait altéré ses traits ; son apparition causa un mouvement de terreur : on avait cru reconnaître un agent de la police autrichienne. Marguerite comprend l'étonnement général ; sans s'arrêter à de longues explications : — « Monsieur, dit-elle à son compagnon, vous êtes en présence de Napoléon II et de sa noble cousine, » ajoute-t-elle en lui indiquant une forme de paysanne assise tremblante non loin du prince.

Pour la première fois peut-être le nom de Napoléon n'a

produit aucun effet sur un Français; il semble ne l'avoir pas entendu. Toute son attention est pour les deux jeunes femmes réunies au Prater; son regard erre inquiet et presque irrité de l'une à l'autre. Que voit-il? Est-ce une trahison? Cette paysanne qu'on lui affirme être la comtesse s'est donc déguisée pour tromper les espions? Mais cette autre jeune dame qui l'a reçu à l'hôtel du Cygne, quelle est-elle? Il reste ainsi muet et pensif, paraissant attendre l'explication de ce mystère.

Le capitaine a tout compris. Il a reconnu un compatriote, un ancien compagnon d'armes. — « Vous craignez une trahison, monsieur? Cependant cette enfant vous a dit la vérité; son dévouement a fait cette erreur : elle est la fille de ma sœur; je suis le capitaine ***. Me croyez-vous maintenant?... »

Les deux soldats de l'empire se sont vite reconnus et embrassés. Le nom du général prononcé tout bas n'est pas arrivé jusqu'au prince. Cette scène lui a d'abord inspiré de l'inquiétude; mais la vieille amitié des deux guerriers l'a bientôt rassuré.

Cependant aux soupçons a succédé un tout autre sentiment dans l'âme du général français. A la vue de cette noble figure de Napoléon II, il se reproche d'avoir éprouvé la crainte d'une trahison : il ne peut céler sa muette admiration pour le fils du héros; mais il n'ose l'exprimer hautement; il est honteux de n'avoir pas au premier moment reconnu l'héritier du trône impérial. — Prince, s'écrie alors le capitaine impatient d'entendre des nouvelles d'outre Rhin, je vous présente un de mes anciens compagnons d'armes, le général français *** : il arrive de la patrie...

— » C'est donc vous, général, qui avez tant aimé mon père? Souffrez que le fils vous assure de toute sa reconnaissance.... Vous venez de France.... Quelles nouvelles nous en apportez-vous?

— » Les plus heureuses, prince, si vous l'aimez assez pour tenter un dernier effort, qu'elle attend de vous. Vous savez la réaction opérée en votre faveur depuis que vous avez pu être connu des Français. Si à cette heure vous vous présentiez à la frontière, je ne douterais pas d'un entier succès pour notre entreprise..... Vous avez pu l'apprendre par madame la comtesse, presque tous les peuples, soumis autrefois à l'autorité de votre père, réclament assez haut les bienfaits de sa législation et de son administration. La Belgique a fait sa révolution au nom du principe impérial : le Rhin veut redevenir entièrement français, et l'Italie s'efforce de secouer le joug autrichien, pour ressaisir ses institutions napoléoniennes. Toute l'Europe est en feu. Venez, prince; votre seul nom vous ouvrira les portes de

Strasbourg, et de là une route triomphale jusqu'à Paris....

— » Oui, la France! Oh! si vous saviez, général, combien je souffre d'en être éloigné!... J'ai pour elle un si ardent amour! en cela je suis bien l'héritier de Napoléon.... Mais comment sortir de Vienne, de l'empire d'Autriche?

— » Cette nuit même nous le pouvons, prince : trois de nos amis restés à l'hôtel de madame la comtesse nous accompagneront et vous protégeront contre toutes attaques.

— » Eh! général, que ferions-nous seuls contre la milice autrichienne répandue sur notre route?....

— » Prince, j'ai eu soin de me procurer un cinquième passe-port pour vous : à la faveur de ce sauf-conduit, vous franchirez facilement les obstacles : l'heure est favorable · nous serons loin de Vienne avant qu'on ait soupçonné votre départ.....

— » Mais quand on s'en apercevra, que deviendra le brave capitaine? Que ne souffrira pas sa famille de la colère du ministre Metternich? Il saura que je suis venu ici ce soir : et demain mes malheureux amis, chargés de chaînes, gémiraient au fond d'une prison, en attendant la mort peut-être..... Non, je ne puis ainsi les sacrifier.....

— » Prince, interrompt le capitaine, notre liberté ou notre vie même doit-elle entrer en balance avec le salut et la gloire de la patrie ? Nous serions trop heureux de mourir, si notre mort pouvait assurer votre fuite jusqu'aux rives de la Seine.....

— » Oh ! partez, prince, s'écrie la jeune fille en se jetant à ses pieds !...... Partez ; la France vous réclame pour son bonheur. Qu'importe si demain les soldats autrichiens viennent nous arrêter pour nous conduire en prison ? N'y serons-nous pas trop heureux, en songeant que vous allez revoir le beau pays de France ? Qui de nous ne vous aime assez pour vous faire toute espèce de sacrifices ? L'amour que nous vous avons voué ne reculera devant aucun : il nous eût été sans doute bien doux un jour de vous voir sur le trône des Français ; mais puisque le ciel nous refuse cette consolation, nous nous trouverions moins malheureux de mourir en songeant que d'autres vous béniront à notre place. Prince, votre pitié pour trois Français ne vous fera point manquer le bonheur de tout un royaume.... Vous vous devez au plus grand nombre. Partez avec le général : nos vœux vous précéderont à la frontière.... »

Le prince regarde Marguerite : il est sensible à tant d'amour et de généreux dévouement : une larme est prête à lui échapper. — « Non, mes amis, dit-il enfin avec émotion ; non, je ne dois pas vous sacrifier ainsi. — Général, je partirai avec vous ; un sentiment trop irrésistible m'entraîne vers la France; mais il ne faut pas que je lègue le malheur à mes amis du Prater. — Remettons notre départ; la nuit est déjà trop avancée : en partant demain deux heures plus tôt, nous aurons plus de chances de succès. A six heures vous m'attendrez à la porte ***; jusque-là observez la plus grande discrétion.

Ils se séparèrent. La joie n'empêcha pas le capitaine de jouir d'un paisible sommeil; mais Marguerite, mais le prince abandonnèrent toute cette longue nuit à leurs pensées. Des larmes mouillèrent la couche de la pauvre enfant : dans le silence et les ténèbres elle avait mieux aperçu l'avenir de douleur qui lui était réservé après le départ de Napoléon : elle l'aimait avec tant de passion!...... Penserait-il désormais à elle, quand il serait monté sur le trône de France? Une fois dans le superbe palais des Tuileries, se souviendrait-il encore de l'humble fille des bords du Danube?

Le duc en rentrant au château de Schœnbrünn avait vu glisser non loin de lui comme une ombre de femme : il avait cru reconnaître la baronne ***; renfermé dans son appartement, il ne s'était plus occupé de cette circonstance. M. de Dietrichstein avait paru mécontent du retard du prince; la Pensée politique en avait sans doute été satisfaite; car elle n'en murmura pas d'abord; mais le lendemain elle trouva que son altesse avait bien prolongé sa visite du soir.

Napoléon II, sur la couche impériale où Napoléon-le-Grand s'était reposé après les victoires d'Austerlitz et de Wagram, passa cette nuit sans sommeil, comme la fille du capitaine. Dans son imagination se retraçait l'image de la patrie : elle lui apparaissait avec ses héros de l'empire. — Il voyait s'élever au loin, au milieu de ses rêves, la sublime colonne de la place Vendôme : tous les citoyens français saluaient son arrivée de leurs joyeuses acclamations, comme ils avaient accueilli le retour de son père ; mais plus heureux que le martyr de Sainte-Hélène, il ne devait pas être trahi sur un nouveau champ de bataille de Waterloo par la fortune ni par de lâches généraux !... L'aigle des Francs allait de nouveau prendre son essor, et remplacer sur le drapeau national le coq des Gaulois vaincus et soumis.... Si la vieille royauté conjurait encore une fois l'Europe contre la France libre, il marcherait à la tête des colonnes françaises, et rencontrerait l'ennemi sur un nouveau Marengo, auprès d'un autre Austerlitz.... Mais non ; c'était à Waterloo que le patriotisme devait le conduire. Là, le fils devait venger le père de l'inconstance de la Fortune, de la malice du Destin et de la honte de la trahison. La France nouvelle devait apprendre à l'Anglais trop fier qu'il appartenait à nous seuls de marcher à la tête de la civilisation européenne.... Cependant parfois le doute venait troubler ce triomphe anticipé... Les Français étaient-ils unanimes pour appeler de leurs vœux le retour de Napoléon II ? Les traîtres qui l'avaient fait exiler avaient-ils perdu toute influence sur les affaires publiques ? La Fayette, ce funeste promoteur de sa déchéance en 1815, ne pouvait-il pas entraîner encore la majorité des Chambres ? Qu'allait-il faire sur le sol de la patrie ? Ne devait-il pas craindre d'y apporter la guerre civile ? Quel serait alors son désespoir !.....

Vers le matin ses yeux s'appesantirent, non point sous les pavots du sommeil, mais sous le poids de la fatigue et de l'insomnie : dans cet état de vague rêverie, son esprit accablé se laisse encore entraîner aux caprices de son imagination. L'image de son père lui apparaît : il est debout sur la pierre sépulcrale de Sainte-Hélène : couvert du manteau impérial comme aux plus grands jours de pompe et de magnificence, il porte une simple couronne de laurier. Sa figure toujours héroïque conserve la pâleur de la mort : ses lèvres ne prononcent plus de ces paroles magiques qui remuaient le monde entier ; mais dans ses yeux encore vifs et pénétrants brille le regard de l'aigle : la joie scintille sous sa paupière..... La main gauche appuyée sur l'épée

de Waterloo, de la droite il indique un but dans un espace éloigné. Le fils suivait l'indication de son père ; et par delà les flots du vaste Océan, il apercevait au milieu d'une atmosphère nébuleuse comme deux points, l'Angleterre et la France; puis entre les deux un nom incertain, presque invisible : Mont Saint-Jean!.... — La vision a disparu; mais ses rêves lui restent : il retrouvera l'épée de son père en France..... et plus tard il vengera l'honneur national....
— C'en est fait, il doit partir.

La lumière du jour n'avait pas encore dissipé les ténèbres de la nuit, que souvent la Pensée occulte, plus vigilante que le grand ministre et tous les gouverneurs, était déjà au chevet du prince. Semblable à ces sinistres oiseaux de proie qui voient les premiers rayons du soleil avec d'autant plus de regret qu'il n'est pas tombé de victime sous leurs serres perfides, elle voulait, avant l'heure du réveil, interroger la pâle figure du royal captif : les progrès du mal ne lui paraissaient pas assez rapides; mais ce jour-là qu'elle ne dut pas être la jouissance du vautour politique ! Les traits du prince étaient visiblement altérés : sa belle figure était plus pâle que de coutume; ses yeux à demi fermés annonçaient la fatigue et la souffrance. La baronne *** avait donc bien mérité sa confiance ? Peu lui importait maintenant l'ambition naissante du jeune duc.

L'avenir se lisait assez dans son regard immobile : il pouvait désormais bercer son imagination de mille rêves insensés...... La révolution de juillet ne l'effrayait plus pour la Sainte-Alliance. La Pensée politique se pencha une dernière fois sur la couche impériale : ses lèvres frémirent d'un horrible contentement ; ainsi l'épervier bondit d'allégresse sur le nid de la favette endormie. — Puis elle sortit : son regard n'était plus menaçant : seulement il brillait d'une joie féroce.

Au même moment le fantôme de l'absolutisme poursuivait dans ses rêves l'héritier de Napoléon. Le monstre, cachant sa hideuse maigreur sous les haillons d'un manteau royal, décoré des divers attributs de toutes les grandes royautés absolues d'Europe, se glissait lentement dans l'ombre vers la couche de sa victime. Appuyé sur un faisceau de sceptres brisés, il foulait aux pieds le livre des lois, l'Évangile et la liberté. Il se penche aussi vers Napoléon II : il va le frapper du poignard qui brille dans sa main droite..... — Le prince tire alors son épée ; mais son bras demeure impuissant, paralysé par le sommeil....... Le spectre s'incline de nouveau, pour contempler de plus près cette pâle figure. — Il pousse un rire infernal... Son poignard lui est désormais inutile.... — Le duc de Reichstadt s'est alors éveillé...... mais le fantôme avait disparu.

RÊVE DE NAPOLÉON II.
Page 216.

DESSIN DE T. JOHANNOT.   GRAVURE DE BIROUSTE.

RÊVE DE JAROLIMO. II.

Page 216.

DESSIN DE T. JOHANNOT.   GRAVURE DE BIROUSTE.

Que la journée fut longue pour les désirs impatients du prince! Le soir arrive enfin! Vers six heures, quatre hommes à cheval se promènent le long des remparts de Vienne en deçà de la porte *** : tout à coup ils sont acostés par une femme. — « Nobles Français, leur murmure-t-elle en les abordant : vous attendez ici le duc de Reichstadt? Si vous suivez mon conseil, vous rentrerez aussitôt dans votre hôtel, et vous déjouerez les projets de vos ennemis... »

Elle se retire sans autre explication. — Quelle est cette femme mystérieuse qui les connaît? — Elle doit être sincère dans ses avis, puisqu'elle sait leur projet. Ils prennent le parti de se retirer. Il était temps : la milice les aurait surpris au lieu du rendez-vous, s'ils ne s'étaient point hâtés de rentrer, suivant les conseils de l'inconnue.....

Et le prince, dont les desseins ont été sans doute découverts et révélés à la police de Metternich, viendra-t-il se livrer aux soldats qui l'attendent à la porte fixée pour le lieu du rendez-vous? Il va traverser la dernière rue, il approche des remparts, quand il est abordé tout à coup par la baronne, qu'il reconnaît. — « Monseigneur, n'allez pas plus loin; vous êtes trahi. La police qui explore tous les hôtels de Vienne aura deviné, je ne sais comment, les espérances de vos compatriotes..... Si vous faites un pas de plus, vous tombez entre les mains de la milice : elle est là ; elle attend que vous arriviez : déjouez l'espionnage, en retournant aussitôt au château de Schœnbrünn : ils n'auront jamais la preuve de votre projet d'évasion : ils n'avaient que des soupçons : vos compatriotes viennent d'être avertis par moi : je les ai sauvés : ils sont maintenant à leur hôtel..... — Altesse, je vous ai juré un éternel dévouement : vous le voyez, je commence à vous en donner des preuves. »

La veille au soir, quand le prince l'avait vue passer non loin de lui, cette femme revenait de parler à la Pensée de ses prétendus succès auprès de l'infortuné duc de Reichstadt. En entrant dans son cabinet elle avait entendu des hommes parler d'envoyés français nouvellement arrivés avec le projet d'emmener le fils de Napoléon. Plus de doute, on avait découvert un complot : elle observa les étrangers désignés. A cinq heures elle les avait vus sortir de leur hôtel, et les avait suivis jusqu'à la porte, où elle les avait avertis de se défier de la trahison : elle était ensuite arrivée pour donner un semblable avis au duc; et les mesures de la police avaient été en partie déjouées, puisque, si le complot n'avait pas réussi, du moins on n'en avait pas la certitude : on ne pouvait sévir contre aucun coupable. La Pensée fut encore une fois trompée.

Le lendemain le prince retourna voir ses amis du Prater :

sa vue leur causa un grand étonnement : le capitaine en fut atterré; mais Marguerite, triste et soucieuse avant son arrivée, en fut presque heureuse. Sa joie ne put échapper au duc de Reichstadt.

CHAPITRE HUITIÈME.

SOMMAIRE.

Départ de la comtesse Napoleone Camerata pour Prague. — La baronne chez la Pensée. — Bruits sur la tentative d'évasion. — Le duc au Prater avec la princesse polonaise. — La Pologne et la France : désespoir et faiblesse du prince. — Lettre de la baronne. — Nullité politique de François II. — Omnipotence de Metternich. — Rêve du prince. — Sa pâleur effraie Metternich lui-même. — Négociations des envoyés français au sujet de Napoléon II. — Constitution bonapartiste. — L'hérédité. — La souveraineté. — La pairie. — Base électorale. — La peine de mort. — La liberté de la presse. — Discussion assez vive entre un envoyé et le ministre. — Démenti donné à Metternich. — Dignité de Napoléon II. — Le ministre lève le masque. — Réponse d'un Français. — La France ne craint ni l'Angleterre, ni la Russie, ni la Prusse, ni l'Autriche. — Autre lettre de la baronne ***.

VIII

Depuis le soir où le duc a vu échouer son projet d'évasion, le capitaine ne cite plus le nom de la comtesse Napoleone Camerata : seulement dans son manuscrit il parle encore par intervalle du dévouement d'une femme de la famille Bonaparte, mais sans rien avancer qui puisse nous autoriser à croire que ce fût cette noble fille d'Italie. Quand il raconte, il se contente d'écrire la *comtesse**** : ne pouvant déchirer ce voile du mystère, puisque le capitaine n'existe plus, je suis condamné à citer les faits sans les noms. A mesure que nous avançons, nous sentons de plus près les ténèbres de la mort : la nuit enveloppe de loin le tombeau de Napoléon II.

Il faut donc que je me contente de ce dernier renseignement fourni par M. de Prokesch : « La comtesse Camerata, fille d'Elisa Bacciochi, est mariée à un riche seigneur italien ; remarquable par une imagination d'une incroyable activité, par la résolution de son caractère, elle excelle, dit-on, à guider un cheval, à manier des armes : on dit aussi que de tous les parents de Napoléon c'est elle qui lui ressemble le plus par ses traits, sa physionomie et l'ensemble de ses manières. Depuis cette époque elle rencontra plusieurs fois le duc de Reichstadt dans les promenades, au Prater et dans les environs de Vienne, mais sans avoir aucune relation avec lui. Après un séjour de peu de semaines, elle partit et se dirigea vers Prague. »

Cependant la Pensée trouva un jour que la baronne ***, la séduisante courtisanne sur laquelle elle avait fondé de si grandes espérances, n'était pas plus heureuse dans ses résultats que la paysanne des bords du Danube : à quoi fallait-il attribuer ce peu de succès ? La baronne *** trahissait-elle la main qui la payait ?.... — Tout à coup elle se rappelle que cette femme avait pénétré dans son cabinet, au moment où ses agents secrets lui faisaient leur rapport sur les envoyés bonapartistes, et qu'elle avait été vue aux abords de la porte***, vers l'heure où le rendez-vous devait avoir lieu : on affirmait même qu'elle s'était approchée mystérieusement d'un cavalier inconnu se dirigeant seul vers l'endroit signalé, et qu'aussitôt homme et cheval, tout avait disparu au milieu des détours des rues de Vienne. Les soupçons s'arrêtèrent sur la baronne : elle fut mandée chez la Pensée occulte.....

Retournons donc un instant dans le cabinet déjà visité par le capitaine : nous y entendrons sans doute encore un entretien plus odieux que celui dont nous avons déjà parlé. Le digne docteur n'y est pas; mais au même bureau, sur le même fauteuil, est assis le vieillard dont nous avons essayé d'esquisser le portrait. Aujourd'hui sa figure est peut-être plus hideuse que la première fois; une lampe plus sombre répand sur elle une teinte plus livide : dans sa physionomie il y a autant d'astuce, mais plus de cruauté; ses joues sont plus creuses, et sur ses pommettes il y a comme une liqueur noire dans deux ou trois veines. On dirait que sa bouche, n'osant plus être ironique, va murmurer la plainte : ce n'est plus du sang, c'est du fiel qui colore ses lèvres; elles sont jaunes et terreuses. Son nez avait quelque chose du vautour, il se recourbe ignominieusement comme le bec du hibou : son front se voile toujours des mêmes rides, mais sous ces plis il cache toute sa lâcheté et sa rage; ses yeux, aussi féroces qu'autrefois, ne sauraient plus briller à la lumière du grand jour. C'est le crime dans toute sa laideur.

Non loin du vieillard, sur un sofa délabré, une femme encore jeune paraît sinon endormie, du moins accablée par la fatigue. Quelle est-elle? — La tête voluptueusement appuyée sur la main droite, elle semble, dans un rêve, poursuivre de la main gauche un doux objet de ses désirs ; ses blanches paupières voilent sans doute de beaux yeux ; ses longs cils font ressortir la fraîcheur de ses joues. Voyez comme cette femme est belle durant le sommeil!... Et pourtant, je ne sais, plus mon regard s'arrête sur cette figure, moins mes yeux admirent cette beauté. — Sur les bords de la Seine, plus je regarde les blanches filles des Gaules, plus je les admire et les trouve admirables. Pourquoi cette fille du Danube perd-elle une illusion dans chacun de mes regards? Ces blonds cheveux qui retombent en boucles soyeuses, ce front blanc comme l'albâtre, ce cou gracieux comme celui du cygne, cette bouche où les ris semblent folâtrer tandis qu'elle sommeille, tous ces charmes me laissent maintenant presque insensible : j'ai presque honte d'avoir donné mon admiration à cette femme.

Pourquoi?... — Elle se réveille; elle vient d'adresser la parole au vieillard... — Elle m'avait d'abord fasciné, désormais elle me repousse. Elle s'est animée; mais voyez de quelle animation! Ses grands yeux bleus se sont ouverts; mais quel regard en a jailli!... Toute cette tête, cette bouche, ces lèvres, qui s'agitent mollement sous un lascif sourire, proclament le vice... J'ai reconnu la baronne ***. Ce n'est plus qu'un ange déchu.

— « ..... Vous m'aviez mandée, monsieur : était-ce pour m'empêcher de trouver chez moi un sommeil plus doux et plus agréable? Ceci a presque l'air d'une mystification ou d'un châtiment.

— » L'un et l'autre, baronne. »

Le vieillard a prononcé ces mots avec le ton flegmatique qui n'appartient qu'aux lèvres germaniques, et sans détourner les yeux d'un énorme carton placé devant lui. Sa tête semble s'appesantir aussi sous le poids du sommeil; puis, après un court silence, il regarde obliquement du côté de la baronne, sans lever la tête. Le regard de cette femme se croise avec le sien : elle n'a pu retenir un bruyant éclat de rire. Elle a mis ainsi le comble à la fureur du vieillard.

— « Madame! s'écrie-t-il avec émotion et colère.

— » Eh bien, monsieur? Calmez-vous, de grâce! et

veuillez me dire le motif qui m'amène ici; car il est au moins juste que je sache pourquoi je ne suis pas libre, en ce moment, de passer une nuit paisible dans l'élégant et riche hôtel que je dois à votre généreuse reconnaissance. »

C'en est trop : le vieillard ne se contient plus; mais sa colère est trop forte, elle étouffe sa voix. Il bondit comme un tigre sur son siége; ses joues deviennent tour à tour pourpres et violettes, sa bouche écume de rage, ses quelques vieilles dents se heurtent et frémissent, son regard sanglant s'arrête immobile et menaçant. — La baronne reste impassible, mais elle ne rit plus : il serait désormais imprudent pour elle de jouer ainsi avec cette bête fauve...

— « Oui, riez de moi, s'écrie-t-il enfin : riez de ma folle crédulité.

— » Que voulez-vous dire?

— » Ce n'était donc pas assez de tromper un amour auquel vous deviez richesses, honneurs? A l'ingratitude fallait-il ajouter le mensonge et l'impudence? Pouviez-vous à ce point oublier ma générosité? Vous étiez pauvre et délaissée; je vous ai recherchée, enrichie; vous habitiez l'une des plus misérables habitations de l'une des plus hideuses rues de Vienne, et je vous ai installée dans l'un des plus splendides hôtels du plus élégant quartier de la capitale; vous n'étiez qu'une humble fille du peuple, et je vous ai faite baronne...

— » C'est le tort que vous avez eu. Puis, à combien d'humiliations ne m'avez-vous pas fait passer, avant d'arriver à ce splendide hôtel? Avant de me faire baronne, ne m'aviez-vous pas faite courtisanne? Vous m'avez perdue, monsieur, en me jetant follement, effrontément, moi, jeune fille sans expérience, au milieu de tous ces jeunes seigneurs que vous envoyiez folâtrer autour de moi : vous vouliez couvrir votre honte du voile de leur légèreté, vous avez amassé sur moi l'infamie et le remords. Des adulations de tous ces grands seigneurs, corrompus comme vous, que nous reste-t-il à vous et à moi? Osez-vous venir me reprocher un malheur que vous seul avez causé?

— » Un malheur, dites-vous? Hypocrite, je vous vois sourire de vos ruses ; mais ne me croyez pas plus longtemps votre dupe..... — La mission confiée à votre expérience était un nouveau triomphe réservé à votre fatale beauté ; mais n'espérez pas en jouir impunément : dussé-je me perdre moi-même, vous subirez le châtiment de votre perfidie et de votre audace : je ferai tomber votre masque, madame la baronne, et aux yeux de votre royal amant vous ne serez bientôt plus que la petite ouvrière du faubourg ***. »

La Pensée était hideuse et sublime de jalousie comme de colère.

— « Monsieur, si l'ouvrière n'est plus maintenant qu'une courtisanne, à qui doit-elle cette honte? Répondez. Si un grand seigneur, vieillard décrépit plutôt par la corruption que par l'âge, n'était pas venu la séduire, pour l'entraîner dans un riche hôtel, ne serait-elle pas encore la modeste et vertueuse fille du peuple? Le titre de baronne est un éternel affront que toute bouche qui le prononce me jette à la face, pour me punir de mon déshonneur. Quand c'est vous qui le murmurez, il me semble entendre le sifflement des serpents agités par un démon au-dessus de ma tête. Baronne!... Oh! tous vos titres de noblesse ne sont donc que des stigmates d'infamie, s'il faut en juger par vous et par moi? Et c'est aux mains de vieux nobles comme vous que de vertueux monarques sont parfois obligés de confier leurs plus chers intérêts!... Que sera-ce désormais de la royauté européenne, si les trônes sont assis sur la honte et soutenus par l'immoralité? Autrefois les grands noms annonçaient les grandes vertus; maintenant ne doivent-ils plus servir qu'à mettre le peuple en garde contre ses traîtres et ses ennemis?

— » La morale vous sied mal, baronne; vous appartenez corps et âme à la caste que votre indignation voudrait flétrir...

— » Ma vie passée vous appartient, je le sais; mais à

qui l'avenir? Le repentir peut vous arracher votre proie: Dieu seul doit en disposer….. »

La baronne se tait; elle était redevenue presque belle. Le vieillard l'écoutait, la tête négligemment appuyée sur les deux mains ; il la regarde alors insolemment, et s'abandonne à un fou rire. Il serait difficile de retracer tout ce qu'il y avait d'infâme dans cette face ridée qui se plissait, dans ces yeux qui brillaient de cruauté sous d'épais et blancs sourcils.

— « Donc, pour vous rendre digne de votre jeune et royal amant, vous avez résolu de renier votre première conduite : et vous appelez cela du repentir, de la vertu? Femme vertueuse, vous n'êtes pas moins toujours la courtisane éhontée….. Seulement vous pourriez, si je vous en laissais le temps, rire dans les bras de votre nouvel amant de la sotte crédulité du vieux marquis…..

— » Et cette erreur cause seule votre colère? Il est trop vrai, monsieur, votre munificence m'a perdue….. Si j'avais été aussi cruelle que vous, depuis longtemps je serais vengée de votre injustice et de votre insolence.

— » Je n'ai qu'une réponse bien simple à vous adresser : — Depuis plusieurs mois, vous parvenez jusqu'à la personne du noble duc : vous avez tous les jours peut-être de longs entretiens avec lui, son amour semble égaler le vôtre : si vos affirmations n'étaient pas mensongères, cet heureux amant continuerait-il de tromper mes espérances, et d'être l'ornement de la cour d'Autriche? »

La baronne n'eut qu'un regard de mépris pour répondre à cet impudent vieillard.

— « Vous restez muette maintenant?...

— » Marquis, j'ai aujourd'hui trente-deux ans : j'étais donc bien jeune, lorsqu'en 1809 le château de Schœnbrünn reçut un hôte illustre, le grand empereur des Français; mais j'ai conservé la mémoire du jour où vous tous, rois et puissants d'Allemagne, vous veniez offrir humblement vos hommages respectueux au vainqueur d'Austerlitz et de Wagram. Naguère en passant devant les appartements autrefois habités par le héros, cette époque me revint à l'esprit : ce jour-là entre tous ces courtisans, vous vous incliniez plus bas que les autres... »

Le vieillard pâlit; la baronne sourit et continue :

— « En apercevant le captif de la Sainte-Alliance j'avais encore l'imagination remplie de tant de grandeur française et d'humilité allemande; j'avais presque honte de ma patrie; le rôle qu'on voulait m'imposer en ce moment n'aurait pas convenu à une française; il devait appartenir à une compatriote du marquis..... »

Il va l'interrompre ; mais il contient sa fureur et la laisse poursuivre :

— « Je vous ai dit que je l'avais trouvé à Tyroler-haus, et qu'à la première vue je me sentis enflammée d'une grande passion pour votre victime ; ce que je ne vous ai jamais avoué, c'est que cette passion fut un amour respectueux, un entier dévouement pour le fils du héros martyr ; depuis je lui en ai souvent donné des preuves.... — Vous m'aviez perdue, marquis ; mais le ciel m'a rendu l'espérance en m'envoyant le repentir. Je vous défie maintenant. »

La Pensée est vaincue.... Quelle fatalité attachée à ce nom de Napoléon ! En approchant du fils comme du père, les plus grands criminels ne se souviennent plus que de la vertu : un sir Hudson Lowe et un marquis *** seuls sont restés insensibles à la gloire et au malheur.

— « Baronne, en me poursuivant de votre ironie, vous avez oublié que je puis à l'instant vous faire enfermer dans un cachot pour ne plus en sortir.

— » Je me ris des chaînes : si vous osiez me faire jeter dans un cachot, une main plus loyale et plus noble que la vôtre saurait m'en ouvrir les portes. M'avez-vous crue assez insensée pour tomber tête baissée dans vos piéges ? Lisez, monsieur : — « Je conserve la lettre que vous m'avez

» confiée ; je l'ouvrirai quand il en sera temps ; comptez
» sur moi, si votre ennemi ose attenter à vos jours ou à
» votre liberté. »

— » Reconnaissez-vous cette signature? Mon complice
n'échapperait pas à la justice de M. de Metternich, s'il
était assez imprudent pour oublier que ses crimes peuvent
être connus un jour et sévèrement punis par le gouvernement. »

La baronne se tait. Le vieillard réfléchit. Il règne un silence sinistre. Le marquis paraît en proie à une vive inquiétude ; il ne peut se défaire de cette femme ; et, il le comprend, désormais elle devra nuire à sa haine opiniâtre. Elle seule a prévenu le prince et les envoyés français au moment où la milice autrichienne croyait les surprendre : il n'en doute plus ; mais il n'existe aucune preuve... Ce qui est plus terrible pour le vieillard, il ne peut la sacrifier à sa vengeance ! Il cachera sa rancune sous le voile de l'hypocrisie ; mais la baronne ne sera pas sa dupe : — « Madame, il est déjà bien tard, et le sommeil commence à briser tellement la suite de mes idées, que je ne sais presque plus ce que je vous disais : je veux seulement me souvenir de notre ancienne amitié ; le reste je l'oublie comme un rêve menteur... »

Il se lève, présente la main à la baronne, et la reconduit

jusqu'à la porte. Avant de le quitter, elle ne peut s'empêcher de sourire à la vue de ce rusé diplomate qui se voit pris dans ses propres piéges.

Quel était donc ce marquis de ***, si acharné contre le fils de Napoléon, toujours assez adroit pour tromper la surveillance de la cour? Le capitaine n'a jamais voulu le nommer ; il se contente d'écrire en quelque endroit : « Le marquis fit autrefois une cour servile à l'empereur ; mais trompé dans ses prétentions ambitieuses, il a depuis poursuivi le père et le fils de son horrible vengeance. »

Cependant on commençait à publier l'évasion tentée par le duc de Reichstadt avec l'aide de quelques Français nouvellement arrivés à Vienne : la milice autrichienne, affirmait-on, avait failli le surprendre dans cette tentative ; mais il avait échappé à la surveillance de la police, grâce aux utiles avertissements d'une noble dame. Plusieurs personnes se disant mieux informées déclaraient ces divers bruits sans aucun fondement, et pour preuve elles ajoutaient : « Les Français, accusés par la rumeur publique d'être venus avec cette mission secrète, sont si éloignés d'avoir voulu tromper le gouvernement, qu'aujourd'hui même ils vont entrer en négociation avec l'empereur et le prince de Metternich au sujet du fils de Napoléon Ier.—»

Mais avant de nous occuper de cette séance diplomatique,

retournons un moment à nos amis du Prater. Nous sommes au mois de décembre; que se passe-t-il dans l'habitation du Danube? Quelle est cette femme accompagnée d'un étranger? A son costume on doit la reconnaître pour une Polonaise. Elle n'est plus très-jeune; mais le temps n'a pas été assez cruel envers elle pour lui enlever toute la beauté de sa première jeunesse; ses beaux yeux bleus doivent avoir encore leur vivacité, et sa taille svelte conserve toute la souplesse de vingt ans; son teint blanc et rose pourrait le disputer à la fraîcheur de la plus jeune fille de la Germanie; ses sourcils et ses cheveux sont noirs et brillants comme une parure de jais; elle est animée, ses traits respirent la grâce et l'enthousiasme; sa noble attitude, ses mouvements, tout en elle commande l'admiration. Ainsi Phidias aurait créé la déesse de la liberté; ainsi gracieuse devait être la Vénus de Pygmalion. Elle est au milieu de la famille du capitaine; elle fait sans doute un récit bien touchant; car tous l'écoutent avec oubli de leurs propres douleurs. Marguerite surtout ne peut détacher ses yeux de sa belle figure que pour les reporter sur celle du bien-aimé duc de Reichstadt. Il est assis entre l'étrangère et son compagnon : la jeune fille est en face, et ne perd aucune de ses impressions. Le prince est pâle, on sent qu'un mal intérieur le consume. Est-ce le cancer politique qui s'insinue déjà et le ronge par degré? — Pas encore : aujourd'hui c'est un feu plus noble, mais non moins cruel, quand il est comprimé, l'amour de la liberté, l'amour des peuples, l'amour des Français surtout. Depuis la fatale nouvelle, presque toutes ses nuits se passent dans l'insomnie : il voit, il entend toujours la Patrie qui l'appelle ; mais entre elle et lui se dresse menaçant le fantôme de l'absolutisme.

— « Prince, continue l'étrangère, nous sommes tous du même pays ; car la gloire impériale nous avait adoptés. Si le gouvernement de l'Autriche vous refuse de retourner en France, venez avec nous, la Pologne vous tend les bras ; ce doit être pour vous le champ d'asile ; vous y combattrez pour notre liberté, en attendant que la Seine vous réclame impérieusement au prince de Metternich, ou envoie ses armées victorieuses vous chercher à Varsovie en traversant les champs de bataille d'Eylau, d'Austerlitz ou de Wagram. Venez, prince : la Vistule est voisine du Danube : de Vienne à Cracovie, ce n'est pas trois jours pour nos rapides coursiers du Nord.

— » Ainsi donc, madame, toutes les contrées autrefois gouvernées par mon père lèvent l'étendard de la liberté, et seul je suis retenu captif au milieu de l'entraînement général!...

— » Oui, prince, le signal donné par la France a été compris par tous les peuples, l'Italie, l'Allemagne, la Prusse elle-même : tous les monarques absolus tremblent sur leur trône ; une seule victoire peut nous conduire sur les bords de la Seine. Vous serez notre roi, avant d'être le grand empereur de la grande nation ; vous continuerez la gloire de Napoléon Ier, et vous vous retrouverez dans les rangs polonais des Sokolnicki, des Poniatowski...

— » Vous avez triomphé à Varsovie ; le joug moscovite a été brisé ; mais songez que la Pologne n'est qu'un faible royaume resserré entre trois puissantes monarchies. Ainsi emprisonnée par ces royautés absolues, la liberté peut-elle rester longtemps victorieuse ?

— » Prince, oubliez-vous que nos frères d'outre-Rhin ont les yeux sur la Pologne ? Nous sommes étouffés par les autocrates du Nord ; mais rappelez-vous que ces rois vont trembler, si la France, comme nous l'espérons tous, daigne seulement élever la voix en notre faveur. Voyez, à la seule nouvelle de la victoire du peuple français sur l'absolutisme chassé, ces trois potentats ont pâli ; leurs couronnes ont vacillé sur leurs fronts.... Qu'avons-nous à craindre ? L'Autriche n'a-t-elle déjà pas assez de son Italie qui veut secouer le joug des Césars ? Croyez-vous que ce soit trop de ses deux fortes mains pour ressaisir la couronne de fer qui lui échappe encore une fois? Et la Prusse? que peut-elle contre l'insurrection polonaise? N'est-ce déjà pas une besogne assez rude pour le vieux Frédéric-Guillaume de comprimer l'élan de ses provinces rhénanes? Ne doit-il pas songer à ceindre son Berlin d'une muraille bien épaisse, avant de se retourner sur nous pour frapper? La Pologne le fait moins trembler que la France; il se souvient encore d'avoir incliné la tête devant le vainqueur des rois. Paris est plus près de lui que Varsovie; Trèves, Coblentz, lui glisseraient des mains avant Posen ou Breslau...

» Prince, j'ai admiré le génie de votre père; j'aurais traversé les glaces de la Russie pour la gloire du grand capitaine... Vous serez un jour aussi grand que lui; d'autres destins aussi glorieux vous appellent : Varsovie doit être votre marchepied pour monter sur le trône.

— » Que parlez-vous de trône, de royauté au prisonnier de Schœnbrünn!... Tout est libre, tout, excepté moi!... La France m'oublie, madame, je le vois; et l'espoir que la révolution de juillet m'avait apporté s'est déjà changé en une cruelle déception. Si j'en crois mes pressentiments, les héros de la Pologne seront trompés comme moi dans leurs plus chères affections!... Nous espérions tous en ce grand peuple français; mais je tremble que la liberté ne s'éloigne pour les nations, comme pour moi! Le souffle de vie que le ciel avait envoyé sur l'Europe aurait pu régénérer le monde entier; mais ce ne sera qu'un souffle de tempête; car l'homme trahira la divinité comme il a déjà trahi le martyr de Sainte-Hélène; cet élan général des peuples ne sera sans doute qu'une convulsion passagère... Croyez-moi, madame, Paris ne fera pas plus pour la seconde patrie des braves que pour l'héritier de son glorieux empereur...

— » Prince, pourquoi renoncer ainsi à tout espoir?

— » Pourquoi voulez-vous que je le conserve? Vous savez aussi bien que moi ce qui se passe : si la mémoire de mon père était si chère encore aux Français, m'aurait-on préféré un autre Bourbon?...

— » On vous avait calomnié; maintenant on sait que vous n'avez pas seulement hérité du nom de Napoléon Ier... Le présent est douteux, et l'avenir est dans la main de Dieu. Espérons tous...

— » Mais ne croyez pas, madame, que mon courage recule devant les dangers parce que ma raison vous parle des obstacles; j'irai avec vous, je veux rejoindre ces braves phalanges polonaises, et m'enterrer, s'il le faut, sous les remparts de Varsovie. — C'est trop supporter la tutelle dont ils m'entourent; c'est la vie des batailles qu'il me faut désormais : si je ne puis revoir les rives de la Seine, je n'ai plus qu'à mourir en combattant pour la liberté des Français du Nord. Jusqu'ici j'ai essayé de me soustraire par la ruse à la surveillance dont on m'obsède. Partons ouvertement ; c'est l'épée à la main que je dois m'ouvrir un chemin jusqu'en Pologne... Venez, partons... — Oh ! France ! que ne ferais-je pas pour ta gloire et ton bonheur, si la Providence ne me refusait pas de te consacrer mon bras et ma pensée !... — Ombre de mon père, je te suivrai. »

Le prince avait prononcé ces dernières paroles avec une violente exaltation ; tout était silence et admiration autour de lui : Marguerite, le capitaine, tous restaient muets et tremblants... On eût dit l'âme du grand homme. L'étrangère ne pouvait retenir des larmes, tant il lui semblait entendre la voix de l'empereur : la même figure pâle, mais animée ; le même regard de feu, le même front large et sublime ; il y avait dans tout son maintien l'énergique vigueur du général républicain, dans son langage toute l'ardeur du vainqueur des Pyramides. Cet élan d'une âme esclave de la captivité du corps a épuisé les forces de cette frêle constitution : cette crise nerveuse l'a profondément ému ; il retombe accablé, presque évanoui sur son siége ; le sang qui reflue au cœur l'étouffe ; il respire à peine..... Prince malheureux, c'est donc ainsi qu'ils te feront mourir victime de leur basse jalousie, victime de leur politique infâme, victime de ton amour pour la gloire et pour la France!... Nous sommes ingrats... : le sang des héros s'élève contre nous...

— « Ombre de mon père, je te suivrai. » — Cette ombre héroïque lui apparaît sans cesse; elle semble le guider, l'inspirer dans toutes ses actions; mais quel but lui indique-t-elle en ce moment? La main du martyr lui désigne-t-elle le rocher de Sainte-Hélène, ou les sombres demeures de l'éternel séjour? Ou bien le grand empereur, couvert du manteau d'Austerlitz, lui montre-t-il de loin la colonne de la place Vendôme, et, autour de ce trophée de nos victoires, le peuple français attendant que l'héritier de l'empire vienne le conduire à de nouvelles batailles, à de nouveaux triomphes?... Est-ce au delà de l'océan, sous le toit de Longwood, qu'il doit le suivre? Le château de Schœnbrünn n'est-il plus une prison assez dure? Est-ce à travers la Méditerranée, sur les bords du Nil qu'il doit avec lui diriger nos bataillons? Est-ce Aboukir? Est-ce le mont Thabor qui l'attend? Va-t-il, plus heureux que le général Bonaparte, briser les portes de Saint-Jean-d'Acre, et faire pénétrer notre gloire et notre civilisation par delà les déserts de la Syrie? Une tâche assez noble lui serait réservée sur notre vieux continent, si l'ombre ne lui indiquait pas peut-être un tombeau !... Que n'est-il appelé à resserrer dans ses deux mains le lien international prêt à se briser ! Sans effusion de sang, ne serait-il pas donné à l'ex-roi de Rome de reconstituer l'Europe napoléonienne et la France impériale? La liberté des Francs et des Sarmates ne peut-elle s'allier avec l'ambition de l'autocrate moscovite, ni avec la prudence et la terreur des monarques de Prusse et d'Autriche? La liberté de Lutèce ne peut-elle nous rendre la gloire et le bonheur, sans faire crouler les palais de Berlin, de Vienne et de Saint-Pétersbourg? Le soleil de juillet doit-il allumer un nouvel incendie de Moscow?... Mais les rois absolus ne trembleront pas longtemps devant toi, ô Patrie.... N'avons-nous pas plutôt à craindre que notre Napoléon II ne suive l'ombre du martyr dans une autre vallée des larmes?

Marguerite s'est précipitée au secours du prince : on se presse, on s'agite, on tremble pour la vie de l'infortuné duc de Reichstadt..... Quelle force magique d'attraction et d'amour attachée à ce nom de Napoléon! Toutes ces femmes, tous ces hommes sont plus pâles que lui : on dirait que leurs vœux conjurent la mort de les frapper seuls, et d'épargner cette tête si chère..... Il retrouve bientôt la vie dans une douce respiration..... Son premier regard a été pour Marguerite : la pauvre enfant l'en remercie par une larme de bonheur... Tous sont heureux : ils avaient oublié patrie et liberté..... — Leur âme, leur affection était concentrée sur cette existence menacée.....

Quand il fut rentré dans ses appartements du château de Schœnbrünn, il trouva sur sa table la lettre suivante :

« Prince, on vient de découvrir que la courtisanne avait plus de générosité qu'on ne l'espérait : on n'ose point l'en punir; on craint ses révélations; mais je dois vous prévenir de vous tenir en garde contre les séductions de tout genre dont un ennemi personnel va vous entourer. La Providence vous a protégé jusqu'à ce jour en déjouant les projets de sa vengeance; nous devons espérer que le même secours vous sera toujours accordé pour vous soustraire au péril. Je vous engage à devenir plus circonspect au sujet de vos visites au Prater : selon eux, ce n'est que le banal rendez-vous de vos amours; à la fin on pourrait découvrir la vérité, et le noble dévouement de ceux qui vous aiment, au lieu de vous servir, ferait leur malheur. Des envoyés français doivent demain avoir une conférence sur vos intérêts avec le prince de la diplomatie autrichienne : on s'autorise de vos refus pour décourager les différents émissaires : je vous engage à vous présenter inopinément au conseil, pour démontrer la vérité de toutes les protestations du cabinet de Vienne.   LA BARONNE ***. »

— « Et c'est une courtisanne qui depuis trois mois me rend les services les plus importants ! Elle était destinée à me perdre, et elle m'aide à tromper leurs espérances !!... Le ciel est donc juste une fois avec moi ?.. »

Cette lettre de la baronne au duc de Reichstadt doit nous faire juger du caractère et de la nullité politique de l'empereur François II. S'agit-il des grands intérêts de l'État ? ce n'est plus lui que cela regarde : le salut de l'empire est confié à de plus fortes mains, à des mains plus habiles. Metternich est le ministre de confiance pour la Sainte-Alliance : à lui seul sont remis les destins de la monarchie autrichienne. Les Français en arrivant à Vienne s'étaient naturellement adressés à l'empereur, le seul maître, le seul chef du gouvernement ; mais, comme ce devrait être dans les monarchies constitutionnelles, des ministres gouvernaient l'empire : c'était la civilisation renversée. Cette dépendance d'un monarque soumis pour ainsi dire à la haute surveillance de son premier secrétaire d'État, était généralement connue dans l'Europe entière : il n'est donc pas étonnant que la baronne, instruite de toutes les intrigues de cour, parle seulement du prince de Metternich dans une affaire aussi importante que celle qui va nous occuper. Ce n'était pas la première fois que les bonapartistes étaient venus au nom de la France parler de la couronne impériale pour le fils de Napoléon. Toutes les fois qu'on offrait la puissance souveraine à son petit-fils, François II n'avait que des soupirs et quelquefois des larmes, tant le sceptre pesait sans doute à sa main débile, tant il redoutait le pouvoir pour son bien-aimé duc de Reichstadt!.. Il renvoyait toujours auprès de M. de Metternich.

Depuis la révolution de France, Napoléon II ne trouve plus de repos dans le sommeil : le calme a fui loin du palais de Schœnbrünn; cette nuit ne fut pas la moins laborieuse pour lui : ce n'est plus le grand empereur qui lui apparaît dans ses rêves, au milieu de toute la grandeur impériale... Le sceptre de l'absolutisme est là, debout, toujours devant ses yeux : il a pris la hideuse figure de la Pensée : sa main est armée d'un sceptre de fer, avec lequel il poursuit et frappe impitoyablement des enfants du peuple recouverts des haillons de la misère....... Ils viennent d'échapper au joug de la servitude : les infortunés se pressent autour du jeune prince français; ils tombent à ses pieds criant merci et compassion : il voudrait les délivrer de ce cruel bourreau qui le persécute et s'efforce de les rendre à leur premier esclavage; mais il est lui-même chargé de fers; son bras ne peut manier l'épée sous le poids des chaînes.......
Et il voit couler le sang de ses frères qui meurent en le bénissant, en proclamant la gloire de Napoléon!..... Et

le spectre sanglant l'insulte avec un ignoble sourire... Puis de loin il lui montre la grande cité et le grand peuple qui se lève en masse, veut voler au secours des opprimés, et demande à grands cris la liberté du fils de son héros ; mais avant qu'il ait franchi l'espace, le fantôme a tout immolé à sa rage frénétique, et le prince lui-même est frappé insolemment, il souffre, il crie...... — Il s'est éveillé alors. Tout est nuit et silence dans son appartement : il ne voit plus le spectre de ses rêves; mais il ne sent pas moins la chaîne invisible qui le retient dans sa royale prison : il n'entend plus de cris populaires, il ne voit plus le sang couler de la poitrine de ses frères ; mais il ne comprend pas moins l'oppression méditée par l'absolutisme.... La Pologne a secoué le joug; mais elle jouit d'une liberté éphémère; il lit dans l'avenir le triomphe de la force brutale sur l'héroïsme polonais. — Et la France !.... Qui peut prévoir quel sort le ciel lui réserve? Qui peut affirmer que Dieu ne lui a pas laissé pressentir les bienfaits de la liberté, pour la faire gémir un jour, bientôt peut-être, sous le joug d'un absolutisme déguisé?... Dieu est grand, et ses desseins nous sont cachés.

Quand le prince se leva, il était d'une faiblesse extrême : la fièvre le brûlait. En entrant le matin dans ses appartements, M. de Metternich fut effrayé de sa pâleur; ses gouverneurs en furent affligés ; car, il faut être juste avec tout le monde, MM. de Dietrichstein, Obenaus et de Foresti avaient pour lui un sincère attachement. C'était le jour de la leçon d'histoire politique : à la vue du ministre le prince devint plus pâle ; il allait lui parler de ses secrètes pensées ; mais comme il voulait se trouver à l'audience des Français, il parvint à se contenir, et se contenta de s'excuser sur son état de malaise, et la leçon fut remise au lendemain.

Depuis quelques mois le duc de Reichstadt était visiblement changé : sa santé s'altérait tous les jours : cet état de crises continuelles ne pouvait durer longtemps, et faisait peut-être le plus grand espoir de la Pensée. Toutes les personnes (et elles étaient nombreuses même à la cour d'Autriche), toutes les personnes qui aimaient le petit-fils de François II n'étaient pas sans inquiétude : on commençait à trembler pour ses jours : n'était-il pas à craindre que cette âme si forte ne vînt à tuer ce corps si faible ? La famille impériale en était profondément affligée : elle connaissait le mal et le remède ; ce qui augmentait sa douleur et ses angoisses..... A ce génie naissant il eût fallu avec le sol de la France le grand air de la liberté !....

Cependant l'heure de l'audience accordée aux bonapartistes approchait : M. de Metternich se proposait de les recevoir dans la chambre du conseil : le prince de la diplomatie devait seul les entendre ; car seul il décidait de l'avenir du fils de l'empereur. Les envoyés français étaient en assez grand nombre, tous honorablement connus par leur gloire militaire et leurs talents diplomatiques. On passa rapidement sur les compliments d'usage : on entra vite en matière. Leur proposition était simple : — ils réclamaient la liberté du roi de Rome, car il n'y avait pas de duc de Reichstadt pour eux, et offraient au prince de monter sur le trône constitutionnel des Français. La constitution, qu'ils lui demandaient de jurer, était la même qui devait être adoptée en 1815, lors de la proclamation de Napoléon II.

Un des derniers ministres de la restauration se trouvait à Vienne au moment de l'arrivée des bonapartistes ; il affirme qu'avant toute proposition personnelle relative au prince, les envoyés développèrent et discutèrent leur projet de constitution. Il en cite quelques articles; mais comme je n'ai aucun rapport avec les différents partis, rien ne m'oblige à émettre telle ou telle opinion : nul intérêt ne me pousse soit au blâme, soit à la louange. Selon l'écrivain légitimiste, ces hommes enthousiastes de liberté avant de quitter la France pour se rendre en Autriche, ces hommes qui proclamaient les franchises publiques aux grands applaudissements de la foule, auraient tenu devant le vieux diplomate un langage tout à fait opposé à leurs principes avoués : dans leur constitution impériale ils s'occupaient bien plus de consolider l'autorité qu'ils voulaient établir que de rester conséquents avec la liberté et l'égalité.

Je le répète, je ne m'efforcerai pas de réfuter une à une ces différentes propositions, attendu que préalablement je voudrais avoir la preuve de leur authenticité ; mais le capitaine dont j'obtiens toujours les plus exacts renseignements, le capitaine, homme de fidélité et de dévouement, s'est plus appliqué à consigner l'acte de refus relatif à la personne du prince que toutes autres controverses diplomatiques. Pour lui l'affaire importante, c'était la liberté de Napoléon II : il oublie le reste pour donner toutes ses larmes au fils malheureux de son empereur. Je vais donc me contenter de relater succinctement quelques assertions de l'ex-ministre, en me permettant d'y ajouter parfois mes réflexions : le public fera les siennes ; et la vérité se trouvera dans sa pensée, si elle ne se rencontre pas toujours sous la plume d'un ancien courtisan.

— « Établissant les droits du nouvel empereur sur la doctrine de l'hérédité, ils (les envoyés bonapartistes) les font remonter au vote national, auquel ils attribuent l'établissement du trône de Napoléon ; mais arrêtant à cet acte l'intervention du peuple, ils déclarent dans l'article premier de leur constitution que la souveraineté réside essentiellement dans la personne de l'empereur, et que le gouvernement est placé sous sa direction, sous son impulsion suprême. » — Ici je ne puis nier ni affirmer. Quelle induction M. le ministre veut-il tirer de ces mots : *la souveraineté réside essentiellement dans la personne?* Veut-il jeter un soupçon de mauvaise foi sur tous les partis qui se glorifient du vote national? Veut-il nous laisser croire qu'on n'invoque le concours, l'omnipotence du peuple que pour s'approprier le pouvoir, et qu'une fois monté sur le trône, tout élu de la nation doit et prétend se passer du contrôle populaire dans l'exercice de la puissance souveraine? Je ne pense pas que telle soit, telle ait jamais été la pensée du parti napoléonien : au besoin je lui rappellerais que le droit de faire ou de défaire sera toujours imprescriptible. Au roi la puissance temporaire, à la nation *seule* l'éternelle souveraineté. Napoléon Ier avait exercé la dictature dans les grands jours de crise, et la patrie s'en était bien trouvée; il n'avait pas besoin de tous nos novateurs politiques pour comprendre la marche progressive de la civilisation. N'était-ce pas sa forte main qui lui imprimait le mouvement? Il avait accepté, demandé le gouvernement constitutionnel d'abord pour lui, et ensuite pour Napoléon II son successeur : il ne pouvait le vouloir autrement que ceux qui l'étudient et le servent sérieusement. Après Waterloo, en offrant son épée de général au service de la patrie en danger et de son nouveau chef impérial, il ne pouvait songer à se soumettre à une régence absolue : il voulait servir la constitution. On voudrait en vain faire rétrograder la pensée napoléonienne : le gouvernement personnel ne peut être le but d'aucun parti qui veut, avec la gloire, la liberté et la prospérité de la France.

Je passe d'autres raisonnements de l'ex-ministre, et j'arrive à ce passage : « Convaincus que la société ne saurait se soutenir uniquement par d'éphémères individualités, ils rendent au souverain le droit de créer des pairs héréditaires : ils veulent la création de titres et la fondation de majorats. » — D'abord je répète qu'il faut encore une fois effacer de la Charte constitutionnelle le mot *souverain* employé dans ce sens de l'historien légitimiste. Selon moi, comme sans doute selon tout bonapartiste, le souverain ne peut plus être que la nation : le roi, le prince ou l'empereur, peu importe la dénomination, le roi n'est que le chef de l'État, le père, le premier protecteur de la Patrie : à lui la mission de faire exécuter les lois et respecter la volonté nationale. — Mais revenons à d'autres expressions du texte soi-disant authentique. Sous le prétexte de soustraire la société à l'influence d'individualités éphémères, il donne aux bonapartistes la pensée de créer des pairs héréditaires. Ce serait souvent le moyen de transmettre le pouvoir législatif à des incapacités successives ; car (je cite ici scrupuleusement l'auteur) *les hommes supérieurs se continuent rarement dans leurs héritiers.* — Donc, monsieur, vous voulez faire tomber les amis de Napoléon II dans une erreur qui vous serait commune. La pairie héréditaire ne devait pas entrer dans le projet d'une constitution impériale. Je vais plus loin : comme une chambre soumise à la seule volonté royale est presque sans couleur dans une constitution nationale, comme la chambre des pairs, si vous en voulez une, ne peut qu'être médiatrice entre le peuple et le roi, entre le maître et son mandataire, cette assemblée devrait tenir à la fois du prince et du souverain, c'est-à-dire que je la voudrais soumise en partie à l'élection royale, en partie à l'élection populaire. Ce seraient nos États généraux. Je me trompe peut-être ; mais je crois être d'aussi bonne foi que tout contradicteur qui baserait ses raisonnements sur ceux de la légitimité *divine!*

Encore l'historien ex-ministre : « Ils étendent la base électorale à tous les Français jouissant des droits civils et contribuant aux charges de l'État : telles sont les seules conditions qu'ait à remplir l'électeur..... Par une disposition tout aristocratique, le droit d'éligibilité est concentré dans les trente électeurs les plus imposés de l'arrondissement, et les hommes les plus recommandés par leur position sociale et les services militaires. L'élu ne peut être pris en dehors de la localité de l'arrondissement : ainsi sont brisées les intrigues, l'action despotique des comités extérieurs, et la dictature de la capitale. »

Examinons cette dernière proposition; elle est importante. Les conditions du droit d'élection ne paraissent pas convenir : elles sont les seules! s'écrie l'ex-ministre. Que lui faut-il donc de plus? Ne lui suffit-il pas de partager les charges de l'État, pour avoir un peu le droit de se mêler de ses affaires? C'est bien le moins que celui qui apporte son appoint au trésor national aime à n'être pas tout à fait étranger à l'emploi des deniers publics. La disposition tout aristocratique dont il parle ensuite me paraît d'autant moins authentique que la phrase se présente d'une manière presque hostile au gouvernement constitutionnel et populaire. Est-il croyable que le parti napoléonien ait voulu consacrer dans une charte le régime du favoritisme et du despotisme militaire? C'eût été se tuer dans le principe : recommander la position sociale, c'est-à-dire les places, les richesses, ou les services déjà rémunérés, c'est vouloir consacrer des misères politiques depuis longtemps existantes. Où serait la part de la capacité, et surtout de la probité politique, chose si rare de nos jours que personne n'ose en parler?... — « L'élu ne peut être pris en dehors de la localité de l'arrondissement... » Ce serait une grande amélioration à introduire : grâces devraient être rendues au législateur probe et désintéressé qui aurait bien mesuré cette pensée. Ainsi seraient brisées les intrigues, ainsi disparaîtrait la dictature de la capitale, et il n'y aurait un bien grand mal ni pour l'État, ni pour les particuliers. Ce serait un progrès vers lequel nous marchons trop lentement, mais auquel, Dieu aidant, nous parviendrons infailliblement un jour.

— « L'article 2 abolit la peine de mort pour tout autre crime que pour le meurtre. » — N'est-ce pas justice? — « L'article 12 défend d'infliger la peine des travaux publics et de la flétrissure pour crimes politiques. » Monsieur l'ex-ministre est plus à portée que moi de juger de l'opportunité de cet article ; aussi s'étend-il longuement sur les terribles jeux de la politique. Je ne le suivrai pas sur cette arène, non point parce que je tremble de m'y hasarder ; car, comme il le dit fort bien après Barrère, il n'y a que les morts qui ne reviennent pas ; mais je ne le suivrai pas, uniquement parce que je n'aimerais pas à le suivre.

Je ferai comme l'ancien ministre, je citerai d'après lui, non sans réflexion comme lui, les articles qui concernent la liberté de la presse. Le public jugera s'il faut le croire, et comment on doit comprendre ce projet de constitution qu'il dit avoir été proposé à l'Autriche.

— « SECTION III. *De la liberté de la presse.*

» Art. 13. La liberté de la Presse est consacrée comme un droit des Français, en tant qu'elle ne lèse aucun intérêt général ou privé.

» Art. 14. Toutes publications sur des matières politiques, ou des questions d'État, ou des mouvements de troupes, étant de leur nature susceptibles de porter préjudice au corps social des Français, sont soumises à l'examen préalable d'un conseil composé :

» Pour Paris et le département de la Seine, de cinq pairs de France et de cinq membres de la Chambre des députés, à chacune de leurs sessions.

» Pour les autres départements de la France, de trois commissaires élus par les conseils généraux des départements, à chacune de leurs sessions.

» Art. 15. Sont exceptés de tout examen préalable les comptes rendus des séances législatives, ou publication des discours prononcés à la tribune de la Chambre des pairs, ou de la Chambre des députés, les arrêts de jugement des cours de justice.

» Art. 16. Toute infraction à ces dispositions est poursuivie devant les cours d'assises comme une tentative de délit contre la tranquillité de l'état.

» Art. 17. Toutes offenses de la presse contre la morale publique, tous écrits qui blesseraient des intérêts privés, seront poursuivis d'office, ou à la requête des parties lésées, devant le tribunal de police correctionnelle. »

Je ne discuterai pas ce texte, je me contenterai d'émettre mon opinion. Je suis obligé de citer comme historien; mais je suis convaincu que les bonapartistes de 1830 ne devaient pas ainsi comprendre la liberté de la presse. La rédaction de ce projet est si vague, elle semble laisser tant à l'arbitraire, que des hommes sensés ne pouvaient se promettre de nous imposer ce joug mal déguisé, au milieu de l'effervescence populaire. La liberté était encore trop exigeante pour accepter de pareilles conditions : les proposer quand le pavé de Paris était encore fumant du sang des citoyens, c'eût été de la folie.

M. de Metternich entendit froidement le développement de toutes les propositions napoléoniennes. L'orateur dut lui prouver que la France voulait avec la liberté un gouvernement sage et durable. Le ministre n'entra pas dans la discussion des moyens; il se contenta de dire, selon M. de Montbel lui-même : « Que demandez-vous, et qu'attendez-vous de nous? — Que vous nous laissiez conduire le duc de Reichstadt à la frontière de France ; sa présence, le nom magique de Napoléon renverseront en un instant le frêle édifice qui pèse en chancelant sur notre patrie, et qui sans cesse vous menace de ses ruines. »

S'il faut croire d'autres personnes aussi dignes de foi, le prince de Metternich, à ces dernières paroles, aurait presque souri de pitié et aurait repris en regardant froidement l'orateur : « Que voulez-vous, monsieur? Est-ce à dire que vous prétendez nous amener par la crainte à l'adoption de vos propositions? Que nous importe la France, ou son fol amour de liberté? N'y a-t-il plus assez de force et de prudence dans les conseils de nos royautés pour refouler ce torrent jusqu'à la Seine, s'il débordait un jour sur nos frontières? Avez-vous oublié 1814 et 1815?

— » Non, monsieur le ministre : cette époque est assez glorieuse pour le génie et le courage; nous pouvons nous en souvenir. Mais vous-même, avez-vous oublié qu'avant les trahisons vinrent les triomphes? avant Waterloo Austerlitz et Wagram?...

— » Mais, monsieur, interrompt le ministre, qui se sentait entraîné sur un terrain glissant pour lui, supposez que sa majesté impériale accorde son petit-fils à votre vœu le plus ardent, quelle garantie lui donneriez-vous?

— » L'amour et le courage des Français...

— » Eh! mon Dieu, son père fut longtemps votre idole; cependant votre amour et votre courage l'ont laissé renverser... Qui pourrait répondre qu'au bout de six mois le même sort ne serait pas réservé à son fils?

— » La France et Napoléon II se sont assez instruits à l'école du malheur pour profiter des terribles leçons du passé. La Patrie saurait désormais ce qu'il faut penser de certaines alliances étrangères : le nouvel empereur doit de son côté avoir appris à se défier des hommes et des choses (le ministre fronce les sourcils).

— » Napoléon fut un homme extraordinaire; amis et ennemis, tous le proclament aujourd'hui; et pourtant son grand génie n'a pu préserver son trône d'une chute irréparable....

— » Irréparable, dites-vous, monsieur le ministre! C'est encore le secret de la Providence. Mais puisque vous aimez tant à parler de la chute du grand homme, oserez-vous dire qu'il faut l'attribuer à la puissance de votre politique, ou à la force de l'épée moscovite? Les désastres de la campagne de Russie, première cause de ruine, étaient-ils dans la prescience de la coalition? Les Français accablés par les éléments n'étaient-ils pas encore vainqueurs des Russes à la Bérésina, malgré l'infériorité du nombre?

La défaite de Leipsick est-elle due au génie de la quadruple alliance, ou à la trahison de lâches alliés? Parlerez-vous avec éloge pour vous de la campagne de 1814? Qui s'est immortalisé par des prodiges? la coalition, ou le seul homme qui vous faisait trembler? Est-ce Champaubert, Montmirail, Arcy-sur-Aube, vingt autres batailles toutes perdues par l'étranger, qui vous ont valu la capitulation de Paris et l'abdication de Fontainebleau? Hâtez-vous de le dire à votre honneur et à la honte des Français, les lâches et les traîtres qui vous avaient plusieurs fois appelés pour reconstruire un vieux trône déjà brisé avaient seuls fait tout le mal.... Votre entrée dans Paris fut aussi glorieuse alors pour vous que plus tard, pour la restauration, la mémorable prise du Trocadero... Mais les temps sont changés; les traîtres ont rougi de la trahison : en France il n'y a plus que des Français...

— » En France, monsieur, il y a un mauvais génie qui vous pousse successivement dans toute espèce d'exagération; mais c'est dans l'anarchie que vous aimez à tomber de préférence. Je vous le répète, vous auriez à peine proclamé Napoléon II, que déjà des complots s'ourdiraient dans l'ombre pour le renverser. Non, monsieur, l'empereur François II est trop attaché d'abord à ses principes, ensuite à son petit-fils, pour acquiescer à votre proposition.

— » C'est-à-dire, monsieur le ministre, que vous voulez continuer de le garder dans sa royale prison de Schœnbrünn. Cette résolution n'étonnera personne en France : un empereur qui s'est laissé conduire à la remorque de la coalition pour aider à briser le trône de son gendre et de son allié, un monarque absolu qui ne commande pas à ses sujets...

— » Monsieur, vous oubliez...

— » Mais puisque l'Autriche veut encore nous voir les armes à la main, nous lui rappellerons les victoires de la république et de l'empire; car elle paraît les avoir oubliées. La France n'est pas dégénérée... Ce que vous nous refusez nous pouvons l'obtenir par de nouveaux triomphes... L'empire attend son empereur : nous voulons, nous proclamons Napoléon II... »

Alors il s'est fait un profond silence. Metternich est pâle et agité : il reste comme accablé d'un pesant fardeau ; puis tout à coup et comme se rattachant à une branche de salut :

« Mais, messieurs, s'écrie-t-il, nous discutons, ce me semble, sur une volonté qui est indépendante de toutes nos propositions. Avant de décider ainsi de l'avenir, ne serait-il pas indispensable de consulter le prince que vous éclamez? Je dois vous l'avouer, je le crois aussi éloigné de retourner en France, que l'empereur d'Autriche est étranger lui-même à toute pensée d'ambition pour son petit-fils.... »

Napoléon II, informé de cette séance, comme nous l'avons dit, avait résolu de s'y présenter : il était là debout depuis quelque temps, écoutant ces dernières paroles du premier ministre.

— « Vous vous trompez, prince de Metternich... »

Le ministre fut anéanti par cette interruption inattendue.

. . . . « Ou plutôt vous voulez tromper ces messieurs, comme vous avez cru me tromper jusqu'ici moi-même... »

Il y eut un moment de silence solennel. Metternich décontenancé n'osait détacher du sol son regard humilié..... Tous s'étaient levés à cette voix qui retentissait sublime à leurs oreilles, comme la voix du grand empereur.— Quelle muette admiration dans les yeux de ces hommes qui se croient encore en face du héros!...... La même noblesse d'attitude, le même air de commandement, le même regard d'aigle : sa figure pâle, son front large, tout en lui impose le respect et l'étonnement.

— « Monsieur le ministre, depuis quatre mois je connais les grands événements de Paris : je sais que de nombreuses démarches ont déjà été faites en ma faveur auprès

HUMILIATION DE METTERNICH EN PRÉSENCE DES ENVOYÉS
BONAPARTISTES.

Page 262.

HUMILIATION OF METTERNICH IN PRESENCE OF DES KNYOFF, BONAPARTISTE.

de votre gouvernement, et que toutes sont restées infructueuses. Croyez-le, messieurs, tous ces refus successifs émanaient d'une volonté qui n'était pas la mienne. J'aime la France, comme le voulait mon père sur son lit de mort : je suis heureux en vous parlant ici de profiter de la seule occasion qui m'ait jamais été donnée de faire connaître ma pensée à mes compatriotes...... Oui, j'aime la France, et tous les jours je maudis la chaîne qui me retient captif sur les bords du Danube : un instinct irrésistible m'attire sans cesse vers la frontière, et je gémis de ne point revoir les rives de la Seine. Je ne me plaindrai point à vous des souffrances de la captivité; la plainte ne conviendrait pas au fils du martyr de Sainte-Hélène : ses longues infortunes m'ont assez appris la résignation et le silence. Je ne demande, je n'attends qu'une chose, c'est que vous redisiez à nos frères d'outre-Rhin mon ardent désir, mon impatience de revoir la patrie. Ne croyez pas que l'ambition du trône m'y rappelle. Je sais trop par l'exemple de mon père que la puissance ne fait point le bonheur. Je n'ambitionne que la gloire de servir mon pays : mon sang lui appartient, et, je vous le jure ici au nom du vainqueur de nos ennemis, je ne réclame qu'une épée et le grade de lieutenant dans nos armées.... — Monsieur le ministre, je suis venu troubler vos délibérations : je voulais seulement dire à mes compatriotes que je me crois toujours digne du titre de prince français. Maintenant je me retire. »

Au moment où le duc sort, le prince de Metternich lui a lancé un regard qui n'a point échappé aux envoyés : il ne présageait rien que de sinistre.... Cette apparition imprévue a changé le caractère de la séance. Le masque est tombé ; l'homme est à découvert : il va donc maintenant s'expliquer sans détour. Nous allons voir comment dans les monarchies absolues les empereurs règnent et ne gouvernent pas. C'est le système au rebours. Pour tout autre diplomate que M. de Metternich la situation eût été difficile et délicate après l'espèce de démenti donné par Napoléon II ; mais pour le prince de la politique est-il rien de pénible ?

— « Messieurs, je soupçonnais bien le duc de Reichstadt informé de la révolution de France ; mais il ne m'en a jamais parlé : c'était précisément son silence qui m'autorisait à le croire indifférent au retour dans la patrie. Puisqu'il s'est ainsi prononcé en ma présence, je dois de mon côté vous faire connaître la volonté ferme et inébranlable de sa majesté l'empereur : jamais de son consentement son petit-fils ne quittera la cour d'Autriche.

— » Alors il reviendra en France malgré vos protestations. Vous oubliez trop, monsieur le ministre, que notre patrie est aujourd'hui plus forte qu'à l'époque où les armées républicaines battirent vos troupes coalisées... D'ailleurs aujourd'hui une coalition est-elle possible contre notre révolution ?...

— » La Russie, la Prusse et l'Autriche pourront vous l'apprendre avant le mois de mars prochain...

— » Une menace, monsieur le ministre !... Pour oublier votre discrétion si bien connue, vous ne pouviez choisir une circonstance moins heureuse. Jetez un coup d'œil sur ce qui se passe en Europe, et dites-nous ensuite si l'invasion est si imminente. Qu'avons-nous à craindre de la Russie ? L'immense étendue de son empire nous garantit son impuissance à nous nuire. N'a-t-elle pas au midi de ses états une proie plus facile à dévorer ? Que lui importe la France, quand l'intérêt de sa puissance l'appelle sur les bords du Bosphore ? Croyez-vous que Constantinople n'a pas plus d'attrait pour elle que Paris ? Elle ne peut plus rien envahir dans l'Europe chrétienne, c'est désormais dans l'Asie, peut-être aussi dans l'Afrique et dans l'Europe musulmane, que son empire doit déborder. La France libre, au lieu de nuire à ses desseins, vous tient tous en échec, Anglais, Prussiens et Autrichiens, et ne vous laisse pas le loisir de surveiller sa marche envahissante. Puis la Russie, avant d'arriver jusqu'à nous, n'a-t-elle pas la Pologne qui l'inquiète assez pour qu'elle nous oublie un moment? Ne devrait-elle pas aussi traverser vos états, ceux du roi de Prusse? Et, nous le savons positivement, l'Autriche et la Prusse se lèveraient en masse pour lui fermer passage... »

Le ministre ne répond pas à cette assertion : il semble réfléchir... « Pourquoi, messieurs, murmure-t-il enfin, l'Autriche et la Prusse se ligueraient-elles contre la Russie?...

— » Parce que vous craignez avec raison le fléau terrible qui ravage l'empire moscovite. L'approche d'une armée russe vous serait mortelle, et c'est une première garantie de paix pour la France de ce côté : vous redoutez en ce moment la Russie plus que nous. Après la Pologne, vous nous servez d'avant-postes; nous remercions le ciel de ce bienfait. »

Cette ironie a déplu au ministre; il va répondre, mais l'orateur français continue :

— « La Prusse est peut-être ensuite le moins dangereux de nos ennemis : comme l'Autriche, elle doit préserver ses frontières du nord de tout contact avec la Russie et la Pologne : deux fléaux terribles pour les peuples et pour les monarchies absolues, la liberté et le choléra!... A-t-elle trop de toutes ses forces pour refouler la révolution menaçante au nord comme au midi? La Prusse, avec les circonstances que la Providence lui a faites, ne peut être envahissante : c'est assez pour elle de ne point se laisser entamer du côté de la Pologne, et de conserver son grand duché du Bas-Rhin, qui ne demande qu'à lui échapper. Les premières coalitions ont porté leur fruit, surtout chez elle ; les idées de liberté fermentent dans son sein : elle se gardera bien d'une nouvelle expérience ; la première a été trop terrible dans tous ses résultats pour l'absolutisme fédéral..... — Quant à l'Autriche, monsieur, vous savez mieux que personne si la France doit tant la redouter. Votre habileté diplomatique suffit à peine pour la maintenir intacte au milieu d'une conflagration générale. Comme la Prusse, vous redoutez la Russie et la Pologne, l'une pour son enthousiasme de liberté, l'autre pour son fléau asiatique. Voilà pour le nord de vos états. A l'Orient, vous avez aussi votre part d'ambition ou d'inquiétude du côté de Constantinople ou d'Alexandrie. Au midi, l'Italie est sur un volcan dont le cratère n'est point à Naples. Tous les peuples se ressouviennent de Napoléon Ier au nom de la démocratie triomphante : tous sont en armes, ou prêts à lever l'étendard de la révolte (afin d'employer le style de la vieille royauté) ; mais soyons plus justes, disons que tous ont compris que l'esclavage ne convenait point à des hommes nés pour être libres. Avant de franchir le Rhin ou les Alpes, vous avez trop d'obstacles à surmonter : ce ne sont pas seulement des fleuves, des montagnes, qui nous séparent ; c'est tout un foyer d'incendie qu'il faut traverser. Votre monarchie pourrait y succomber. »

Le Français a frappé juste *le clou sur la tête* : l'Autrichien ne le regarde plus avec son sourire sardonique. L'orateur s'est arrêté, et le ministre écoute encore sa parole. Il continue ensuite en ces termes :

— « Je ne vous parlerai ni de l'Angleterre ni de l'Espagne. Dans quelle région la pensée française fermente-t-elle avec plus de force que dans ce dernier royaume? La France et l'Espagne sont destinées à n'être bientôt plus que deux sœurs constitutionnelles. Malheur à qui tenterait de briser le lien de sympathie formé par le ciel lui-même!... Quant à l'Angleterre, sa politique bien connue nous rassure : son peuple, comme toute nation éclairée, aime la liberté ; l'amitié n'est point douteuse de ce côté; tous les peuples sont frères. Mais c'est avec l'aristocratie britannique que nous avons toujours eu affaire : elle est assez intelligente pour juger sa position précaire; nous pouvons compter sur son alliance..... tant que son intérêt lui imposera la réserve, pour ne pas dire la terreur de la révolution française. Nos premiers cris de liberté ont aussitôt retenti sur le rivage britannique : Albion s'est émue..... La leçon du passé lui avait profité; la guerre napoléonienne, la prétendue victoire de

Waterloo, l'avait ruinée pour longtemps : il lui était impossible de contracter de nouvelles dettes pour nous entraver. Elle prit le parti le plus sage : ne pouvant être notre ennemie, elle voulut devenir notre alliée passive, jusqu'à l'heure opportune. Elle n'en perdra pour cela ni sa vieille rancune ni sa jalousie politique; elle intriguera avec sa souplesse et sa ruse connues. Alger lui porte ombrage, elle n'en dira rien d'abord; seulement en secret elle s'efforcera de nous miner, soit en Égypte, le grand but de sa convoitise, soit à Constantinople, soit en Espagne. Napoléon a brisé en tombant ses forces continentales; l'Amérique, les Indes, toutes ses colonies absorbent sa marine, que nous pouvons écraser au besoin; elle tentera par la diplomatie ce qu'elle ne peut espérer par la guerre ouverte : elle enverra ses espions sur tous les points du globe; et, pour être la plus pauvre et la plus faible, elle n'en sera pas moins la plus dominante, jusqu'à ce que l'Europe se donne la peine de n'être plus la dupe de ses petits calculs, jusqu'à ce qu'un gouvernement digne de la France se souvienne du présent et du passé. Vous le voyez, monsieur le ministre, nos ennemis impuissants sont obligés de rester nos amis, et la révolution de juillet vous fait tous trembler. Accordez à nos vœux le prince qu'elle réclame par notre voix, et bientôt la France, organisée sur des bases plus solides, garantira une paix moins menaçante au monde entier.

— » Je vous l'ai déjà dit, monsieur, vous demandez l'impossible... »

Ce fut toute la réponse que la députation napoléonienne put obtenir du vieux ministre. Force lui fut donc de quitter Vienne, maudissant la politique de la Sainte-Alliance, qui continuait de régir insolemment l'Europe.

Cependant Charles X était sur la terre d'exil; la liberté promettait ses bienfaits à l'ancien empire français, et l'héritier du trône impérial ne cessait point de porter les chaînes que la coalition avait rivées pour lui à Schœnbrünn. Toutes ses espérances fuyaient une à une : la demande du parti bonapartiste avait été impitoyablement repoussée par M. de Metternich, et sa dernière ressource, sa fuite en Pologne avec la princesse ***, avait également échoué. Mais le dévouement de la baronne l'aidait encore à tromper la police autrichienne. Le soir où il devait tenter de se soustraire à la surveillance de ses geôliers, une main invisible lui avait glissé cette lettre : — « Prince, je vous ai promis mon dévouement, je veux vous en donner une nouvelle preuve : j'ai découvert les dernières machinations de la police. On sait que vous avez le projet de fuir cette nuit avec des Polonais; les mesures sont prises pour vous laisser parvenir jusqu'à Olmutz, et là on vous arrêtera avec vos compagnons de fuite. La Politique serait heureuse d'acquérir une preuve contre vous, afin d'être autorisée à exercer plus de rigueur que jamais. Rendez-vous ce soir au Prater, comme vous en étiez convenu : on sait que c'est en revenant de chez le père de Marguerite que vous devez trouver des coursiers à la porte *** ; n'y allez pas, et retournez directement au château de Schœnbrünn. Les Polonais dévoués à votre cause sont déjà prévenus par moi, et pourront se soustraire à toute persécution : leur vie et leur liberté sont hors de danger.

» La baronne ***. »

CHAPITRE NEUVIEME.

SOMMAIRE.

M. de Prokesch n'est pas admis à faire partie de la maison du prince. — Le duc, nommé lieutenant-colonel en novembre 1830, n'obtient pas de commandement militaire. — Ce qui empêche une nouvelle coalition contre la France. — Souvenir de Napoléon. — Les bruits de guerre enflamment l'imagination du prince. — Etudes militaires et politiques avec M. de Prokesch. — Discussion entre Napoléon II et Metternich sur 1813 et 1814. — Bal à la cour. — Le duc et le jeune Hongrois. — La Pologne et la Hongrie. — Projets sur Prague et Varsovie. — La comtesse de B***. — Douleur de Marguerite. — Rencontre du prince avec un de ses anciens pages. — Chagrin des habitants du Prater.

IX

Les projets du prince ont encore échoué; mais l'Europe n'est pas moins en feu autour de sa royale prison; la France surtout est comme un volcan prêt à une éruption. Tous les rois tremblent sur leurs trônes chancelants. Les envoyés bonapartistes avaient quitté Vienne, non sans laisser des regrets au cœur du vieil empereur. On prétend même qu'il eut un moment, comme en 1815, la volonté d'appuyer par les armes les vœux du parti napoléonien; c'eût été retomber dans la faute de la coalition de 1814; c'eût été attirer la haine des Français sur une autre restauration ; c'eût été perdre une seconde fois son petit-fils, au lieu de le servir. Il dut renoncer à ce dessein, non-seulement par prudence, mais surtout par faiblesse. La Sainte-Alliance avait d'avance opposé son véto. Il fallut obéir.

Vers l'époque à laquelle nous sommes parvenus, c'est-à-dire à la fin de 1830, on devait former la maison militaire du prince; cette formation fut remise à un autre temps. Il est facile de deviner la véritable cause d'un ajournement, quoiqu'on ait voulu l'attribuer à sa mauvaise santé. Si nous n'étions pas persuadés que la politique entrait pour tout dans cette mesure, ce qui était arrivé alors à M. de Prokesch devrait nous convaincre. Le duc de Reichstadt avait tout tenté pour que cet honorable officier fît partie de sa maison : — « Il m'exprima plusieurs fois avec une bonté touchante combien il le désirait. J'avais même été inscrit sur une liste d'officiers parmi lesquels l'empereur devait choisir ceux qu'il voulait placer auprès de son petit-fils; mais *on jugea qu'ailleurs mes services pourraient être plus utiles;* mon nom fut effacé de la liste. Le prince me dit avec bienveillance : Je vous fixerai près de moi quand ma *volonté* réglera entièrement ma conduite. »

Le duc avait été nommé lieutenant-colonel en novembre 1830; après les propositions des envoyés bonapartistes, le gouvernement tremblait de lui confier un commandement militaire : son grade continuait donc de n'être qu'un titre honorifique. Cependant les préparatifs de guerre se poursuivaient partout avec ardeur : l'Europe absolue semblait sur le point d'entrer dans une nouvelle coalition; mais l'entreprise était plus périlleuse que de 89 à 1815 : ce n'était plus seulement la France, c'était l'empire napoléonien tout entier, c'est-à-dire la moitié de l'Europe, qu'il fallait combattre. Les peuples qui avaient opposé autrefois une violente résistance à la civilisation française, et l'avaient repoussée comme un joug honteux, se levaient maintenant en masse pour réclamer les bienfaits d'une liberté depuis longtemps regrettée. Les contrastes avaient été d'un grand enseignement pour tous : l'humiliante tyrannie de l'absolutisme avait trop souvent provoqué le retour d'une glorieuse émancipation. Le scandale de la défection de Leipsick avait porté son fruit : si Bernadotte, à la tête de la coalition étrangère, s'était montré ingrat envers le principe démocratique qui l'avait appelé au trône, la fusion momentanée des esclaves russes et des libéraux allemands avait contribué à la propagation des idées civilisatrices. Rentrée dans ses glaces du nord, la Russie était devenue exigeante; et les libéraux, cernés dans leur confédération par la Sainte-Alliance, se demandèrent ce qu'ils avaient gagné à une guerre sanglante. — De la gloire? — Sur quel champ de bataille? — Partout vainqueur, même dans la retraite, Napoléon avait toujours effrayé la coalition par son génie. A Vachau, n'avait-il pas fait perdre vingt mille hommes aux alliés contre deux mille seulement, tant tués que blessés? — Aux champs de Leipsick, à trois heures les chances de la bataille n'étaient-elles pas pour les Français? Malgré la lâche trahison de l'armée saxonne et de la cavalerie wurtemburgeoise, qui passèrent à l'ennemi au milieu même de l'action, Napoléon n'est-il point parvenu à ranimer par sa seule présence l'ardeur des troupes? N'est-il point, malgré ses pertes, malgré la multitude de ses ennemis, qui se remplaçaient comme à une parade, n'est-il point resté maître du champ de bataille? — La France, dans ses malheurs, peut toujours se glorifier du courage de ses soldats, à toutes les époques de notre histoire. — Alors surtout les revers des armées françaises étaient dus à la fortune, qui ne les a jamais longtemps maltraitées!... Tous ces souvenirs, encore trop récents, modéraient un peu l'ardeur guerrière du vieil absolutisme; mais les préparatifs n'en continuaient pas moins : s'il n'osait commencer l'attaque, il se croyait dans la nécessité de se disposer à la défense.

Les bruits de guerre enflammaient l'imagination du prince : il brûlait d'avoir une part active dans un mouvement général. Il n'hésita jamais à prendre son parti : la France occupait toute sa pensée, quoi qu'on ait pu écrire sur ce sujet. Sa volonté fut invariable : il ne songea pas un seul moment à marcher avec l'armée autrichienne contre sa patrie; et pour cela, il n'eut pas besoin de se rappeler le testament de son père : son cœur eût suffi pour lui dicter d'autres devoirs. L'Autriche, sa patrie adoptive, comme on l'appelle, n'a jamais été pour lui qu'une terre d'exil et de malheur. Il y aurait une insigne mauvaise foi à soutenir qu'à ce sujet *des idées oscillantes* se succédaient et le mettaient dans un état de pénible angoisse. Le désir d'acquérir un jour de la gloire, et de ne pas rester indigne de son illustre père, était une passion qui le dominait, et il se voyait avec douleur condamné au repos!... Il ne pouvait parvenir jusqu'aux rives du Rhin, et aucune considération ne lui aurait fait prendre les armes contre sa véritable patrie.

Cependant il continuait ses études militaires avec M. de Prokesch, qui lui avait été rendu depuis plusieurs mois. L'éloignement de cet officier était devenu inutile : on s'était aperçu que le jeune prince puisait à une source inconnue des connaissances plus dangereuses que toute espèce de discussion sur la bataille de Waterloo. On ne pouvait d'ailleurs plus refuser ce savant capitaine ni aux vœux du fils de Napoléon, ni à la volonté de l'empereur d'Autriche, devenue presque absolue cette fois.

Le duc de Reichstadt discutait avec lui des extraits puisés dans différents ouvrages français, italiens, anglais, allemands, sur la science de la guerre étudiée dans ses causes, ses moyens, ses accidents et ses résultats. — « J'étais frappé, dit M. de Prokesch, de la précision de son jugement et de la finesse de ses remarques. Il n'avait pas une grande promptitude (le contraire a été affirmé ailleurs) de compréhension, mais une puissance réelle de plonger jusqu'au fond d'une idée quand il l'avait saisie. Il était éminemment doué de la faculté d'esprit que nous exprimons en allemand par cette figure : *frapper juste le clou sur la tête*. Nous lûmes pendant cette époque (fin de 1830), avec beaucoup de suite, Vaudoncourt, Ségur, Chambray, les aphorismes de Montecuculli, les mémoires du prince Eugène de Savoie (toujours lui !), le volumineux écrit de Jomini : tous ces ouvrages furent successivement discutés, comparés, soumis à une critique raisonnée : ils sont couverts de notes marginales qu'y faisait le prince. »

Il ne s'occupait pas moins de politique que de stratégie. Comme son père, il avait une force d'intelligence qui saisissait tout : comme lui, il eût sans doute un jour été aussi habile législateur qu'intrépide et savant guerrier. « Il aimait, dit M. de Prokesch, à étudier la marche du monde moral et politique ; et alors il se portait en avant avec une extrême ardeur. A travers un calme apparent, je remarquais en lui un mouvement intérieur d'une excessive activité, et en même temps cette réflexion profonde, cet œil analytique et scrutateur, habile à plonger dans le cœur des hommes, à y saisir tous les éléments des jugements sévères qu'il portait sur eux..... »

« Mais au milieu de tous ces travaux scientifiques, dit encore M. de Prokesch, je trouvai le duc de Reichstadt triste, pensif, préoccupé. » La révolution de France absorbait souvent toute sa pensée. Quelques jours après le départ des derniers bonapartistes, M. de Metternich vint donner au prince sa leçon d'histoire politique. L'instituteur militaire venait de le quitter. Le maître et l'élève restèrent d'abord en face l'un de l'autre sans s'adresser une parole. Le fils de Napoléon rompit le premier le silence.

— « Monsieur de Metternich, je suivais tout à l'heure avec M. de Prokesch les savantes manœuvres des deux campagnes de 1813 et de 1814; et je m'étonnais de la cruauté de la Fortune, qui, peu sensible aux merveilles du génie, avait préféré aux glorieuses aigles de Napoléon les bataillons vaincus de l'armée coalisée et les hordes barbares de la Russie à demi sauvage…….

— » Monseigneur, reprend le ministre déconcerté, presque confus, nous devons admirer les secrets de la Providence…..

— » Non, monsieur : je maudis en ce moment les secrets d'une politique perfide, infâme. — Avec des alliés honorables le vainqueur de l'Europe n'aurait rien eu à redouter après et malgré les désastres de 1812. — Mais dans les jours de revers Napoléon Ier dut vite comprendre ce qu'il fallait attendre de tous ces rois, naguère si rampants devant lui, maintenant enorgueillis par le courage des événements. On croit déjà le lion abattu, et la Prusse s'est aussitôt rangée sous les drapeaux moscovites ; mais le héros a fait repentir les lâches de leur trahison : les victoires de Lutzen et de Bautzen ont de nouveau appris à l'Europe que le chef de la démocratie est toujours invincible……. L'absolutisme, effrayé de reparaître sur le champ de bataille sous l'influence trop récente de ces grandes victoires, veut encore tromper le héros; il y parviendra aisément. Il obtient un armistice de deux mois. Napoléon devait-il croire à des intentions pacifiques ? Ne pouvait-il pas prévoir qu'on ne s'arrêterait que pour donner aux nouvelles troupes le temps d'arriver, et pour affaiblir les conséquences morales de ces premiers succès ? La diplomatie étrangère évitait de se prononcer alors sur la paix : elle ne voulait que gagner du temps. Dans ce but, monsieur de Metternich, n'avez-vous pas abusé de la grandeur d'âme du vainqueur de Lutzen et de Bautzen ? Vous avez été plus habile alors que le grand capitaine : vous devez vous en faire gloire ; car l'Autriche, grâce à vous, put prendre à loisir toutes ses mesures pour opérer utilement sa défection.

— » Prince..... » — Le ministre pâlit. —

— » Pourrez-vous nier que le onze août, tandis qu'Alexandre et Frédéric-Guillaume de concert avec vous dénonçaient la fin d'un perfide armistice, vous adressiez à l'ambassadeur de mon père les déclarations de guerre du cabinet autrichien contre la France ? Quelle raison avez-vous pu donner pour expliquer ce changement inattendu ? »

Le ministre est embarrassé. Le regard scrutateur du prince de Reichstadt le force à détourner les yeux. Cet enfant de dix-neuf ans réduit le vieux diplomate au silence et presque à la honte de sa conduite.

— « Vous ne répondez pas, monsieur... Eh bien, je veux le faire pour vous. Puissé-je vous prouver qu'en élève docile j'ai suivi exactement vos savantes leçons ! — Dans le commencement de la révolution française (je parle de la première), l'Europe absolue se leva en masse pour écraser la liberté naissante. Mais, comme dans tous les états, quels qu'ils soient, le peuple incline toujours pour les principes combattus par vous, vos efforts devaient rester infructueux : une armée se bat mal quand elle marche contre ses sympathies : vous deviez échouer. Vous avez été vaincus sur tous les points par la démocratie française.

» Trop faibles pour triompher du grand capitaine, toutes les monarchies recherchèrent sa glorieuse alliance. Y avait-il de la bonne foi de votre part? Assurément non. L'Europe était éblouie de notre gloire : vous ne pouviez plus faire face à nos armées : vous vous êtes tous condamnés à attendre, à l'ombre de la paix octroyée, le moment favorable pour vous relever de votre perfide soumission. La paix ainsi conclue ne pouvait longtemps durer : l'éclat qui environnait la couronne impériale de mon père offensait trop toutes les majestés vaincues, pour que la première occasion de rompre ne fût pas avidement recherchée. Vous l'avez tous habilement saisie, vous surtout, ministre du beau-père de Napoléon!.... »

Monsieur de Metternich veut l'interrompre. — « Laissez-moi continuer, monsieur le ministre; je résume toutes nos conférences d'histoire politique.

» ..... La plus belle, la plus glorieuse armée qui ait jamais parcouru l'Europe, a traversé vos royaumes étonnés : votre admiration ne pouvait être égalée alors que par vos adulations d'autrefois. Vous vous êtes tous inclinés devant ces phalanges civilisatrices : et le héros est passé. Vous avez vu ses merveilles : la Russie est vaincue : Moscow est au pouvoir de l'empereur des Français ; le reste vous le savez..... J'aime à croire, monsieur, qu'aucun étranger ne se glorifiera des désastres qui terminèrent cette fatale campagne de 1812, où tout s'efface sous le doigt de Dieu, tout, excepté pourtant le courage de cette armée de héros, obligés de fuir décimés plutôt par le froid que par la lance de sauvages et stupides cosaques.....

» Le moment est propice : l'absolutisme devra en profiter : les peuples ont autrefois défendu froidement les principes de la légitimité : il fera désormais appel au patriotisme des libéraux allemands. Il était facile de représenter alors Napoléon comme un tyran aux yeux de ces hommes qui n'avaient pas eu le temps de l'étudier. La coalition, de tout temps convenue entre les rois absolus, est bientôt acceptée par les peuples. Insensés qui pouvaient consentir à voir des protecteurs de la liberté dans ces monarques, dans ces perfides alliés, oppresseurs du chef de la démocratie !.... Ainsi les libéraux allemands allaient se suicider !....

» Mon père est vainqueur à Vachau comme à Lutzen et à Bautzen ; mais son armée est tellement affaiblie en nombre que chaque victoire le précipite vers la frontière du Rhin. La défection de certains alliés ne l'a point étonné, il devait s'y attendre ; mais pouvait-il prévoir la trahison de l'armée du seul roi resté fidèle à ses serments ?... Tout devait être extraordinaire dans le héros, une bataille est gagnée contre la perfidie et le grand nombre..... Mais que pouvait-il encore même au milieu de ses triomphes ? — Ce que pourrait un voyageur courageux, accablé dans les montagnes par une bande de brigands : il fera mordre la poussière à ceux qui oseront l'attaquer : il se retirera vainqueur des premières luttes : à mesure qu'il combattra, ses victoires épuiseront ses forces ; il succombera d'épuisement : il aura immolé la moitié de ses ennemis ; mais qu'importe aux chefs de la bande, pourvu que le sang des brigands leur procure le trésor qu'ils poursuivaient ?....

» Oui, monsieur le ministre, l'absolutisme, dans l'état actuel de la civilisation, est un véritable brigandage exercé à la face du monde... — Ainsi l'Autriche a trahi l'alliance française, parce que la crainte seule l'avait fait contracter. On maudissait en secret le vainqueur ; mais il fallait bien accepter sa protection, sauf à se venger plus tard de ces défaites et de ces humiliations!....

— » Prince, vous oubliez que l'empereur ne pouvait ainsi trahir les intérêts de sa fille!...

— » Ne suis-je pas son petit-fils? Je n'en gémis pas moins, sous votre garde, le prisonnier de la Sainte-Alliance... Je rends justice à tous. Je connais la bonté de mon grand-père : je sais à qui attribuer la déchéance de Napoléon-le-Grand et la cruelle captivité dont on m'accable!... Je sais qu'au-dessus de la volonté impériale une volonté plus absolue domine le trône de l'Autriche. François II est le prête-nom de l'absolutisme : à lui le titre et les vains honneurs ; à vous seul l'omnipotence..... Prince de Metternich, vous répondrez un jour devant l'Europe de la cruelle décision que vous avez prise contre le fils, après avoir trahi l'amitié du père... La France vous redemandera un jour ce que vous avez fait de l'héritier du grand empereur : elle le réclamera par la force des armes... Que répondrez-vous alors? »

Le ministre se tait : il est humilié devant Napoléon II. Cependant il ose lever les yeux sur cette pâle figure..... Il a rencontré le regard du prince, qu'il ne peut soutenir. C'est ainsi que la vertu doit effrayer le crime.

— « Qu'ai-je dit, continue le duc de Reichstadt? Ce

n'est pas vous qui répondrez. Mes ennemis attendent tout du temps; on ne peut être à Vienne avant deux ans...., et alors le tombeau seul répondra pour vous.....; car je ne souffrirai plus les chaînes.... Vous devez le comprendre... Le désir de revoir la patrie, l'impatience d'être libre, l'enthousiasme de la gloire, tout allume dans mon sein un feu lent, mais terrible, qui me dévore. Cette torture morale est au-dessus des forces humaines; et si l'Autriche est aussi cruelle avec moi, qu'autrefois la Grande-Bretagne avec l'hôte royal dont elle avait trahi la confiance, j'aurai bientôt cessé d'inquiéter les faibles gouvernements auxquels mon nom peut encore porter ombrage... Pour moi, la paix de la tombe ne serait-elle pas préférable à tant de violentes agitations?...

— » Prince, je dois respecter vos douleurs et trouver là toute excuse à vos injustes accusations... Mais daignez réfléchir sur votre situation, vous avouerez que le Conseil aulique ne pouvait agir autrement qu'il ne l'a fait. On vous appelle en France... Savez-vous quels hommes? Quelques enthousiastes qui vous abandonneront presque aussitôt...

— » Non, monsieur le ministre; la gloire et le malheur ont consacré le nom de Napoléon; et la France est sensible à l'un comme à l'autre. Ne vous abusez point avec vos idées, elles sont illusoires. L'Europe entière tend à la démocratie; le mouvement a été donné; il faut que le monde marche, et ce n'est point la Sainte-Alliance qui l'arrêtera... Tout ce qu'elle peut désormais, c'est de me laisser les chaînes qui m'accablent : je sens qu'elle use cruellement du seul pouvoir qui lui reste. Croira-t-elle tout gagné, pour avoir éteint une laborieuse individualité?...... Ce ne sera qu'un crime de plus, dont elle devra compte à la postérité. »

Le premier ministre dut renoncer à toute tentative de persuasion : la France était devenue la pensée unique de Napoléon II; il était désormais impossible de l'en détourner. Il faut rendre ici justice à M. de Metternich, il sut respecter cette volonté si ferme. Nous l'en remercions comme d'une bonne action, à laquelle nous ne nous attendions pas. Puisse notre attente se trouver toujours ainsi heureusement trompée!...

Depuis un mois la Pensée avait tout tenté pour s'emparer enfin de cette âme indomptable : elle avait toujours manqué le but. Cependant elle n'avait pas renoncé au projet de le perdre. Les dames de la cour l'accueillaient toutes avec une si grande bienveillance! Ne devait-il pas un jour être sensible aux charmes de l'une d'entre elles? La jeune fille du Danube avait trop de simplicité, et la baronne *** trop d'effronterie : ni l'une ni l'autre ne pouvait le détourner de ses idées d'ambition. On le voyait souvent depuis un mois dans les cercles, dans les bals de la cour, où il ne manqua jamais d'être entouré d'un grand empressement et d'un intérêt général. La situation toute particulière du fils de Napoléon Ier devait attirer l'attention. — « Son esprit, sa facilité d'expression, la vivacité de ses reparties, l'élégance de sa mise et de ses manières, la grâce de sa taille élevée, la beauté de ses traits (mais particulièrement ce qu'on ne dit pas, la magie attachée au souvenir de Napoléon), tout lui assurait des succès marquants. » L'empereur d'Autriche était fier de son petit-fils : ses gouverneurs, monsieur de Metternich lui-même, se glorifiaient de leur royal élève. Au milieu de toutes ces femmes séduisantes qu'une seule marque de son attention aurait tant flattées, le souvenir de Marguerite toujours vivant le protégeait comme une égide sacrée. Il ne fut cependant pas entièrement insensible aux charmes de la belle comtesse de B***, qu'il rencontra plusieurs fois dans ces réunions. Cette femme séduisante avait remarqué la bienveillance du prince, et sa conversation était devenue plus enjouée Cette préférence était bientôt devenue une passion impérieuse, dont il aurait subi les lois, sans les sages conseils de M. de Prokesch, disent les uns ; mais surtout sans l'amour de la jeune fille du Prater, affirment les autres.

Ne serait-il pas aussi juste d'attribuer cette victoire à la seule force de sa raison et de son caractère? Il avait pris de bonne heure l'habitude de se commander. Il avait compris le vide que ces nuits de bal laissent dans l'âme; mais, tout en les condamnant, il avait profité de ces occasions d'assister aux fêtes de la cour, parce qu'il y rencontrait du moins quelquefois des Français ou des Polonais. Il était toujours heureux de parler de la Patrie, heureux surtout de couvrir d'un prétexte frivole les plans les plus sérieux!...

Un soir monsieur de Metternich était assis non loin du prince, à côté d'une dame hongroise, causant familièrement avec elle. Le vieux ministre oubliait les ennuis de la politique dans une conversation variée et spirituelle : il ne soupçonnait pas que le prince pût en ce moment lui donner une leçon de diplomatie, en s'entretenant avec le fils de la noble hongroise. Le duc de Reichstadt, dont les talents étaient si éminents et la parole si entraînante, s'était aussitôt concilié l'amitié de ce jeune homme. Ce dernier était récemment arrivé de Prague avec sa mère. Là il avait entendu parler de l'héroïsme polonais. Toute la ville s'entretenait d'une jeune femme de la famille des Bonapartes, qui l'habitait depuis peu : il n'y avait qu'une voix pour exalter son dévouement à la cause polonaise; digne du sang napoléonien, elle favorisait par tous ses efforts la cause de la liberté. Chaque jour par ses soins de nouveaux enrôlements se faisaient pour la Pologne ; chaque jour de nouvelles recrues quittaient la capitale de la Bohême, pour aller se joindre aux héroïques défenseurs de Varsovie.....

— « Comte, dit tout à coup le prince, n'avez-vous jamais désiré combattre aussi pour cette brave nation ?... »

Les deux jeunes gens se regardent : l'officier hongrois est surtout surpris de la question ; mais il y a tant de franchise dans les yeux du prince, tant de noblesse dans tout l'ensemble de ses traits, qu'il ne peut soupçonner un piége.

— « Prince, lui répond-il en baissant la voix et en indiquant du regard le prince de Metternich, votre confiance vous a pour jamais acquis la mienne...... Je vous ferai un aveu que personne n'a encore obtenu : fils d'un magnat de Hongrie, j'ai toujours nourri des idées d'indépendance. A quoi faut-il attribuer ces pensées si opposées à la manière dont j'ai été élevé ? Peut-être même à l'état d'humiliante soumission dans lequel nous vivons depuis plusieurs siècles. La servitude nous fait mieux apprécier les bienfaits de la liberté. Ainsi un grand roi grandit encore dans la postérité, à mesure que ses successeurs s'éloignent davantage de sa gloire. Le faible Ferdinand a fait plus regretter la puissance d'Etienne... — J'ai toujours abhorré la tyrannie partout où je l'ai rencontrée : ma haine devait être acquise au czar de toutes les Russies. Pouvais-je refuser ma sympathie à la Pologne, qui, après avoir partagé les franchises de la Hongrie, avait été opprimée comme elle?...... J'ai voulu plusieurs fois quitter ma mère, pour aller me renfermer dans les murs de Varvosie : mes démarches sont toujours restées infructueuses... »

En ce moment leur entretien est interrompu. La valse est venue dissiper les divers groupes : ses tourbillons refoulent toute causerie dans les embrasures des croisées, ou dans les angles du vaste salon. Les deux jeunes amis, séparés du ministre et de la duchesse par des flots de valseurs, se retrouvent ensemble au milieu du cercle formé par le tournoiement. Ils sont isolés au milieu même de toutes ces femmes et de tous ces hommes, entraînés par la folie du plaisir. On dirait qu'ils se communiquent leurs observations sur les différentes beautés qui tournent rapides autour d'eux....... — Qu'un bal est souvent un lieu propice aux entretiens sérieux!!...

— « Comte, répond le prince, vous n'avez pu me dire ce que vous avez fait pour cette Pologne que vous aimez comme moi. Je vais achever votre récit. Touché de tant de gloire et de malheur, vous avez demandé l'autorisation de vous joindre aux héros polonais; elle vous a été impitoyablement refusée : vous avez voulu tromper la police ; vous n'avez pu y parvenir. Dans tous les cas, eussiez-vous réussi, vous n'auriez peut-être pas résisté aux larmes de votre mère...

— » Prince, vous ne vous êtes pas trompé sur l'inutilité de mes tentatives auprès de l'autorité. Quant à ma mère, je suis heureux de pouvoir vous affirmer qu'elle partage mon amour pour la liberté, mon enthousiasme pour la gloire... Mais elle ne consentirait jamais à se séparer de moi... (Le prince devient plus sérieux.). Combien de fois n'a-t-elle pas admiré le grand empereur ! Combien de fois n'a-t-elle pas donné des larmes à vos maux et à votre captivité !... »

L'officier hongrois ne peut continuer : il a presque regret d'avoir ainsi parlé de sa mère ; car trop tard il s'est souvenu de Marie-Louise !... Le duc dans son émotion ne trouve pas une parole pour répondre... Il endure la tyrannie ; il est séparé de tous les objets de son affection ; mais ne doit-il pas encore remercier le ciel de lui faire rencontrer partout des cœurs amis !..... Tout ce qui souffre, tout ce qui a souffert de l'oppression se rattache au souvenir de Napoléon comme à une ancre de salut... Il n'était donc point un despote ennemi de toute liberté, sur lequel l'absolutisme aurait voulu accumuler les haines de toutes les nations !... Qui pourrait maintenant soutenir que la politique, que la dictature napoléonienne ne menait point à grands pas l'Europe civilisée vers un affranchissement général?... Les pays conquis autrefois regrettent aujourd'hui les bienfaits de son administration. Ceux mêmes qui l'ont combattu comme un tyran ne réclament-ils pas désormais l'indépendance au nom du conquérant législateur?

— « Que vous êtes heureux d'avoir une telle mère!... »

Après un court silence, le duc de Reichstadt a prononcé ce peu de mots avec un profond soupir. Il serre affectueusement la main du comte... Puis ils se taisent encore tous les deux....

Cependant le cercle tournoie toujours. La comtesse de B*** valsait avec un seigneur autrichien. Elle a plusieurs fois, en passant auprès du prince, remarqué sa préoccupation. A ce moment elle a rencontré ses yeux qui se sont fixés sur les siens : elle revient encore...... Toujours le même regard du prince, qu'elle poursuit de son amour... Elle est heureuse.... Le fils du héros l'aime donc désormais!.... Au dernier tour, elle lui sourit gracieusement; mais, ô surprise! ses lèvres n'ont point répondu à ce sourire!..... La musique a cessé d'envoyer ses flots d'harmonie : le cavalier de la comtesse, peu satisfait de sa distraction, l'a reconduite à sa place..... Elle est rêveuse..... Un dernier regard, un seul a détruit tout un échafaudage de bonheur!... Ce n'était point à elle qu'il accordait son attention! Quelle était la femme assez heureuse, pour captiver l'âme du beau duc de Reichstadt?...

Les groupes de causeurs se sont encore une fois disséminés dans les salons. Les courtisans ont remarqué avec quelle affection le prince accueillait le jeune Hongrois; ils en sont presque jaloux. Ils voudraient, dans leur curiosité, connaître le sujet d'un entretien si prolongé; mais ils n'osent franchir les limites du respect : les deux amis continuent donc d'être seuls au milieu de cette foule tourbillonnante....

— « Comte, vous méritez ma confiance : je veux vous communiquer toute ma pensée. Nos sympathies pour la Pologne sont les mêmes. Je viens de former un projet. Nommé depuis peu lieutenant-colonel, j'ai droit à un commandement : je vais en solliciter un du gouvernement. Consentez-vous à me suivre à Prague, si j'obtiens le bataillon qui manque de chef en ce moment?

— » Je serais trop heureux, prince, d'accompagner partout votre royale personne.

— » Écoutez-moi jusqu'au bout avant de vous prononcer. J'ai déjà plusieurs fois recherché la résidence de Prague; j'insisterai davantage : je serai peut-être assez heureux pour obtenir l'objet de ma demande. Une fois établis tous deux dans cette garnison, ne pourrons-nous point facilement nous procurer des passe-ports pour Varsovie, en qualité de volontaires et sous des noms empruntés?..... Quand il nous saura parvenus jusqu'à la frontière, M. de Metternich se fâchera sans doute; que nous importera, quand nous prendrons notre part de la gloire des Polonais? »

Tout fut bientôt combiné sur ce thème : des démarches furent faites avec plus d'instances ; mais l'ardeur des sollicitations du prince les rendit suspectes. Il fut décidé qu'il resterait à Vienne. On eut sans doute des craintes sérieuses ; car, toujours sous le prétexte de sa santé, on remit au printemps le commandement militaire qui devait lui être confié dans un régiment; et, comme je l'ai déjà dit, sa maison ne reçut définitivement sa constitution qu'en juin 1831. Par une coïncidence que les secrets de police pourraient seuls expliquer, le jeune ami du prince resta à peine quelques jours de plus à Vienne : il avait reçu presque aussitôt une mission diplomatique pour Naples. Toujours de cruels mécomptes!...

Cependant le fils de Napoléon ne va plus au Prater : la tendre Marguerite est alarmée de cette longue absence : le capitaine ne peut lui en donner aucune nouvelle : depuis longtemps il ne le voit plus au château de Schœnbrünn.

Serait-il parti pour la France ou la Pologne? Ils craignent malheureusement le contraire. Que devient-il? Varsovie réclame en vain le jeune duc : la liberté polonaise fait des prodiges de valeur; mais l'héritier du héros n'arrive pas; et la France, au nom de laquelle la Pologne s'est insurgée, la France n'envoie que des vœux impuissants à la patrie des Kociusko et des Poniatowski..... La puissance numérique et la force brutale accableront-elles encore une fois l'héroïsme? La princesse polonaise qui était venue réclamer le fils de Napoléon à Vienne était retournée au milieu de ses compatriotes. La comtesse Camerata est à Prague, et les habitants du Prater n'entendent plus aucun récit. Tout est pour eux silence.

Si le gouvernement de juillet ne voulait pas s'exposer à mécontenter la Sainte-Alliance en se prononçant ouvertement en faveur de la Pologne, la nation faisait tout ce qui était en son pouvoir pour témoigner sa noble sympathie aux héros du nord. Ceux qui parvenaient à se procurer des passe-ports se rendaient avec empressement sur le théâtre du combat. La jeunesse en France était avide de gloire; mais tous ne purent obtenir de participer à la défense de la liberté.

Un jour cependant un jeune Français se présente chez le capitaine. C'était un dimanche de janvier 1831. Il était alors à l'habitation. Le nouvel hôte était le fils d'un maréchal d'empire, sous lequel le vieux guerrier avait fait les campagnes de Russie et d'Allemagne. Le jeune officier, autrefois page du roi de Rome, était de quelques années seulement plus âgé que le duc de Reichstadt. Avant de verser son sang pour l'indépendance des Polonais, il eût été heureux de voir le fils du héros. Il avait appris ses fréquentes visites chez le capitaine : il espérait donc parvenir au but de ses désirs ; mais quelle ne fut pas sa surprise, quelle ne fut pas sa douleur, quand on lui apprit que depuis plus d'un mois le prince ne paraissait plus chez ses amis du Danube !

— « Monsieur, dit le capitaine, nous sommes dans la plus grande inquiétude sur la santé du jeune Napoléon. Nous craignons que la douleur de ne pas revoir la France n'ait altéré sa santé toujours faible et chancelante. Le chagrin, l'impatience, le désespoir ont dû flétrir son âme... — L'a-t-on emmené à Vienne pour lui faire donner tous les soins que son état exige sans doute ? Est-il désormais l'objet d'une surveillance plus ombrageuse, depuis les efforts inutilement tentés pour le conduire à la frontière ? Il nous est impossible, monsieur, de vous donner aucun renseignement : nous ne pouvons que vous faire part de notre anxiété..... »

Pendant ces explications, le jeune de N*** a remarqué la belle Marguerite. Elle est pâle ; elle paraît souffrante : qu'il est loin de soupçonner le secret de cette pâleur !.... Au moment où le capitaine parle de ses craintes, les yeux de la jeune fille brillent de larmes prêtes à s'échapper. Le duc de Reichstadt est survenu en ce moment ; il a entendu les dernières paroles du fidèle jardinier ; il a vu Marguerite pâlir ; il a compris sa douleur. Il est là, debout, sans qu'on l'ait aperçu, restant immobile et silencieux. Les regards de cette enfant ont rencontré ceux du prince..... elle n'est plus malheureuse. Elle n'a pu réprimer une exclamation : on regarde : tous ont reconnu le duc. Le jeune de N*** ne l'a jamais vu, on ne prononce pas son nom : cependant il a aussitôt deviné le fils de l'empereur, l'ancien roi de Rome, à son air noble, à son front large, à son regard qui lui commande le respect à son insu. Il s'est levé, et, sans prononcer une parole, il s'est incliné profondément devant Napoléon II. Alors le capitaine sans aucun préambule :

— « Prince, lui dit-il, je vous présente un de ces français qui vous aiment tant. Mais vous devez affectionner particulièrement le lieutenant de N*** ; car vous voyez en lui un ancien page du roi de Rome..,.. »

Il y a certainement en nous un sentiment secret qui

nous repousse ou nous attire, un instinct de sympathie ou de haine : ces deux jeunes gens ne se sont jamais vus, et ils sont déjà dans les bras l'un de l'autre. Il semble que le prince se rattache à son ancien page, comme au seul débris de sa première royauté. C'est comme le souvenir d'un bonheur passé qu'il retrouve, et dont il ne voudrait plus se séparer.

— « Vous arrivez de France, monsieur ? Quelles nouvelles nous en apportez-vous ? »

L'officier de N*** ne répond que par son silence : son regard retombe immobile sur le sol. Il y a dans toute son attitude l'expression d'une pensée douloureuse, qui ne peut échapper au duc de Reichstadt.

— « Je vous comprends, monsieur ; vous n'apportez rien de favorable au fils de Napoléon Ier.

— » Prince, quand j'ai quitté Paris, j'emportais avec moi quelque espérance : on attendait tout du gouvernement autrichien ; mais les envoyés que j'ai rencontrés en route vont apprendre à la France qu'elle ne doit compter que sur son courage. La réponse de M. de Metternich est un coup terrible porté à vos droits..... Pourquoi François II se laisse-t-il ainsi dominer ? Ou bien, que n'est-il roi constitutionnel ! Nous aurions plus d'espoir ; sa faiblesse nous perd ! Le premier ministre est seul souverain absolu.....

Prince, gardez-vous de croire que la nation française vous oublie.... Elle aime toujours le nom de Napoléon : l'ancien roi de Rome conserve toutes ses sympathies......
Seulement il faut nous résigner à la patience.....

— » Je me suis depuis longtemps formé à la résignation : de l'héritage de mon père il ne m'est réservé que le supplice d'une éternelle captivité..... J'ai appris à m'en convaincre.....

» Cependant, s'écrie-t-il en soupirant et en appuyant une des mains du lieutenant sur son cœur, doutez-vous combien le seul souvenir de la France agite profondément mon âme?.... Toute mon enfance s'est passée à lutter contre l'oubli qu'on voulait m'imposer ; mais depuis la révolution de juillet mon existence n'est plus qu'une suite de convulsions, qui achèveront de briser ma faible santé. Je comprends trop ma cruelle position : né pour la gloire, comme mon illustre père, je suis désormais condamné à refouler en moi toutes les puissances de mon âme : je ne pourrai soutenir bien longtemps encore une lutte qui est au-dessus de mes forces ! Lieutenant, je vous vois aujourd'hui pour la première fois ; mais mon estime et mon affection vous sont à jamais acquises : les larmes que je surprends dans vos yeux m'assurent assez de toute votre sympathie. »

L'ANCIEN PAGE AU PRATER

Page 302.

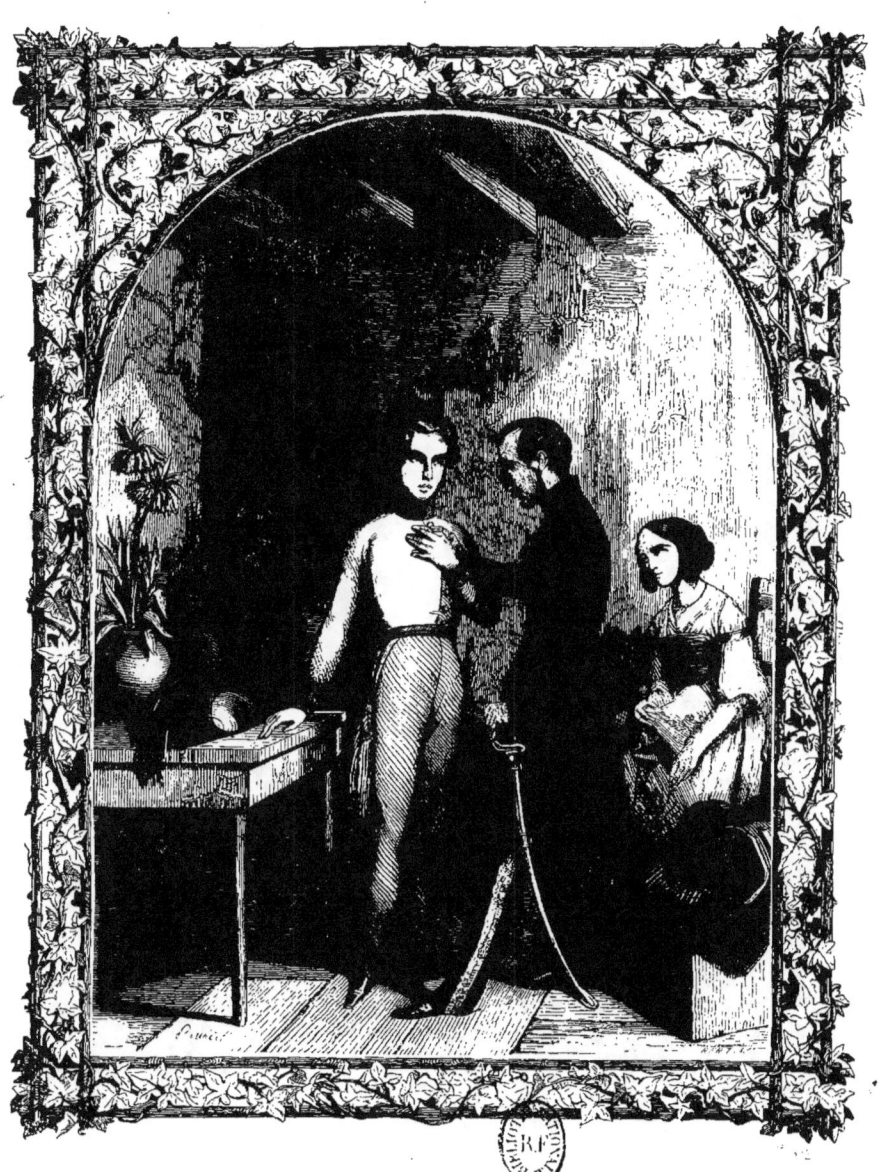

L'émotion étouffe sa voix : son regard est brûlant ; pas une larme ne vient soulager tant de douleur. Le lieutenant, plus heureux que le fils de Napoléon, laisse tomber des pleurs sur une de ses mains, qu'il presse avec effusion. Les habitants du Prater assistent silencieux à cette scène touchante. Ils ont remarqué avec chagrin que la figure du prince est plus pâle : ils craignent de l'interroger sur sa longue absence ; car ils tremblent d'apprendre de nouveaux sujets de tristesse. Ils sont tous assis autour d'un modeste foyer : on dirait d'une journée passée au bivouac de Waterloo. Après un moment de silence le duc reprend :

— « Quel mortel pourrait expliquer les destinées humaines, surtout celles de mon existence?... Quand le maréchal, votre père, s'illustrait à côté du mien sur les champs de bataille ; quand l'Europe, quand le monde entier reflétait la gloire impériale ; quand Napoléon était le roi des rois et la France la reine des nations ; quand une cour de princes et de monarques se pressait autour de mon berceau ; quelle bouche aurait prédit alors qu'un jour le fils du maréchal serait obligé de s'expatrier pour courir, sous des drapeaux étrangers, à la poursuite de la gloire depuis longtemps exilée de la patrie? Aurait-on osé prévoir que l'héritier du puissant empereur ne pourrait pas même obtenir une épée de guerre en échange d'un sceptre perdu, une seule compagnie de soldats en échange de ce peuple immense qu'il semblait appelé à gouverner ?.... »

Tous ont gémi : le passé apparaît encore si glorieux ! Le présent est si cruel et l'avenir si incertain, si menaçant !

— « Au moins vous, lieutenant, vous êtes plus heureux. Vous allez vous trouver en face des ennemis de toute liberté... et moi... toujours condamné à une rude oisiveté !... Ils ont juré de me tuer par le repos, comme mon malheureux père.....

— » Prince, on vous ferme aujourd'hui les chemins de la France ; mais j'ai le pressentiment qu'un jour l'Autriche elle-même se trouvera heureuse de vous rendre aux vœux des peuples français.

— » Puissent vos paroles être pour moi d'un favorable augure ! Pourtant je dois vous l'avouer, je commence à perdre tout espoir... Que ne suis-je libre au moins de vous accompagner jusqu'en Pologne, cette seconde patrie des braves ! Puissé-je mourir au milieu de l'action en versant mon sang pour la cause des peuples !.... Mais ce serait encore trop de bonheur pour le fils de Napoléon !... N'est-il pas plus rassurant pour leur politique d'en faire un héros de salon ! Les bals, voilà tous les exploits qu'ils lui réservent..... Et je dois encore les en remercier; car là seulement je puis espérer de me rencontrer avec des compatriotes.

» .... Capitaine, dit-il, s'interrompant tout à coup, depuis un mois que je ne vous ai vu, vous n'avez point eu de nouvelles de la comtesse *** ?

— » Non, prince : il ne nous est parvenu aucun renseignement depuis le départ des derniers envoyés français....

— » ... Eh ! bien, je suis plus heureux que vous. J'ai appris, par un officier hongrois, qu'elle était à Prague, où elle fait pour la liberté des Polonais les efforts inutilement tentés pour le fils de Napoléon. — Je dois ajouter (car je ne vois ici que des amis fidèles) que j'ai plusieurs fois renouvelé mes instances afin d'obtenir un commandement militaire dans cette résidence. Mais ce fut toujours en vain..... — Lieutenant, si mes projets avaient réussi, selon mes désirs, je ne serais pas ici en ce moment : c'est à Varsovie que nous aurions fait connaissance. Une fois à Prague, j'espérais parvenir incognito jusqu'à la frontière; ce dernier bonheur m'a été encore une fois refusé !.... Il faut bien se soumettre.....

» Mes bons amis, continue-t-il en s'adressant aux habitants du Prater, vous m'avez sans doute accusé d'indifférence et d'oubli. Il y a si longtemps que je ne suis venu alléger mes peines en vous les communiquant ! Soyez moins sévères dans vos jugements : j'ai dû feindre ce refroidissement de notre amitié pour vous soustraire aux investigations de la police : vous auriez pu être inquiétés à cause de moi, à la suite de vingt projets avortés.

— » Prince, dit Marguerite en rougissant, nous n'avons jamais douté de votre bienveillance ; mais nous avons souvent craint pour votre santé : nous expliquions toujours ainsi votre longue absence..... »

Tous l'ont regardé avec plus d'attention. Il était sensible, même pour le lieutenant récemment arrivé, que le jeune Napoléon était miné par un mal intérieur.— Les souffrances du désespoir ne pouvaient-elles pas suffire pour l'affaiblir ? — Le jeune officier se leva alors : il devait quitter Vienne le jour même, pour se rendre à la frontière. Le duc voulut le retenir. — « Restez encore quelques jours ici, s'écrie-t-il ; nous nous retrouverons ensemble au bal de l'ambassadeur d'Angleterre ; car pour la première fois je dois assister à une réunion étrangère à la cour : nous parlerons encore de la France et de la gloire. » — Le lieutenant est confus de tant de bontés ; mais il est forcé de partir..... La police ne le souffrirait pas deux heures de plus à Vienne.

— « Nous nous reverrons, prince ; et ce ne doit pas être chez un ambassadeur anglais !.... C'est sur le champ d'honneur, en face des ennemis de la France.....» Le duc embrasse le lieutenant avec émotion : il lui semble qu'ils se quittent pour toujours. Il ne peut le laisser partir : on dirait qu'avec lui va fuir sa dernière espérance. — « Oh! France!.... s'écrie-t-il avec douleur..... me sera-t-il donné de te revoir un jour?... Que je voudrais vous accompagner, lieutenant, jusque dans les murs de Varsovie! Combien j'envie votre bonheur!.... Vous allez combattre pour la gloire et pour la liberté! Le fils de Napoléon sera donc seul condamné à une honteuse inaction?.... — Ami, dites bien aux braves Polonais que je meurs du désespoir de ne point verser mon sang pour leur sainte cause..... »

Il embrasse une dernière fois le lieutenant... Ce dernier est parti.... Le prince le suit longtemps des yeux.... Puis il tombe dans une profonde rêverie...

— » Mes amis, murmure-t-il après un long silence, je ne pourrai survivre à tous ces chagrins. Je sens que la vie m'échappe comme l'espérance. Dans un an, plus tôt peut-être, je serai moins loin du tombeau que du trône de France.... Que mes bourreaux s'entendent bien à torturer leur victime!...»

Marguerite verse des pleurs : sa mère regarde silencieusement le duc, joint les deux mains, et lève les yeux au ciel... Le capitaine s'efforce de rendre au jeune prince un espoir qu'il n'ose plus lui-même conserver. — La France est-elle à jamais perdue pour lui? — Il le craint, si ses fers ne sont pas brisés avant un an...

— « Prince, s'écrie la jeune fille, se levant et s'avançant timidement vers lui, — pourquoi vous tourmenter ainsi, et renoncer au bonheur de revoir bientôt les rives de la Seine? Le ciel est juste : il ne doit pas vous condamner à souffrir éternellement. Pourquoi rester de si longs jours sans visiter vos amis du Prater? Venez plus souvent vous entretenir avec nous de la patrie... Nous serons tous moins malheureux; car lorsque vous êtes au milieu de nous, nous ne pensons plus être sur la terre d'exil. Vous êtes notre souverain, comme vous serez un jour celui de la France redevenue grande...

— » Bonne Marguerite, puisse le ciel vous rendre tout le bien que vous me voulez! »

Il y a tant d'amour dans le regard de cette aimable fille, que le prince détourne les yeux, lui pressant affectueusement la main. Il veut lui-même lui cacher son émotion...
— « Malheureuse enfant, se dit-il, je conçois son bonheur quand je suis là; elle m'aime tant!...

— » Prince, reprend Marguerite, vous assistez souvent aux bals de la cour : ces fêtes, les grandes dames que vous admirez sans doute, ne parviennent pas à vous distraire de votre pensée unique, la France!.... Je conçois qu'elles ne puissent vous faire oublier que vos amis du Prater....

— » Vous oublier, vous que j'aime comme une sœur! vous tous qui m'êtes si dévoués! Oh! jamais! Puis-je penser à la France, sans m'occuper surtout de mes compagnons d'exil?.... Si je ne viens plus aussi souvent, je me prive d'une consolation, pour ne point vous compromettre, pour avoir la faculté de vous voir toujours....»

Le capitaine a seul compris toute la pensée du fils de Napoléon : seul il connaît son secret......

— Le 25 janvier 1831 le prince doit aller à un bal chez l'ambassadeur d'Angleterre : il espère s'y rencontrer avec des Français; il lui tarde que ce jour soit arrivé... Peut-être verra-t-il des Bonapartistes qui lui apporteront un nouvel espoir...

Le ciel devrait exaucer enfin ses vœux.

CHAPITRE DIXIÈME.

SOMMAIRE.

La santé du prince s'affaiblit chaque jour. — Bal chez lord Cawley, ambassadeur d'Angleterre. — Accueil fait au jeune Napoléon. — Différents personnages lui sont présentés. — La princesse polonaise excite la jalousie de la comtesse de B***. — Erreur de la politique. — La liberté française et la liberté polonaise. — Inquiétude de M. de Prokesch. — Le duc valse avec la baronne ***. — Le prince paraît soucieux. — Le maréchal Marmont lui est présenté. — Le duc de Reichstadt recevra les leçons du duc de Raguse avec l'approbation de Metternich. — Nouvel entretien avec la princesse polonaise. — Nouvelle jalousie de la comtesse de B***. — La princesse*** approuve les leçons du maréchal. — Veille du prince après le bal. — Visite nocturne. — Réflexions sur le bal de l'ambassadeur et sur le monde en général. — Première leçon du maréchal. — Visite au Prater. — Le capitaine n'approuve pas, d'abord, ces leçons. — La comtesse polonaise dénoncée par la comtesse de B***. — Lettre au duc. — Les conférences continuent. — Elles finissent tout à coup.

X

Le temps échappe rapide à tous les mortels ; mais pour l'infortuné duc de Reichstadt les illusions fuient et se perdent plus vite que les années. Le ciel lui a prodigué toutes les éminentes qualités pour briller sur le trône, où il est né ; mais la malice des hommes qui a déjà brisé sa double couronne, celle de l'empereur et du roi, ne tardera sans doute pas à ensevelir sous le marbre du tombeau cette vaste capacité qui semblait en 1815 réservée à l'avenir du peuple français!... La Pensée n'a pas réussi dans ses projets ; et pourtant elle sourit d'espérance à la vue de la pâle figure du prince. Il marche vers la tombe : peu lui importe la main qui le pousse. Sa santé s'affaiblit de jour en jour ; et elle s'attribue un mérite qui ne lui revient pas, mais appartient plutôt.... A qui ? L'œil de Dieu pourra seul pénétrer les ténèbres amassées sur cette mort mystérieuse.

...... Pourquoi ces tristes pensées ? Nous allons suivre le royal prisonnier au bal chez lord Cawley, ambassadeur de la Grande-Bretagne : laissons tresser pour lui les roses d'une fête, avant de lui offrir en pleurant des couronnes d'immortelles ..

L'empereur d'Autriche avait d'abord refusé son consentement : il ne comprenait pas, pour son malheureux petit-fils, le besoin de paraître dans des réunions nombreuses ; mais il y avait trop d'empressement de part et d'autre pour que sa trop faible volonté pût opposer une bien longue résistance. Toutefois, il faut rendre ici justice au bon François II, ses refus ne cédèrent qu'aux vives instances du prince de Reichstadt. Si le vieux monarque commençait à se défier des bonnes intentions de certaines personnes suspectées à tort ou à raison de vouloir perdre l'avenir du fils de Napoléon, il ne put tenir contre les sollicitations réitérées du jeune duc.

On était depuis longtemps réuni dans les salons de l'ambassade d'Angleterre : tout ce que Vienne renfermait de plus distingué s'y était donné rendez-vous : les dames qui n'allaient pas à la cour avaient montré le plus grand empressement pour ce prince si accompli, dont toutes les bouches s'accordaient à vanter les grandes qualités...... A la sympathie qu'un jeune et beau cavalier obtient ordinairement d'elles, se joignait l'admiration généralement donnée au fils de Napoléon-le-Grand. On brûlait du désir de contempler les traits de celui dont le père s'était illustré par tant de merveilles, et dont on se rappelait encore l'entrée triomphale dans Vienne au milieu d'un cortége de princes et de monarques... Enfin la force magique attachée au nom et au souvenir de Napoléon attirait tous les regards vers la porte, lorsqu'il parut, suivi du comte de Dietrichstein et de ses autres gouverneurs.

En ce moment la valse se reposait, et l'orchestre muet laissait un libre cours à chaque pensée. A l'aspect du prince toutes les conversations s'arrêtent : il y eut un silence spontané, solennel. Toutes les bouches, tous les yeux restent immobiles et comme suspendus à cette noble figure. Les personnes qui l'avaient vu autrefois, le retrouvaient ; les autres devinaient le grand homme. Et dans cette nombreuse assemblée il n'y avait qu'amour et sympathie. C'est un triomphe auquel le cœur seul ose prendre part : les lèvres eussent faiblement exprimé les sentiments de l'âme. L'Autriche et l'Angleterre n'étaient pas seules représentées dans cette fête diplomatique. La France et la Russie, toutes les nations civilisées avaient comme d'un commun accord envoyé là leur mandataire pour payer au nom de Napoléon un tribut de respect ou d'amour, de regret ou d'admiration ! Que dut penser Metternich de ces signes non équivoques, de cet hommage publiquement rendu au prisonnier de la Sainte-Alliance ? N'était-ce point une tacite protestation contre l'éternelle captivité du prince ? Dans cet accord respectueux de l'aristocratie européenne ne retrouvait-on pas les acclamations qui avaient tant de fois accueilli le héros des temps modernes ? Cette silencieuse sympathie de salon ne remplaçait-elle pas la bruyante joie de la place publique ?

Un tel accueil émut fortement le cœur du prince : il lui semblait que l'Europe entière était là pour le contempler. Cette curiosité était pour lui toute bienveillance. Le duc fut alors vraiment roi. Tous s'inclinaient devant lui comme devant la Majesté impériale de 1809. Si le gouvernement britannique ne croyait retrouver à Vienne qu'un anneau brisé de la chaîne de Sainte-Hélène, sa haine secrète et sa jalousie mal déguisée durent reprendre plus de force en présence de cet autre Napoléon, dans les yeux duquel rayonnait tant d'espérance pour la France rappelant un jour de l'exil l'enfant-roi, le digne héritier du héros. Ses efforts durent tendre encore une fois à repousser du trône le fils du conquérant auquel la trahison et la fortune avaient arraché les trophées de ses victoires, et qu'elles avaient brutalement dépouillé du sceptre impérial.

On lui présenta successivement deux princes de la maison de Bourbon; M. de Kentzinger, envoyé de sa majesté Charles X auprès du gouvernement autrichien; M. le maréchal Maison, ambassadeur de Louis-Philippe; M. le comte de Loevenhielm, ministre plénipotentiaire de Charles-Jean, roi de Suède; — Charles-Jean, cet ancien lieutenant de son père, cet hypocrite jaloux du mérite de Napoléon, qui le 18 brumaire couvrait du masque de la république sa haine contre le sauveur de la patrie, et qui en 1813 n'eut pas honte de marcher à la tête de la coalition pour aider à accabler la Patrie dans son allié, son bienfaiteur et son maître, le chef de cette démocratie dont il ne fut jamais sincère partisan; — on lui présenta aussi le prince Gustave Wasa, l'héritier naturel du trône qu'un Bernadotte, un plébéien n'aurait pas dû occuper, si la Sainte-Alliance eût été conséquente avec ses principes.

Cependant la valse, un moment oubliée, a repris son empire, et le duc de Reichstadt est bientôt confondu au milieu de cette foule de princes et de grands seigneurs. C'est alors qu'il se retrouve seul avec sa pensée : parmi ces flots d'harmonie qui frappent toutes les oreilles, il n'entend qu'une voix, c'est le cri de la France; elle l'appelle sans cesse... La France! Toujours la France!... — On le croit venu au bal, comme tant d'autres, attiré par l'amour du plaisir ou l'ennui de lui-même... On s'imagine que toutes ces femmes éblouissantes de diamants, de fleurs et de beauté doivent un moment le distraire de ses études scientifiques.... Non; sur cette pâle figure, sur ce front sublime, mais soucieux, dans ce regard pénétrant et sévère, un observateur lirait aisément que ces lumières et ces parfums, la folle joie du monde et l'extase de la beauté ne peuvent enivrer l'âme du fils de Napoléon. Il vient là, parce qu'il aime à se rencontrer avec les enfants du peuple : ne doit-il pas en trouver quelques-uns chez un ambassadeur anglais? Il espère surtout qu'une voix amie lui parviendra du sein de cette foule pour lui donner des nouvelles de cette France, l'objet de son amour.

Soudain le prince a quitté ses deux amis, le jeune Hongrois et monsieur de Prokesch. Où se dirige-t-il? Les regards se tournent vers lui. Il vient d'adresser la parole à une dame étrangère. La comtesse *** a remarqué cette démarche : sa jeunesse et sa beauté ne l'empêchent pas d'être jalouse de la préférence qu'il donne à une princesse polonaise ; car c'est avec cette rivale qu'il valsera la première fois. Quelle est cette femme? Recueillons les paroles que la rapidité de la valse nous laissera saisir de leur conversation... De toutes les danseuses de la réunion, c'est peut-être celle qui compte le plus grand nombre de printemps ; avantage que nulle n'ambitionne! Voyez cependant avec quelle grâce elle tourne sur elle-même, et entraîne son jeune cavalier dans le cercle qui tournoie.... Ils s'arrêtent un moment, comme pour reprendre haleine : il nous sera plus facile de les entendre.

— « Madame, lui dit le prince, je suis heureux de vous revoir ; car depuis le jour où j'ai eu le bonheur de vous rencontrer chez mes amis du Prater, il ne m'était parvenu sur vous aucune nouvelle. La femme qui nous a rendu à tous un si grand service dans cette circonstance, m'avait bien affirmé que vous étiez hors de danger ; mais ce n'était point assez pour moi ; il me tardait d'apprendre que vous étiez aussi heureuse que vous le méritez...

— » Heureuse, prince, je ne puis pas l'être plus que vous... Je ne suis point exposée aux persécutions personnelles ; mais cette absence de tortures matérielles doit-elle suffire à qui aime sa patrie?

— » Je vous comprends, madame; car je souffre comme vous, et les maux que nous endurons sont les plus terribles.....

— » Prince, depuis notre séparation l'armée polonaise a fait des prodiges de valeur; mais elle est trop inférieure en nombre.... Que pourra-t-elle contre les hordes russes? Ses victoires mêmes l'épuiseront.... Cependant la France d'un seul mot pourrait faire reculer nos oppresseurs; mais son gouvernement pusillanime ne nous envoie que de stériles vœux : il tremble de se compromettre avec nos ennemis, qui le redoutent. Comment expliquer cette fatalité autrement que par l'égoïsme?... Et vous, prince?...

— » Que suis-je au milieu de tant de graves intérêts? Princesse, je tremble pour l'avenir de la Pologne, comme pour celui de la France. Un mauvais génie semble aussi s'attacher au malheur de votre patrie. A peine triomphante, la liberté s'est laissé entourer de toutes les passions mesquines. L'intérêt, la jalousie, l'égoïsme, cette lèpre du monde civilisé, l'égoïsme surtout vous perdra aussi.... Je le crains... — Deux mois après la révolution de juillet, les Français auraient pu affranchir leurs anciennes provinces et faire rentrer la Sainte-Alliance dans le néant qui lui appartient..... Ils se sont reposés, pour laisser aux viles passions le temps d'exploiter la peur..... — Un mois après l'expulsion du grand duc Constantin, vous pouviez vous rendre maîtres de Moscow, et vous avez, comme eux, perdu un temps précieux en funestes discussions..... La Pologne avec sa seule armée pouvait battre en détail toutes les troupes russes, disséminées sur l'immense étendue de l'empire..... Et vous avez donné à Diebitch le temps de rassembler ses forces !.... Aujourd'hui le czar devrait être rejeté au delà des monts Ourals avec la barbarie moscovite... Le Caucase n'attendait que le signal pour répondre à l'appel de la liberté... — Comme la France est le centre d'attraction pour la Pologne, vous auriez distribué les provinces de l'empire à vos frères de Lithuanie. De ces vastes états désorganisés vous auriez formé deux royaumes indépendants : au midi le Caucase veillerait sur l'Asie musulmane; et plus au nord une monarchie constitutionnelle aurait, des murs de Moscow, envoyé ses armées libérales, pour défendre l'Europe purgée de tyrannies contre les prétentions du czar de toutes les Sibéries. Je le répète, la Pologne sans ses dissensions et ses malentendus serait déjà rentrée en possession de ses anciennes provinces; elle aurait aujourd'hui commencé son œuvre de civilisation. L'Allemagne avec sa confédération n'est plus qu'un corps usé : elle attend une régénération; elle aspire à la liberté. De quel côté doit-elle lui venir? Ce n'est point de l'Autriche, moins encore de la Prusse..... La mission des Césars et de leur empire est de veiller au midi, et de défendre la chrétienté contre la Turquie d'Europe, en attendant qu'elle ait affranchi le cours du Danube de toute souillure et de tout contact avec l'islamisme. La Pologne, après avoir longtemps lutté contre les invasions de l'Asie, devait se reposer sous l'égide de la liberté, et entendre le cri de la France, si cette dernière n'avait pas elle-même étouffé son chant de victoire. Depuis longtemps ces deux patries semblent destinées à n'en faire qu'une. Dieu n'a donné à l'homme qu'un moyen de parvenir à ce but : il serait déjà atteint, si mon père l'eût voulu !.... La Prusse a vite vieilli : malgré ses efforts pour se réorganiser, sa royauté doit s'effacer avec ses tours féodales ; et c'est en suivant les rivages de la mer du Nord et de la mer Baltique que Lutèce et Varsovie étaient appelées à se donner la main sur les bords de l'Elbe. Pourquoi la Pologne, et la France surtout n'ont-elles pas encore compris un glorieux avenir ?.... La paix de l'Orient est là, comme le repos de l'Occident dans la ruine de la Carthage nouvelle... Tous les peuples attendent... Ils n'attendront pas toujours en vain.....

— » Prince, la France a perdu sa liberté, en vous oubliant un seul moment.....

HAIL GREN, LORD COWLEY.

Page 528.

BAL CHEZ LORD COWLEY.

Page 323.

— » Dans ce conflit de tant de passions, que pouvait un duc de Reichstadt.....

— » Rien..... Mais un héritier de l'empereur.....»

Ils se sont regardés avec douleur : leur tristesse ne trouve plus de paroles pour s'exprimer.

En ce moment la comtesse ***, qui poursuit le prince du plus violent amour, passe auprès d'eux avec son cavalier : elle a remarqué le regard sympathique du prince et de l'inconnue : il y a presque des larmes dans leurs yeux..... Tout son amour est donc pour cette femme ? Elle soupire : elle pâlit : elle chancelle; et supplie le duc de N*** qui l'accompagne de la reconduire à sa place : elle est fatiguée : elle se sent faible, mal à son aise : il lui est impossible de continuer la valse. Cependant le duc de Reichstadt et l'étrangère, tous deux rêveurs et pensifs, se laissent machinalement emporter de nouveau au milieu de cette foule qui tourbillonne dans des flots d'harmonie. Les femmes curieuses se sont toutes aperçues de cette double pâleur : on se regarde : on se parle bas : on envie le bonheur de la Polonaise...— Que de jugements aussi justes vingt fois portés dans une assemblée publique!.. — La valse vient d'accorder une trêve aux danseurs. Tous respirent. Le murmure de la conversation remplace la cadence de l'orchestre. Le duc est assis à côté de la princesse étrangère.

Cependant M. de Prokesch, ce véritable ami du fils de Napoléon, ne voit pas sans inquiétude l'espèce d'intimité établie entre lui et cette femme. Leur pâleur mutuelle l'effraie, et dans cette commune mélancolie il reconnaît le plus grand danger couru jusqu'ici pour l'avenir du prince. Qu'il était loin de soupçonner la vérité !.... Il a toujours vu les piéges tendus à la sagesse du jeune Napoléon ; mais il n'a jamais songé que, loin d'y succomber, il s'en servait comme d'un prétexte pour entretenir un commerce utile avec les bonapartistes de France. A ses yeux, cette femme au front sévère et au teint pâle, cette femme qui exprime tant de passion, doit être encore plus dangereuse que la comtesse *** !... Marguerite n'est qu'une enfant vertueuse : il l'aime sans doute, mais comme une sœur. La baronne *** est une courtisanne éhontée : elle ne doit présenter aucun danger : la dignité du prince ne peut s'allier à tant d'effronterie, à tant d'impudence. La comtesse *** est la plus belle entre toutes les dames de la cour ; mais parmi toutes ces femmes, en est-il une qui réunisse à plus de grâce, une âme plus entraînante que la princesse N*** ? La passion brille avec feu dans chacun de ses regards : un seul de ses soupirs est comme un souffle d'amour. La noble Polonaise excite au plus haut point la curiosité générale ; mais la comtesse *** et M. de Prokesch témoignent entre tous le plus vif intérêt..... — « Comment, murmure en secret ce dernier, un jeune prince qui se livre ainsi aux caprices de ses passions, pourra-t-il se rendre digne des hautes destinées qui l'attendent? Les plaisirs énervent l'âme; la seule vertu conduit à la gloire. » — « Je ne sais pourquoi la vue de cette étrangère me fait mal, se dit la comtesse *** !.... Malgré le plus insensé, le plus ardent amour, je n'ai aucun droit sur le cœur du prince de Reichstadt; pourtant il me semble que dans chaque regard, dans chaque parole, elle me dérobe une affection qui m'appartient, un hommage réservé à moi seule !.... Il y a de la grâce, de la noblesse dans tous les traits de cette femme; pour cela sans doute je sens pour elle plus que de la haine; ce n'est cependant point du mépris..... Voyez comme elle s'attache à ses lèvres !.... Avec quelle avidité elle dévore toutes les paroles qui tombent de sa bouche !!!....

— » Prince, j'ai longtemps refusé de croire à la chute, surtout à la mort de votre illustre père...; mais un malheur aujourd'hui me paraît peut-être plus incroyable, c'est l'indifférence de la France, après un violent élan de liberté; c'est son apathie après son enthousiasme. On dirait qu'un mauvais génie, d'abord impuissant pour comprimer l'effervescence du patriotisme a ressaisi, peu à peu son empire, et s'efforce d'étouffer ce qu'il n'a pu empêcher de naître... — Les peuples, trompés par le signal parti de Paris, retombent des rêves de l'illusion dans une affreuse réalité... Notre malheureuse Pologne se consume aussi en efforts généreux.... Les Français trahissent leurs destinées et les nôtres... Nous nous inclinerons de nouveau, mais plus affaiblis, sous le joug de l'esclavage...

— » Pourquoi n'avez-vous pas su profiter de l'occasion? Elle était favorable : vous pouviez vous passer de tout secours... Mais heureux encore, plus heureux que moi les braves appelés à mourir les armes à la main pour la défense de la liberté! Immolés par le glaive sur le champ d'honneur, ils ne seront point consumés par la honte et le désespoir!... J'espère néanmoins mourir digne de la vertu de mon père...; et pourtant, jugez-en par tous ces regards, le monde ne voit en moi qu'un jeune efféminé, attiré ici seulement par le plaisir et une frivole intrigue d'amour. »

En ce moment en effet les hommes politiques et les femmes galantes avaient les yeux tournés de leur côté : les unes en murmuraient de jalousie et de dépit; les autres en souriaient d'espérance, ou en gémissaient de douleur.

— « Que m'importe cette curiosité, prince? Je méprise assez les courtisans, pour dédaigner leurs jugements..... Soyez toujours digne de votre nom....; la vertu finit par triompher des préjugés...

— » Je ne veux jamais m'éloigner des traces de mon père ; mais son exemple doit vous prouver que si la vertu triomphe parfois, l'homme vertueux succombe trop souvent sous la haine des faibles et des traîtres !.... Après ce qu'il a souffert, je n'ai point le droit de me plaindre : je me résigne à toutes les tortures dont on m'accable ; mais je dois vous révéler mes chagrins, madame. Parmi les nombreux affronts que la fortune m'a prodigués, celui que j'éprouve en ce moment est peut-être le plus cruel. Je suis venu ici volontairement, je l'avoue ; me suis-je pour cela condamné à souffrir ma destinée en silence ? Ne trouvez-vous pas étrange que le fils de Napoléon paraisse pour la première fois dans une assemblée publique, chez l'ambassadeur de la Grande-Bretagne?... N'est-il pas cruellement bizarre que le fils du martyr de Longwood se rencontre dans un bal avec les compatriotes, peut-être même avec les frères d'un sir Hudson Lowe?.... Ils peuvent étudier les progrès de la douleur qui consume l'âme, par la pâleur et l'altération de la figure... Ce doit être pour les ennemis du nom français une bien grande consolation que l'indifférence de la France et la décrépitude anticipée de l'héritier du trône impérial ; car tous les jours je m'avance plus rapide vers le tombeau, et je sens que le terme sera bien rapproché !.... Je dois presque rendre grâce au ciel de la haine de mes bourreaux : ils ont tellement hâte d'en finir avec Napoléon II!.... La mort les aura exaucés avant que ses yeux aient vu un douloureux spectacle : la Pologne redevenue esclave et l'absolutisme tyrannisant de nouveau l'Europe asservie... La pensée des maux qui peuvent menacer ma chère patrie fera jusqu'à l'heure suprême mon plus grand supplice...

» Madame, je m'aperçois que les regards deviennent plus impatients. Je dois m'éloigner, si je ne veux pas trahir vos généreux sentiments : on découvrirait que la galanterie ne m'a pas seule procuré le bonheur de vous parler... Serez-vous demain à l'habitation de nos bons amis? Nous pourrons nous y retrouver...»

Le prince n'attendit pas la réponse de la noble Polonaise : l'anxiété était devenue si pressante, que la curiosité commençait à épier leur conversation. Monsieur de Prokesch et la comtesse *** se sentirent comme débarrassés d'un poids immense : la dernière en soupira presque tout haut de joie, surtout lorsqu'elle vit le prince se diriger vers elle, et lui offrir sa main pour la valse. La Pensée aurait sans doute été pleinement satisfaite de cette passion du prince pour la princesse N***; mais il y avait trop de sévérité, trop de noblesse dans le regard de l'étrangère : de grands sentiments l'animaient assurément... L'amour était donc entièrement étranger à ses sympathies ; on ne la vit point pâlir de jalousie à la vue de la comtesse *** caressant d'un regard passionné la noble figure du jeune Napoléon, et répondant à la bienveillance du prince par une indiscrète amabilité.... Mais quel ne fut pas le désappointement de cette femme, quand le silence de l'orchestre eut marqué la trop prompte fin de la valse !..... Au lieu d'échanger avec elle quelques mots d'amour, ou même de politesse, il l'abandonne presque aussitôt pour se présenter à la baronne ***.

Le duc avait seul compris le signe que cette dernière lui avait fait : il n'avait point hésité à lui parler dans une assemblée publique. Peu lui importe ce que le monde en pensera.

La valse recommence à dérouler ses anneaux voluptueux au milieu d'une atmosphère de parfums..... Quel scandale ! Un prince royal ne dédaignant pas la main de la baronne *** ! — Mais est-il si coupable, puisque le monde n'a pas rougi de l'accueillir ? Doit-il connaître toutes les intrigues de la cour ? — Il ne redoute donc pas le souffle mortel du vice ? Cette femme est l'infamie personnifiée !...
— La Pensée a souri de contentement à cette démonstration publique. — « Le duc se perdra du moins dans l'opinion des hommes ! »

— « Prince, je vous demande pardon de vous avoir ainsi

exposé aux regards, en compagnie d'une femme telle que moi ; mais il y allait de votre salut.... Je n'ai point dû hésiter... »

Tous les yeux se retournent en effet de leur côté ; mais il y a donc parfois une bien grande force dans le seul regard d'un homme vertueux?... On s'étonnait d'abord, on se parlait mystérieusement..... — On admire toujours le fils du héros ; c'est encore le même respect dans la curiosité publique... Magie de la vertu!... Cette femme, si connue pour son effronterie, est presque devenue modeste en face du jeune Napoléon... Il y a sur son front toute la honte du crime, toute l'humilité de la vertu. On dirait presque Madelaine dans les bras du Christ, tant il y a de repentir dans les traits de cette courtisanne, et de noblesse, de douce sévérité sur toute la figure du prince!..... — Pourquoi le vulgaire n'imite-t-il pas souvent l'indulgence des grands? Le retour à la vertu ne serait pas si rarement possible...

— « Monseigneur, le gouvernement a pénétré le secret de vos desseins sur Prague : on sait à la police que vous recherchez cette garnison pour vous y rencontrer avec une princesse de la famille Bonaparte. Ne demandez plus à être envoyé dans cette ville ; votre demande serait accueillie. On compte sur votre ardeur pour vous attirer dans un piége. On souffre de ne pouvoir répondre à vos justes plaintes : on serait heureux d'avoir un prétexte pour resserrer les liens de votre captivité; car vous êtes encore trop libre pour l'absolutisme qui voudrait vous jeter dans la nuit d'un cachot, peut-être d'une tombe... On fera tout pour avoir occasion de justifier des mesures de rigueur.... Tenez-vous sur vos gardes ; tous ceux qui vous aiment vous en supplient par ma bouche.

— » Merci, baronne. Puisse le ciel vous récompenser de votre dévouement !....»

Quand le prince l'eut reconduite à sa place, il y avait dans les regards moins de mépris pour elle, plus d'admiration pour lui. Si la Pensée occulte était encore au bal, l'influence de la vertu ne dut-elle pas la faire frémir d'indignation ? Les yeux de la comtesse *** se rencontrèrent avec ceux de la baronne : il y avait moins de pudeur chez la grande dame, plus de modestie chez la courtisane.....

Cependant le duc de Reichstadt s'arrête soucieux après avoir quitté cette femme. Que se passe-t-il dans son âme ? Il paraît insensible aux charmes de la musique : le tumulte de la valse tourbillonne autour de lui sans le distraire... Le souvenir de la baronne *** ne peut l'occuper à ce point !... — Cependant il est plus rêveur depuis que ses mains ont effleuré sa taille, depuis que le souffle de la valse a poussé une boucle de ses blonds cheveux sur sa belle chevelure! — Le fils du héros serait-il sensible aux attraits vulgaires de cette femme? — On le plaint. On n'ose l'accuser… — Hommes légers, ne vous arrêtez point à la surface; sondez toute la profondeur de sa pensée, et vous pénétrerez le mystère de sa rêverie.

On devait, dans cette soirée, lui présenter un des anciens aides de camp de Napoléon lorsqu'il était consul, un des maréchaux de l'empire, Marmont, duc de Raguse. Il est impatient de se trouver en présence de l'une des illustrations de la France au temps de nos prospérités. Le duc se rencontra alors avec le comte de Dietrichstein, et lui rappela sa promesse de le mettre en rapport avec le vieux guerrier. Le comte alla donc avertir Marmont du désir du prince, dont ils s'approchèrent aussitôt.

— « Monsieur le maréchal, lui dit le duc de Reichstadt, » je ne saurais vous exprimer quelle satisfaction j'éprouve » de voir un des généraux les plus illustres qui ont com- » battu sous les ordres de mon père : vous particulière- » ment qui avez été son aide de camp dans ses premières » campagnes : vous étiez avec lui en Italie, vous l'avez » suivi en Egypte, en Allemagne. J'ai étudié son histoire » avec une profonde attention : j'aurais un grand nombre » de questions à vous adresser sur beaucoup de faits que » je désire éclaircir.

— » Je suis entièrement à vos ordres, monseigneur, répondit le maréchal. »

Tous sont attentifs : chacun veut juger de l'effet de cette rencontre publique du fils de l'empereur avec un des anciens généraux de la grande armée. Le duc et le maréchal étaient vivement émus. Que de souvenirs pour l'un comme pour l'autre ! — Etait-ce là que Marmont avait juré de protéger le roi de Rome ? — Nommé duc à Raguse, et maréchal d'empire à Wagram, où il s'était immortalisé, croyait-il retrouver captif à Schœnbrünn l'héritier du trône impérial, dont il avait célébré le baptême au bruit du canon et sur les champs de bataille de la Péninsule ? Par quelle fatalité celui qui n'avait point partagé l'exil du héros se trouvait-il aujourd'hui sur la terre étrangère ? Poussé aux grandeurs et aux dignités militaires par le mouvement démocratique, comment partageait-il l'infortune de la race aînée des Bourbons, de la restauration imposée à sa patrie par les hordes ennemies ? On devait s'étonner de voir réunis à Vienne le fils et le lieutenant de Napoléon, tous deux proscrits après la révolution de juillet, mais pour des causes si différentes !....

Le mouvement du bal vient de les séparer un instant : le maréchal s'approche alors du prince de Metternich, et lui fait part de la demande du jeune duc de Reichstadt.

Avant de répondre, il avait voulu le consulter à ce sujet.

— « Monsieur le maréchal, lui dit Metternich, il n'entre nullement dans la politique de l'empereur François II de cacher la vérité au fils de Napoléon. *Nous* désirons au contraire qu'elle lui soit révélée telle *qu'elle est*, telle que *vous la connaissez*. Agir autrement serait un crime. L'empereur des Français fut certainement un grand homme ; mais il importe, en racontant ses grandes actions, de faire connaître à son fils les fautes qu'il a commises, et les excès dans lesquels il est tombé. Vous pourrez voir le prince aussi souvent que vous le voudrez l'un et l'autre ; vous serez libre de répondre à toutes les questions qu'il vous adressera. Le gouvernement de l'empereur n'y met qu'une condition, c'est de lui dire la vérité, sans déguiser le bien ni le *mal*. »

Pour compléter son cours d'histoire politique, M. de Metternich a toute confiance dans le maréchal, duc de Raguse : pour dire au prince la vérité *telle qu'elle est, telle qu'il la connaît,* il croit devoir compter sur l'un des principaux auteurs de la capitulation de 1814, sur le malheureux général des journées de juillet 1830. Ne serait-ce point encore une déception du ministre protecteur de la Sainte-Alliance ? Nous aimons à croire que les événements ont assez instruit cet ancien général de la république, pour lui apprendre à dire la vérité telle qu'elle doit être au fils de son premier maître. Les larmes qui brillent dans ses yeux me répondent de son repentir... Les malheurs ne lui ont-ils pas démontré qu'en ce monde il n'est rien de constant que la fidélité et l'honneur?....... Son dévouement au fils déchu n'expiera-t-il pas une première erreur, s'il fut jamais coupable? — Honneur à vous, maréchal, le captif de Schœnbrünn a ému toute votre âme : vous n'étiez pas né pour rester insensible à une grande gloire, à une infortune plus grande encore. A défaut de la couronne du père, vous avez rendu au fils d'immenses consolations : je vous en remercie au nom de la France, et je ne crains pas qu'elle condamne ma sincère gratitude.... Le temps nous apprendra infailliblement si l'histoire doit vous pardonner, ou vous justifier. —

Pendant le court entretien du maréchal et du ministre, le duc est allé retrouver la princesse polonaise. C'en est fait, la jalousie de la comtesse *** ne peut tenir contre cette nouvelle préférence du prince : elle s'oublie presque jusqu'à témoigner tout haut son mécontentement. Les personnes qui ne connaissent pas le fond de son âme ne voient là qu'une démonstration inconvenante; mais M. de Prokesch, instruit du secret de la comtesse ***, condamne son imprudent amour, tout en murmurant intérieurement contre ce qu'il appelait une nouvelle faiblesse du prince. — Il ne connaissait donc pas lui-même toutes ses pensées? La position de Napoléon II était si délicate qu'il se défiait même de ses amis de la cour d'Autriche... Que tous les courtisans étaient loin de soupçonner le véritable motif de son empressement auprès de cette femme!....

— « Madame, je viens de me rencontrer avec le duc de Raguse, cet ancien aide de camp de mon père. Je serai heureux de pouvoir le questionner sur les campagnes d'Égypte et d'Italie.....

— » Prince, on a beaucoup dit, on a beaucoup écrit sur le maréchal Marmont. Presque tous ceux qui se sont entretenus de lui, ont blâmé sa conduite. Je l'ai toujours plaint dans la sincérité de mon âme. Ayez confiance en lui : je le crois plus malheureux que coupable. Il est peut-être plus sincèrement attaché à votre cause que certains défenseurs de la liberté. Il s'est trouvé sur tous nos grands champs de bataille : il pourra vous rappeler, avec la science qu'il possède, le courage qu'il a lui-même déployé au service de votre père et de la patrie. Parlez-lui de l'Égypte, et il vous entretiendra longuement des prodiges des armées françaises au mont Thabor et aux Pyramides. Revenez ensuite avec lui en Italie, où il s'est déjà illustré à côté de votre père; il vous redira la mémorable victoire de Marengo : il y fut

blessé parmi les plus braves, au plus fort de la mêlée.....
— Suivez-le, comme il a suivi votre père, en Allemagne, en Hollande, en Espagne et en Russie, et vous le trouverez partout digne de commander à des Français, digne surtout d'obéir au grand capitaine. Austerlitz et Wagram le virent prendre sa part de bravoure et de gloire : Moskow et la Moskowa furent aussi témoins de sa valeur : il ne se démentit pas à Leipsick, ni à Lutzen : Vauchamp, Montmirail furent les derniers triomphes du génie militaire. A partir de ces dernières batailles, on le vit perdre la tête comme tant d'autres, et la capitulation de Paris vint étonner la France entière, qui se demanda alors ce qu'on avait fait des nouvelles victoires du héros..... La fatalité se réunissait aux hommes pour arracher le sceptre aux mains de Napoléon.....

— » Le récit des hauts faits d'armes de mon père est un bonheur auquel j'aspire, et pourtant, je le comprends, il m'en restera plus de chagrin... Je n'en sentirai que mieux le poids de mes chaînes.

— » Ces merveilles accomplies, souvent avec si peu de ressources; la France rendue si grande de si petite qu'elle était devenue; tout doit rehausser votre courage et votre espoir... En rejetant un coup d'œil sur le passé, ne désespérons pas entièrement de l'avenir. Celui qui a fait le vainqueur d'Austerlitz, peut aussi briser vos fers, fût-ce par la main d'un femme.....

— » Mais n'y aurait-il pas encore un piége tendu par la politique ?

— » Qu'importent les mauvais desseins de vos ennemis ? Ne devons-nous pas les défier ?....

— » Pourrait-il en effet m'arriver de plus grands malheurs que ceux dont je souffre aujourd'hui ? »

Le duc et le maréchal se sont retrouvés. Le premier jour des leçons militaires est fixé au lendemain. Il fut convenu que les conférences dureraient de onze heures du matin à deux heures. L'un des amis du prince le trouva plus rêveur qu'au commencement de la soirée : il remarqua avec effroi sa préférence trop répétée pour la princesse polonaise ; car souvent il le surprit assis auprès d'elle, et causant gravement, sans doute sur des sujets légers. La dame étrangère le regardait avec mélancolie. Le fils de Napoléon oubliait donc son avenir, pour consacrer toute sa pensée aux caprices d'une passion éphémère?.... Ces entretiens excitaient surtout la jalousie de la comtesse ***. Tous ses amis gémissaient de cette légèreté, tandis que la Pensée en triomphait. Qu'avait-elle désormais à craindre de cette folle imagination, plus sensible aux charmes de la beauté qu'aux attraits de la gloire ?....

— « Madame, c'est demain que je dois recevoir l'illustre lieutenant de mon père. Quel bonheur pour moi d'entendre un compagnon d'armes du consul et de l'empereur me raconter la gloire de la république et de l'empire !.... Je gémis néanmoins encore captif de la Sainte-Alliance ; mais devais-je m'attendre à cette consolation ?....

— » Prince, je ne comprendrais pas la conduite du gouvernement autrichien, si je ne devinais en même temps ses espérances. Il voit que l'histoire de votre père ne peut vous être cachée : il est effrayé des renseignements qui vous sont transmis malgré lui, et il saisit avec avidité l'occasion de vous soumettre aux instructions d'un ancien aide de camp de Napoléon, descendu assez bas pour servir la Restauration et tombé avec Charles X. L'absolutisme ne pense pas devoir redouter la parole de celui qui dirigea le feu contre la population parisienne..... Il se trompera ; c'est ma conviction.

— » Adieu, madame. Après notre première conférence, vous verrai-je chez nos amis du Prater ?

— » Prince, je le désire : je vous y attendrai.....»

Le duc de Reichstadt est rentré dans ses appartements. Cette nuit il ne reposera pas sur sa couche ; le sommeil fuirait de ses yeux, tant il est agité, tant il brûle d'entendre les récits du vieux maréchal de l'empire. Le matin de la bataille d'Austerlitz il fallut réveiller son père d'un profond sommeil ; mais le fils du héros est tellement impatient de gloire, on l'a si peu habitué aux grandes émotions, que la seule pensée des batailles lui enlève tout repos. Les longues heures de l'insomnie seront consacrées à la lecture des plus beaux exploits du consul et de l'empereur. Vers cinq heures du matin, — il lisait alors l'assassinat de Kléber — le duc entend une porte crier : une faible lumière a glissé sur le mur en face : un vieillard est entré : il s'arrête surpris à la vue du prince assis à son bureau, et méditant sur un ouvrage d'histoire ouvert devant lui. Le jeune homme et le vieillard se regardent quelque temps en silence.

— « Que voulez-vous si matin chez moi, monsieur, s'écrie enfin le duc de Reichstadt?

— » Monseigneur, j'avais vu de la lumière chez vous : j'étais inquiet, et je venais m'assurer que nous n'avions rien à craindre pour votre précieuse santé.

— » C'est-à-dire, monsieur, que la police me poursuit jusque dans le sommeil..... — Voyez : ces volets ferment exactement..... Il vous était donc impossible d'apercevoir de la lumière dans cette chambre. Parcourez tout mon appartement, et assurez-vous que votre prisonnier est toujours dans l'impuissance de secouer les chaînes imposées par la Sainte-Alliance. — Quand me sera-t-il permis de disposer de ma personne, sans que les regards inquisiteurs de mes geôliers viennent épier mes moindres mouvements !.... »

Le duc regarde alors son visiteur nocturne. Si le courage était sensible à la crainte, il serait presque effrayé de l'expression de cette figure. Nous avons déjà vu ce vieillard ; mais il nous serait difficile de le reconnaître à la faveur du pâle rayon qui s'échappant d'une lanterne sourde, n'éclaire qu'à demi sa face terreuse. Que veut-il à cette heure ? Le petit monstre osseux, à l'œil de hyène, regarde encore une fois le jeune prince, sourit avec une joie sinistre, et murmure en se retirant brusquement : « Pardon, monseigneur; je vois que je m'étais trompé... »

— Quelle triste réalité pour le fils de Napoléon !.... Toute la nuit absorbé dans des rêves de gloire, il s'était trouvé face à face avec le héros : il l'avait suivi dans sa marche glorieuse à travers l'Europe étonnée de ses victoires : il croyait assister aux drames sanglants d'Égypte. Il avait un moment oublié sa captivité : dans son imagination il se reportait sur les bords de la Seine, dans le beau palais des Tuileries, où son père commandait aux souverains, où lui-même enfant recevait l'hommage des grands et des princes inclinés devant son royal berceau..... Il saluait l'immortelle colonne ; il retrouvait son père dans son ancienne capitale : il le suivait dans les grandes villes de l'empire, recevant sa part de l'allégresse publique... La liberté, après de dures épreuves, renaissait pour la patrie..... La France était redevenue puissante, heureuse........ Cette ignoble apparition vient de renverser tout cet échafaudage de gloire et de prospérité!.... Le tombeau de Napoléon est toujours sur le rocher de Sainte-Hélène, et l'héritier de l'empereur gémit encore dans la captivité de Vienne et de Schœnbrünn. Le regard de la police venait, jusque sur son lit de repos, calculer la durée d'une surveillance, déjà sans doute aussi fatigante pour elle que pour lui! Combien la nuit fut ensuite lente à disparaître!... Le prince, distrait ainsi de sa lecture, voulut abréger l'heure par le sommeil; mais il ne put dormir.....

Son imagination le reporte parfois au bal de l'ambassadeur..... — Combien ce qu'ils appellent le grand monde est méprisable, se dit-il en soupirant! Là tout semble fait pour favoriser le vice et décourager la vertu! — Voulez-vous être accueilli, fêté dans leur société? il ne vous faut ni talents, ni courage, ni probité. S'inquiète-t-on du bien ou du mal moral? Soyez riche d'abord : ou bien à défaut de richesses, prenez de grands airs, singez la bonne éducation, en un mot soyez à la mode, c'est tout ce qu'on exige, tout ce qu'on attend de vous. S'informe-t-on chez le lord ambassadeur, si la baronne *** est une femme honnête ? Qu'importe qu'elle soit perdue de réputation ? Pourvu qu'à la beauté elle réunisse ce qu'on est convenu d'appeler les belles manières, ne sera-t-elle pas reçue à bras ouverts ? Qu'importe qu'elle soit une femme vendue ? Elle n'en marchera pas moins l'égale de la princesse *** : tandis qu'elle serait livrée au ridicule et aux sarcasmes, s'ils la savaient courtisane repentante..... Bravoure et lâcheté, bassesse et honneur, vice et vertu, tout est confondu : et même plus la beauté sera coquette, plus elle sera fêtée. Ce scandale chez les grands n'est-il pas fait pour corrompre les mœurs ? — Moi-même, pourquoi ai-je reçu l'autorisation de paraître au bal de lord Cawley ? Pourquoi mes ennemis n'ont-ils pas encouragé les refus de l'empereur ?... Ils ont espéré qu'à l'exemple de presque tous les jeunes seigneurs, je sortirais d'une réunion nocturne avec des pensées tout-à-fait étrangères à la vertu. On veut par ce contact avec le monde énerver le peu d'énergie que la faiblesse du corps laisse à l'âme ! Qu'ils se doutent peu des motifs qui m'attiraient chez l'ambassadeur anglais !.... Pour eux la princesse polonaise n'est qu'une femme légère, dont la beauté, dont les passions toujours vives peuvent entretenir, ou enflammer en moi l'amour des plaisirs !.... J'ai rencontré en elle une âme ardente pour la liberté et pour toutes les vertus sociales : c'est une sauvegarde contre leur froid égoïsme..... — Pour eux la baronne *** n'est qu'une courtisane éhontée..... Cette femme, désormais vertueuse, mais seulement à mes yeux, me rend chaque jour les plus grands services..... Et cette comtesse *** qu'ils honorent comme la femme d'un riche et puissant seigneur, cette grande dame qui usurpe tous les hommages de la société, ne serait qu'une criminelle adultère, si j'avais la faiblesse de céder à ses persécutions !.... La belle Marguerite, jeune et vertueuse fille du peuple, à la démarche noble et gracieuse, ne serait pas reçue dans leurs assemblées, parce qu'elle n'est pas du grand monde !.... C'est un hommage qu'ils ne comprennent pas, mais c'en est un bien grand qu'ils rendent à la vertu ; car ils reconnaissent qu'elle serait déplacée parmi eux..... — Le beau lis du Danube ne se flétrirait-il pas dans cette atmosphère empoisonnée ?....

.... Enfin l'heure marquée pour la leçon est arrivée. Le maréchal vient exactement, comme il l'avait promis. Il est presque effrayé de la pâleur du prince; mais il y a tant de vivacité dans ses yeux que l'animation du regard lui fait oublier l'altération de la figure. Cette première conférence fut consacrée à un aperçu général sur la brillante carrière de l'empereur. Que le prince était heureux d'entendre la voix du maréchal! « C'était, dit l'ancien ministre de Charles X, un des guerriers célèbres de l'époque, qui lui expliquait les mouvements des armées où il avait eu de grands commandements. Ces narrations animées avaient une vie qui répondait mieux à l'active imagination du duc de Reichstadt que la lettre morte des livres, dont les nombreuses *contradictions* avaient laissé dans son esprit beaucoup d'incertitude.

» .... Bientôt les conversations ne suffirent plus : il fallut donner à ces entretiens une direction méthodique, qui les rendît plus substantiels et plus utiles. A la demande du jeune prince, le maréchal adopta la forme des leçons de théorie militaire, sur différentes campagnes de Napoléon......

» Les leçons eurent lieu régulièrement et se succédèrent sans interruption pendant trois mois : le jeune homme prêtait une vive attention; ses yeux brillaient d'intelligence : dans son profond regard le maréchal croyait retrouver les yeux et l'âme de l'empereur. Il suivait les indications avec une insatiable avidité. Ses remarques étaient justes, précises : ses demandes annonçaient une haute conception; mais il en adressait rarement, parce qu'il évitait, autant que possible, d'interrompre des renseignements qui absorbaient toutes ses facultés. Toutes les fois qu'un appel était adressé à sa mémoire, elle se trouvait imperturbable, aussi bien que son jugement. La justesse de ses idées l'attachait particulièrement à la gloire des premières campagnes de son père, qui servirent aussi de base principale aux leçons du maréchal.

» Il manifestait par moments combien, avec ses goûts militaires, il sentait que sa position était fausse, et contrarierait nécessairement sa carrière, parce que la politique ne pourrait jamais s'empêcher de douter de ses intentions et de sa bonne foi. »

J'ai cité littéralement M. de Montbel, et je trouve qu'il a parfaitement jugé Napoléon et son fils, en écrivant ces mots : « la justesse des idées du prince l'attachait particulièrement à la gloire des premières campagnes de son père. » L'époque la plus glorieuse du grand homme fut assurément celle de la république : le jugement porté par son héritier, nous laissera d'autant plus de regrets, quand la mort nous aura enlevé avec lui un dernier espoir... L'empire fut sans doute nécessaire à la civilisation; mais combien peu d'hommes ont compris la nécessité d'une dictature temporaire!... On accuse toujours l'empereur d'un absolutisme rigoureux : on a presque raison, quand on voit tant de graves et sévères philosophes, que je ne nommerai pas, s'incliner trop rampants devant le manteau impérial, et chercher à enivrer de leur encens, à corrompre par leurs flatteries le héros d'Austerlitz et de Wagram...

Le soir même de la première entrevue, le prince se rendit au Prater, comme il l'avait annoncé. — « Je trouvai à ses traits, dit le capitaine, une expression que je ne leur avais pas encore vue : il y avait de l'exaltation ; ses yeux ardents avaient un regard de feu ; mais sa figure plus pâle que de coutume accusait aussi plus de souffrance ; l'enthousiasme de la gloire et l'impatience de la captivité consumaient cette frêle existence. » — Ses amis de France se trouvaient seuls réunis dans leur habitation. Il y avait dans leur maintien une sombre tristesse ; mais le prince, dans sa joie, n'y fit d'abord aucune attention ; seulement il put remarquer avec quel naïf étonnement Marguerite l'interrogeait des yeux. Elle ne l'avait jamais vu ainsi.

— « Capitaine, s'écrie-t-il en entrant, je vous apporte une bonne nouvelle. — Tous oublient leur douleur : — La France se souvient donc enfin de lui !... — J'ai rencontré au bal de l'ambassadeur d'Angleterre un ancien lieutenant de mon père, un de ces illustres guerriers qui l'ont aidé à vaincre l'Europe, le maréchal Marmont, duc de Raguse...

— » Lui !!... prince !... — Le capitaine pâlit, et baisse

tristement la tête ; mais le duc est trop exalté par le contentement : ce mouvement du capitaine est resté inaperçu.

— » J'ai obtenu du gouvernement l'autorisation d'étudier avec lui les campagnes de mon père : je sors à cette heure de la première conférence. Je remercie M. de Metternich de me laisser entendre la voix de ce guerrier, qui a lui-même assisté à toutes les grandes batailles de la république et de l'empire.... Ce bonheur me console un peu de ma captivité, et fait trêve pour un moment à mes longs chagrins..... Qu'avez-vous, capitaine ? N'approuvez-vous pas ces leçons ? Je les attends avec impatience..... Qu'en pensez-vous ?

— » Prince, je pense que si le maréchal Ney, ou le maréchal Brune était à Vienne, il ne vous serait sans doute pas permis d'en recevoir des leçons de stratégie. Pourtant ces deux généraux furent au moins aussi dévoués, aussi fidèles que le duc de Raguse...»

Le prince ne peut comprendre le capitaine : il n'a jamais entendu parler de la conduite politique de Marmont ; il connaît sa réputation de guerrier ; mais il ne soupçonne même pas toute la part qu'il a prise dans la funeste capitulation de Paris. Il ignore surtout que, tandis que la fortune et les traîtres accablaient son père à Waterloo, le maréchal duc de Raguse était à Gand, dans la patrie motant ainsi en fugitive, je regrette de laisser le fils du héros dans les fers de l'Autriche : si les vœux les plus ardents suffisaient pour les briser, j'aurais eu depuis longtemps le bonheur de lui procurer la liberté. Qu'il ne désespère pourtant pas de la Providence.... »

Le duc comprit aussitôt cette dénonciation de la comtesse contre son amie de Pologne. La jalousie seule l'avait poussée à cette criminelle action. Elle avait attribué à l'amour les fréquents entretiens du prince avec l'étrangère ; et, pour se débarrasser d'une rivale odieuse, elle s'était imaginé de la désigner, comme une conspiratrice, à la politique ombrageuse du cabinet de Vienne. On ignore encore si cette dame avait été réellement instruite des projets du prince sur la Pologne, ou si le hasard seul avait donné quelque fondement à ses suppositions. Dès lors il n'eut plus que du mépris pour cette femme légère, dont l'amour coupable était descendu jusqu'à la délation. Il la rencontra, depuis, plusieurs fois dans les bals; mais non seulement il ne lui adressa plus la parole, il ne daigna même pas laisser croire qu'il s'apercevait de sa présence. Ce dédain était une juste punition.

— « Elle me recommande de ne point désespérer de la Providence! s'écrie-t-il enfin.... Vous le voyez, capitaine, que puis-je désormais en attendre? Je suis poursuivi jus-

rale de la doctrine, à la suite de Louis XVIII. Mais le capitaine le trouve trop heureux de sa rencontre avec l'ancien aide de camp du consul Bonaparte : il ne veut pas troubler le bonheur dont il jouit.

Cependant le duc s'aperçoit de l'absence de la princesse polonaise : — aurait-elle oublié l'heure convenue la veille? — « Capitaine, vous n'avez pas eu de nouvelles de notre amie de Pologne? Elle m'avait promis d'être chez vous avant mon arrivée : je suis surpris de ne l'avoir pas encore vue.... » — Le prince s'étonne de ce qui se passe : au lieu de lui répondre, les habitants du Prater se regardent avec mystère.

— « Qu'y a-t-il, capitaine? Vous avez sans doute encore de fâcheuses nouvelles à m'apprendre, puisque vous évitez ce soir de répondre à presque toutes mes questions; mais, de grâce, parlez. Un nouveau malheur serait-il survenu? Ne craignez pas de m'en instruire. Ne suis-je pas habitué depuis longtemps à toutes les cruautés de la fortune ?

— » Prince, au moment où nous attendions la princesse, nous avons reçu cette lettre : — « Capitaine, dites à votre *compatriote* que la comtesse *** vient de me dénoncer au gouvernement autrichien, comme ayant voulu au mois de décembre dernier l'aider à fuir en Pologne. On m'accorde quarante-huit heures pour parvenir à la frontière. En parque dans mes plus fidèles amis... Mon amitié est devenue si funeste que vraiment j'en redoute l'influence pour toute votre famille!..... Le ciel a-t-il jamais donné au monde l'exemple d'un malheur comparable à celui du fils de Napoléon?... Déchu de mes espérances, tombé dans les chaînes de la plus perfide captivité, puisqu'on me la cache sous l'apparence du libre arbitre, je n'ai pas même la consolation des autres malheureux... La moindre compassion accordée à mes maux est punie comme un crime contre la société!.... S'il était permis de comparer mes infortunes à celles de mon père, je ne sais lequel des deux mériterait la plus grande pitié. L'Angleterre, toute cruelle qu'elle était, ne lui a pas envié quelques amis : il pouvait avec eux se consoler du présent, en s'entretenant du passé... L'avenir était là pour les venger; mais moi!... quel est mon soulagement à mes maux? Sans passé, sans avenir, je n'ai que vous pour pleurer avec moi sur le présent...., et à chaque instant je tremble de vous compromettre par mes larmes!.... Il faut que je parvienne jusqu'à vous sous l'apparence d'un lâche séducteur.»

Ces derniers mots sont prononcés assez bas pour n'être pas entendus par Marguerite. Le capitaine fait tous ses efforts pour rendre au duc un peu de cette joie qu'il avait apportée au Prater : — « Prince, l'exemple de votre père doit vous enseigner la patience. L'ancien maître de l'Europe, relégué sur un rocher de l'Océan, réduit à un état voisin de la misère, doit vous apprendre à vous consoler d'une captivité moins rude...

— » Moins rude, dites-vous?.... Ai-je autour de moi de glorieux souvenirs pour me voiler mes fers?... Assurément mon père a été cruellement persécuté ; mais qu'il pouvait aisément rire de pitié au milieu de toutes ces petites persécutions!... La tyrannique surveillance dont on l'accablait ajoutait un nouveau lustre à son nom..... Sa grande âme était trop supérieure à tant de bassesses!... Il plaignait lui-même ses bourreaux, et sa longanimité devenait encore un titre à l'immortalité... Mais moi.... ce que je regrette, ce n'est point de souffrir ; c'est d'être éternellement condamné à l'inaction ; c'est de mourir, avant d'avoir vécu pour la postérité... Me plaindrais-je, s'ils me laissaient une seule fois paraître dans une arène digne du fils de Napoléon ? Je renonce à la France, puisque mon nom serait, disent-ils, un obstacle à son bonheur ; mais qu'ils m'accordent au moins de combattre pour l'indépendance de la Pologne, et de prouver au monde, en mourant les armes à la main, que le courage du consul et de l'empereur n'a pas péri tout entier avec lui... Je ne demande qu'un champ de bataille, et je m'abandonne de nouveau, sans murmure, à la plus odieuse persécution... Si je ne puis verser tout mon sang pour la liberté, un seul souvenir de gloire m'aidera à vivre dans la captivité.... L'obscurité me pèse..... c'est désormais mon plus cruel tourment...»

Le duc était triste lorsqu'il sortit de l'habitation du capitaine. D'abord il se promettait du bonheur dans les conférences du maréchal Marmont..... Tout est renversé encore une fois. Les leçons du lieutenant de son père, en lui montrant la gloire de la République et de l'Empire, lui rendront plus sensibles et plus pénibles les longues heures de l'oisiveté. Désormais il gémira de consumer dans de stériles théories le temps qu'il aurait voulu passer dans l'action. Néanmoins chaque fois que des récits animés le transporteront au milieu des batailles, il oubliera un moment ses chagrins, pour s'identifier au héros de la France libre. Toutes les fois que le duc de Raguse lui expliquera les grands mouvements des plus célèbres journées, il s'agitera convulsivement, comme impatient d'accompagner l'illustre capitaine, et de suivre, au moins des yeux, l'aigle impériale déployant ses ailes victorieuses..... — Comme ses yeux brillent alors d'orgueil et de bonheur !!.... Marmont crut plus d'une fois rencontrer le regard du vainqueur de Marengo... Quel avenir pour la France!.... Quelle différence de destinées, si, en 1815, le ciel n'avait pas tout-à-coup frappé d'aveuglement le gouvernement provisoire, qui perdit la Patrie, en proscrivant Napoléon-le-Grand, et en laissant dans l'exil l'héritier du héros malheureux !... Mais pourquoi toujours ainsi reporter les yeux sur un glorieux passé, comme s'il pouvait nous être rendu !!.....

Les leçons du maréchal se continuèrent exactement pendant trois mois, durant lesquels le duc de Reichstadt ne vint que rarement à l'habitation du capitaine. Marguerite ne pouvait s'habituer à de longues absences, ni se rendre compte du sentiment qu'elle éprouvait quand il était loin d'elle ; mais c'était un malaise qui ressemblait trop à du malheur : elle était triste, silencieuse, livrée à une vague rêverie, pendant les lentes heures passées dans la solitude : la présence de sa mère et du capitaine ne suffisait plus à son bonheur : leur amitié la comblait autrefois ; désormais une autre sympathie a rendu la vue du prince plus nécessaire à la vie de son âme que l'air qu'elle respire à l'animation de son corps.....Elle languit dans l'ennui, et ses parents, qui ne connaissent que trop la cause du mal, gémissent, sans oser se plaindre, de voir ainsi se flétrir la fraîcheur de ses joues..... Sa figure se décolore donc : à la blancheur du lys a succédé une terne pâleur : le sourire a fui de sa bouche naguère si rosée : les éclairs de l'esprit et de la gaieté ne jaillissent plus de ses beaux yeux : son front est comme voilé par un nuage sombre. Sa tête s'incline tristement sur sa poitrine, quand elle n'interroge pas avec inquiétude le chemin qui conduit de Schœnbrünn au Prater......

Un jour les rayons du soleil scintillaient sur le givre des arbres : c'était aux premiers jour d'avril : la campagne, avant de se couvrir entièrement de son manteau de verdure, avait voulu prendre encore une fois sa vaste parure de diamants. La nature n'en était pas moins en pleurs ainsi que Marguerite. Le capitaine et sa mère étaient assis au foyer ; la jeune fille travaillait auprès d'une croisée : son ouvrage n'avançait pas ; car son regard suivait toujours la direction du château impérial... Tout à coup elle a poussé un cri... c'était le duc de Reichstadt... — Quel changement dans tous ses traits ! Sa figure est plus pâle et plus amaigrie..... Le feu de son regard semble consumer l'orbite de ses yeux : ses lèvres sont desséchées, comme le cratère d'un volcan qui ne vomit que des flammes..... — Napoléon et Marguerite se regardent surpris l'un de l'autre : ils restent silencieux dans une sombre contemplation. Il y a des larmes dans le regard de la jeune fille, et dans celui du prince de la douleur et de la compassion.... C'en est fait ; désormais leur amour est mutuel..... Marie et le capitaine ont laissé échapper un soupir. Marguerite avait un reproche dans la bouche ; mais il expire sur ses lèvres : elle a trop bien compris la pensée du fils de Napoléon.....

— « Prince, s'écrie le capitaine, qui a voulu détourner le cours de ces pensées, — vous n'aimez donc plus vos obscurs amis du Prater, depuis qu'il est permis à d'autres Français de vous parler ouvertement ? Il y a bientôt un mois que nous avons reçu votre dernière visite.....

— » Capitaine, vous savez la cause de ma trop longue absence, répond le duc : il y aurait de l'injustice à supposer que j'ai pu un seul moment vous oublier, au point de vous négliger..... Non, la prudence m'avait seule imposé cette réserve ; mais, je vous le promets, désormais je veux vous visiter plus souvent..... Tous les jours je viendrai moi-même chercher des nouvelles de la santé de votre fille ; car elle a souffert : n'est-il pas vrai, capitaine ? »

Si le duc n'avait pas surpris l'aveu de son amour dans le regard de Marguerite, pourrait-il maintenant en douter ? Sa seule vue a ranimé l'expression de ses yeux, et ses douces paroles semblent un charme qui a rappelé les roses sur ses joues déjà plus fraîches. Après un mois, le sourire a reparu sur ses lèvres : elle a murmuré quelques mots : toute sa figure s'épanouit au bonheur. La dernière observation du prince a mis le comble à sa joie.

— « Et vous-même, duc, interrompt-elle avec vivacité,

nierez-vous vos souffrances pendant les trop longs jours que nous avons si tristement passés ici ? Pour nous, point de nouvelles ni de France, ni de Vienne, ni de Schœnbrünn ! Nous vous avons cru parti pour la Pologne.......

— » Vous le savez bien, mes amis, ma chaîne me retient ici, et jamais M. de Metternich ne me permettra d'en briser un seul anneau.

— » Puisque vous étiez toujours à la cour, prince, vous êtes bien cruel de nous avoir ainsi laissés dans l'inquiétude ! Mais nous comptons sur votre promesse de venir nous voir plus souvent.

— » Vous me regardez avec inquiétude, capitaine....... Avouez-le : l'état de ma santé vous effraie... Ne suis-je pas depuis longtemps condamné à souffrir et à mourir avant l'heure?... Le désespoir me consume jour par jour : je le sens, je ne pourrai survivre à mes illusions si cruellement trompées... J'ai parcouru avec le général Marmont toute la vie glorieuse de mon père : j'ai suivi non-seulement le conquérant sur les champs de bataille, mais encore le législateur au conseil d'état. A la vue de toutes les merveilles enfantées par le génie de Napoléon Ier, j'ai mieux ressenti le poids des chaînes qui accablent Napoléon II. Ce que le père a fait pour la patrie a rendu plus sensible au fils l'ingratitude et l'oubli de la France de 1830.

— » Prince, le maréchal vous a-t-il longuement entretenu des prodiges de la campagne de 1814 et de la capitulation de Paris à laquelle il a eu tant de part? Vous a-t-il dit sa conduite politique pendant les cent jours? — Cet homme était digne de finir sa carrière monarchique en commandant la fusillade dirigée contre le peuple de Paris. Je regrette, prince, de ne vous avoir pas mis en garde contre les principes d'un Raguse, du signataire de votre exil, du transfuge de Gand et du mitrailleur de juillet.

— » Vous êtes cruel, capitaine. Si vous pouviez lire dans le fond de son âme, vous rougiriez de votre injuste sévérité... Quel homme n'a point perdu la tête au milieu de ce bouleversement politique! Le ciel n'a-t-il pas agréé les malheurs de la France en expiation des erreurs de quelques Français aveuglés? Pourquoi n'accepterions-nous pas le repentir de l'illustre maréchal?... »

L'accent avec lequel cette dernière phrase a été prononcée n'a point échappé au capitaine : il a compris toute la pensée du prince.

— « Oui, continue-t-il, Marmont a reconnu les erreurs de 1814 et de 1815; il a gémi avec moi des mécomptes de 1830 : son amitié, son noble dévouement ont déjà réparé toutes les fautes dont on l'accuse, et dont il est sans doute plus malheureux que coupable. Le gouvernement-

Metternich s'est alarmé du zèle avec lequel il m'instruit sur la science militaire. Pour ne point trop lui porter ombrage, mon savant instituteur cessera bientôt de me visiter régulièrement tous les jours. On nous accuse tous les deux d'ambition... Vous le comprenez, capitaine ; cette solidarité d'intérêts doit vous garantir sa fidèle amitié pour l'héritier de Napoléon Ier... »

Le capitaine incline la tête en silence. Il sait que souvent les grands repentirs peuvent réparer les grandes injustices. Les secrets de la Providence échappent presque toujours à la sagesse humaine. Le duc avait des larmes dans les yeux en parlant de sa prochaine séparation avec le maréchal : — « Il viendra encore me voir tous les quinze jours, dit-il ; mais ce ne seront plus que de courtes visites. Ces longs entretiens sur mon père étaient la seule consolation qui me fût restée... Ils me l'ont encore enlevée !!... L'amitié de Marmont était ma dernière branche de salut...
— Je ne désespère cependant pas encore tout-à-fait. »

Quelques jours après cette visite au Prater, le duc de Reichstadt avait cessé de recevoir les savantes leçons de Raguse. A la fin de la dernière conférence, il voulut laisser à son illustre maître un souvenir de leurs relations, un gage de sa reconnaissance : il lui offrit son portrait ; c'est une aquarelle par Daffinger, un des artistes les plus distingués de Vienne : c'est le peintre qui a le mieux réussi à rendre la physionomie profonde et active du fils de Napoléon. Au bas de ce portrait le prince avait écrit de sa main ces quatre vers que dans la Phèdre de Racine Hippolyte adresse à Théramène. Il a modifié le premier hémistiche du premier vers :

> Arrivé près de moi, par un zèle sincère,
> Tu me contais alors l'histoire de mon père.
> Tu sais combien mon âme, attentive à ta voix,
> S'échauffait aux récits de ses nobles exploits.....

— « Je ne désespère cependant pas encore tout-à-fait ! » — Ces paroles du prince, à la fin de la visite dont nous venons de parler, font-elles allusion à de nouveaux projets sur la France ou sur la Pologne ? Doivent-elles accréditer les bruits répandus sur ses relations avec le maréchal Marmont ? — Ce dernier pourrait seul nous instruire sur ce point : nous espérons que plus tard les mémoires dont il s'occupe viendront nous révéler toute la vérité. Dès aujourd'hui je voudrais pouvoir affirmer que son repentir ne se contentait pas de vaines et stériles protestations. Le temps apportera son flambeau sur ce nouveau mystère comme sur tant d'autres. Puisse un jour la France libre oublier la capitulation de 1814, en faveur d'une amitié franche et d'un dévouement sincère pour l'héritier du martyr !

La Pologne, menacée par l'invasion des armées czariennes, avait effrayé Diébitch et ses Russes par des prodiges de valeur. Les batailles de Waver, de Grochow, de Dembe-Wilkie et d'Iganie étaient venues apprendre au monde ce que pouvait le patriotisme bien dirigé..... Que serait devenue la majesté de Saint-Pétersbourg, si la Pologne ne lui avait pas laissé le temps de revenir d'une première stupeur!.... Tandis que le généralissime moscovite tremblait à la tête de ses hordes devant les héroïques phalanges de Varsovie, la Lithuanie insurgée enfin, mais trop tard, battait ses lieutenants l'un après l'autre. La consternation était dans l'armée de Nicolas; mais malheureusement les passions mesquines disputaient le terrain aux nobles vertus civiques... La liberté laissait tous les jours compromettre son avenir... La Pologne, proclamée par la Diète monarchie constitutionnelle, restait sans roi..... La main d'un Bonaparte n'était point là pour ramasser la couronne tombée sur les marches du trône.... Tous les vœux des patriotes appelaient le fils du héros...; mais en vain... Le gouvernement-Metternich veillait trop bien à la garde du prisonnier de la Sainte-Alliance... La perfidie, la lâcheté, l'égoïsme de quelques-uns perdront-ils encore une fois la seconde patrie des braves?

CHAPITRE ONZIÈME.

SOMMAIRE.

La liberté succombe sur tous les points de l'Europe. — Insurrection italienne. — Le duc veut courir au secours de sa mère. — Son impatience de partir pour l'Italie. — Jeune officier français au Prater : il arrive de Forli. — Il réfute les calomnies de la Politique. — Les deux fils d'Hortense. — Le duc veut aller les rejoindre. — Sa rencontre chez l'empereur avec l'impératrice. — Douleur de François II et d'Augusta. — Metternich survient. — L'Angleterre humiliée dans la personne de lord***. — François II vengé par son petit-fils. — Le jeune officier français se dispose à retourner en Italie. — Lettre de Forli. — Ancône. — La Pologne et l'Italie. — M. de Prokesch est éloigné. — La maison militaire du prince constituée définitivement le 14 juin 1831. — Le duc obtient un commandement. — Sa passion pour ses nouvelles fonctions. — Symptômes de maladie. — Le docteur Malfatti. — Retour de M. de Prokesch. — Idées religieuses du Prince. — Le peuple et le clergé. — La religion et la liberté. — Le duc rencontre des Polonais au Prater. — Désespoir de Napoléon II. — Départ pour la France. — La baronne ** et la Pensée. —

XI

Tout prospérait suivant les vœux de la politique européenne. Si la France avait d'abord électrisé les âmes généreuses par son enthousiasme de liberté, son engourdissement avait presque aussitôt laissé éteindre toute noble pensée chez les autres comme chez elle. La Belgique avait eu besoin de l'assentiment des cours absolues pour constituer une indépendance qu'elle avait su conquérir sans le secours de la Sainte-Alliance. Le gouvernement français n'avait pas osé accepter une fraternité menaçante pour l'Angleterre et les puissances continentales. La Pologne, délaissée par ses frères d'occident, allait s'épuiser par ses propres triomphes : là, comme chez nous, l'égoïsme et la doctrine devaient, en rétrécissant les idées, détruire le fruit de pénibles efforts; mais plus malheureux encore que nous, les Polonais se voyaient condamnés à perdre même l'ombre qui nous reste. L'Italie, aussi trompée dans ses espérances, avait en quelques semaines repris un joug à peine secoué. Le sang avait inutilement arrosé l'arbre de la liberté : l'agent de l'absolutisme avait conservé au vieux César du nord le sceptre et la couronne de fer.

Notre histoire est parvenue jusqu'à la fin d'avril 1831. Nous sommes obligés de retourner en arrière, pour reprendre les faits de plus haut. L'insurrection avait éclaté en Italie au commencement de février; et vers la fin de mars tout était rentré dans le devoir, pour parler le langage diplomatique. Nous n'avons pas voulu interrompre les leçons du maréchal Marmont. Maintenant elles sont terminées : nous allons donc nous occuper de ce fait : il exerça sur le prince une plus grande influence qu'on ne se l'imagine vulgairement.

La Sainte-Alliance, triomphante sur tous les points de l'Europe civilisée, s'indignait de retrouver la même opposition dans le même enfant qui lui avait déjà résisté en 1814 ; la Belgique, l'Italie, la France, la Pologne elle-même, malgré l'héroïsme du peuple, tout se pliait à ses caprices absolus. Un jour le maréchal duc de Raguse venait de quitter le prince, après avoir parcouru avec lui le champ de bataille de Marengo... — « L'Italie !... oh ! l'Italie !..... murmurait-il d'une voix étouffée. » — Il était resté seul. — « Qui me rendra l'épée de Marengo, un jour de liberté et un seul champ de bataille ?... »

— La fièvre de la gloire l'avait atterré : il était retombé haletant sur son fauteuil... Tout-à-coup la porte de son cabinet de travail s'ouvre ; il se trouve en face d'un vieillard.

— « Prince, lui dit-il, ne vous ai-je pas entendu prononcer le nom de l'Italie ?... Cette contrée mérite plus votre haine que votre amour... Lisez, monseigneur..... »

Et il lui présente un journal. Tandis que le duc le parcourt avec rapidité, le sarcasme sourit sur les lèvres du personnage politique, et de ses yeux ternes jaillit une étincelle de joie. Soudain le prince bondit sur son siége : — « Qu'on me donne une épée, s'écrie-t-il, et qu'on me laisse voler au secours de ma mère !...

— » Monseigneur, vous l'avez lu vous-même, répète le vieillard en reprenant le journal tombé sur le bureau.....

La révolution de France porte ses fruits. Les troubles de Parme sont devenus alarmants. Après avoir résisté avec constance aux entreprises et aux exigences des factieux, l'archiduchesse Marie-Louise a été contrainte de se retirer à Plaisance, pour se mettre à l'abri des fureurs qu'étaient venues attiser contre elle les bandes armées des révoltés de Reggio......»

Le duc de Reichstadt, familiarisé avec l'idée que l'ex-impératrice des Français, la veuve de Napoléon-le-Grand, ne pouvait pas favoriser le despotisme dans son duché d'Italie, ne voulut voir dans l'affaire de Parme que l'insolence d'un petit nombre d'anarchistes. — « Quel rapport entre les héros de 1830 et une bande de brigands armés pour insulter ma mère!... » — Il courut aussitôt demander à l'empereur la permission d'aller promptement à son secours; mais le gouvernement de Vienne, mieux instruit de la conduite de Marie-Louise et de la nature de l'insurrection, refusa d'accéder à cette demande du fils de Napoléon. Il se soumit, mais non sans murmurer.

— « Comment suis-je assez malheureux, me disait-il (c'est M. de Prokesch qui parle), pour être obligé de perdre la première occasion qui se présente à moi de montrer à ma mère tout mon dévouement pour elle! Il m'eût été si doux de la secourir, si honorable de tirer au moins mon épée dans le seul intérêt de sa cause, pour châtier les brigands qui l'insultent et la menacent!.... Et, dans de telles circonstances, je suis réduit à lui offrir des consolations stériles!... » Il lui adressa une lettre touchante, où il lui témoignait que s'il avait dépendu de sa volonté, il aurait déjà volé à son secours. « C'est la première fois, lui disait-il, qu'il m'a été pénible d'obéir aux ordres de l'empereur. »

» Il insista de nouveau, mais sans succès, pour obtenir l'objet de sa demande. Jamais je ne l'avais vu si agité : des pleurs s'échappaient de ses yeux. Il se montrait impatient de la guerre; on eût dit qu'il était dans les tourments d'une fièvre continuelle : il ne pouvait se captiver à aucun travail. Je lui en fis des reproches. « Comment, lui dis-je, parviendrez-vous à jouer un grand rôle, si vous ne vous décidez pas à savoir triompher de vous-même? Une contrariété doit-elle ainsi détruire l'équilibre de votre âme? Doit-elle suffire pour vous écarter de travaux indispensables à votre instruction, à votre perfectionnement intellectuel?

— » Le temps est trop court, il marche trop rapidement, pour le perdre en longs travaux préparatoires : le moment de l'action n'était-il pas évidemment venu pour moi? »

Toute la ville de Vienne s'entretenait de l'Italie, et, je ne sais par quel instinct, le peuple de la capitale faisait assez ouvertement des vœux pour les provinces qui voulaient se détacher de l'empire. Ces tendances populaires, manifestées dans tous les états de la chrétienté, étaient devenues la terreur de l'absolutisme, aussi bien en Russie qu'en Prusse et en Autriche..... Assurément, quand la pensée se replie en elle-même pour rétrograder vers cette époque, on a peine à comprendre comment la France, qui n'avait qu'un signe à donner, n'a pas entièrement régénéré la vieille Europe. La postérité, habituée depuis longtemps à l'héroïsme de nos armées, s'étonnera moins de la révolution de 1830 que de la torpeur dont la patrie languit soudain après un enthousiasme convulsif.

Ces bruits d'insurrection étaient parvenus aussitôt à l'habitation du capitaine, et le jour même où la Pensée les avait appris au duc, un jeune Français, ami de la famille Bonaparte, était arrivé au Prater. On lui avait annoncé la visite du prince : il le reconnut facilement lorsqu'il entra.

— « Prince, lui dit le capitaine, je vous présente un compatriote ; il arrive d'Italie.

— » D'Italie, dites-vous !... Revenez-vous de Parme ? Avez-vous été témoin des outrages faits à ma mère par une bande de brigands ?

— » Prince, qui vous a parlé de brigands ? Sans doute un M. de Metternich, ou tout autre ministre dévoué à la

Sainte-Alliance. Il s'agit d'une révolution qui fermente en ce moment dans le nord de l'Italie... Les insurgés pouvaient-ils songer à insulter la mère du fils de Napoléon, quand ils réclamaient la liberté et les institutions de votre père?... Seulement...

— » Prince, vous paraissez souffrant, interrompt le capitaine ; vous devriez accorder une trêve à des études trop sérieuses : votre santé exige plus de repos..... »

Le jeune Français a compris le regard du dévoué serviteur, et cette courte interruption lui a donné assez de temps pour rassembler ses idées. Imprudent! il allait oublier que le duc de Reichstadt ignore le déshonneur de la veuve de Napoléon Ier.

— « Oui, capitaine, je souffre ; mais l'inaction seule me fait souffrir..... — Voyez aussi comme ils sèment le mensonge autour de moi, pour empêcher la vérité de parvenir jusqu'à mes oreilles. Un personnage politique vient de me parler de l'Italie et de ma mère : à l'entendre, une bande de forcenés s'étaient armés seulement pour insulter la grande duchesse de Parme et de Plaisance.....

— » Prince, ce n'est point contre la princesse Marie-Louise que toute l'Italie du nord est insurgée en ce moment : c'est contre le despotisme du gouvernement autrichien. L'ancien empire romain ne peut continuer de nourrir un peuple d'esclaves. La France a réveillé à la liberté toutes ses provinces de 1809. »

Le duc de Reichstadt incline la tête : une grande pensée l'arrête..... Puis tout à coup : — « Mes amis, je veux répondre par la ruse à leurs mensonges : je veux faire une nouvelle tentative : ils me laisseront courir au secours de ma mère : à tout prix il faut que j'obtienne cette faveur..... et alors je pourrai me réunir aux neveux bien-aimés de mon père ; car, j'en suis sûr, tous deux ils versent en ce moment leur sang pour l'indépendance des peuples..... Ensuite l'Italie est si peu éloignée de la France !.... Capitaine, je commençais à m'inquiéter de ne point voir arriver ici mon cousin Napoléon-Louis, comme il me l'avait annoncé dans sa lettre du mois d'octobre. Je comprends maintenant ce retard. C'est à moi de courir vers lui, et d'embrasser la noble cause qu'il défend avec son frère..... Tous les Bonapartes se doivent à la liberté.....

— » Prince, vos cousins vous ont devancé dans la lice; car à cette heure ils sont rangés sous les drapeaux de l'insurrection italienne. Vos prévisions ont abrégé mon message : je n'étais venu au Prater que pour vous annoncer ce que vous avez si bien deviné. Les deux frères étaient à Forli au moment où je les ai quittés. Quand le prince Napoléon-Louis vous mandait qu'avant la fin de l'hiver il serait à

Vienne, il nourrissait un espoir malheureusement déçu !
La France a trompé ses prévisions comme les vôtres. Voici
le plan de campagne auquel l'enthousiasme de juillet semblait assurer un grand succès..... Mais il a échoué en
partie !.... — Au moment où la Vistule secouerait le joug
de l'autocrate, la Seine devait donner le signal : le Rhin,
les Alpes, le nord de l'Italie y répondaient, et nous marchions sur Vienne, tandis que l'armée polonaise campait à
Moscow ou à Saint-Pétersbourg. Mais la Pologne, entravée
par son aristocratie, a mal rempli sa mission ; et la France
plus coupable n'a pas remué au moment opportun..... Cependant l'Italie, quoique abandonnée, veut tenter à elle
seule un mouvement..... Le succès a couronné jusqu'ici
ses efforts ; mais que pourra-t-elle, si les Français se condamnent ou se résignent à une fatale immobilité ? Tandis
que, s'ils l'eussent voulu, nous serions tous à Vienne, et le
fils du héros sur le point de se mettre en marche pour retourner dans l'ancienne capitale de l'empire..... C'est
ainsi que le prince Napoléon-Louis espérait venir vous voir
à Schœnbrünn, et non au Prater, comme je le fais aujourd'hui, tâchant de me soustraire aux regards de la
police.....

— » Assurément cette politique avait de grandes chances
de succès, et c'était le seul moyen de m'arracher à ma

captivité..... Mais n'ont-ils pas laissé abâtardir leur révolution?.... Je n'envie pas moins le sort de mes cousins : ils peuvent verser leur sang pour la liberté des peuples, et moi, je meurs de chagrin et d'inaction..... Capitaine, il faut absolument que je fléchisse l'empereur et son ministre; car je ne puis me laisser condamner à une éternelle oisiveté..... »

Le prince est sorti. La fièvre de la liberté l'agite. Pour la première fois il est parti sans avoir adressé la parole à Marguerite. Que dis-je ? Il n'a pas même remarqué sa présence. La pauvre enfant en versa des larmes bien amères ; mais elle eut la prudence de les cacher au jeune étranger : sa mère seule en fut témoin : sa voix ne put suffire à calmer tant de douleur. Quand le prince rentra au palais, le vieil empereur était seul avec la jeune impératrice Augusta. Tous deux furent effrayés à la vue du jeune duc : il était pâle..... François II aimait tendrement son petit-fils, et depuis longtemps il voyait avec douleur sa santé s'altérer de jour en jour ; mais jamais il n'y avait eu autant d'altération dans les traits du fils de Napoléon. La princesse Augusta était pour lui comme une sœur : l'agitation du prince l'émut douloureusement. En ce moment les deux époux parlaient de son avenir, et cette soudaine apparition fut pour eux comme un coup de foudre..... Ils se regardèrent en silence : il y avait des larmes dans les yeux de la sensible Augusta.....

— « Mon père, s'écrie le duc de Reichstadt en entrant, pardonnez-moi mon indiscrétion : je n'ai pas l'habitude de me présenter ainsi devant votre Majesté sans votre autorisation ; mais la cause qui m'amène à vos pieds m'obtiendra facilement grâce auprès de vous, quand vous la connaîtrez... »
Il s'arrête haletant : une fièvre violente le brûle : le souvenir de Metternich augmente son agitation, à l'aspect de cette figure si bienveillante de l'empereur, qui n'est pas libre de prouver son affection à son petit-fils..... L'impératrice le regarde étonnée, mais n'osant l'interroger que du regard. Il a compris cette anxiété.

— « Merci de votre bienveillance, madame : je vous ai devinée ; mais, rassurez-vous, il ne s'agit pas aujourd'hui d'une nouvelle persécution de la Sainte-Alliance..... Une autre cause m'amène ici.

— » Que voulez-vous dire, mon fils ?

— » Mon père, j'ose renouveler la demande déjà adressée par moi ; car je viens d'apprendre à quels dangers ma mère est exposée....... Quel autre que son fils doit la soustraire aux poignards des brigands et aux outrages de l'émeute ?

— » Mon cher duc, vous le savez.....

— » Je sais tout, mon père ; mais vous, l'empereur, ne pouvez-vous être une seule fois le maître de votre empire ? Ne pouvez-vous rappeler à M. de Metternich qu'il n'est que le ministre, le serviteur de votre majesté ? Tant qu'il ne s'est agi que de ma personne, j'ai enduré la persécution, sans vous importuner par une plainte. Doit-on me refuser la première occasion d'agir ? Le fils ne pourra-t-il pas répandre son sang pour défendre la vie de sa mère ? Votre gouvernement a repoussé impitoyablement les propositions des libéraux avant et après 1830 : elles étaient toutes en ma faveur : les refus du vieux diplomate, en m'enlevant encore la couronne, me fermaient une dernière fois le chemin de la patrie. Jamais je ne vous ai laissé soupçonner que je fusse instruit de toutes ses intrigues. »

L'empereur et l'impératrice se regardent avec surprise. Le duc parle avec feu. Le vieux César croit retrouver le regard du conquérant de l'Autriche.

— « Après la révolution de juillet, vous étiez comme en 1815 décidé, je le sais, à soutenir la cause napoléonienne par la force des armes : le plan était arrêté : vous alliez entrer en campagne, quand Metternich est venu tout détruire par sa volonté tyrannique..... Avez-vous entendu une seule plainte de votre fils ? — Après sa régénération, la Belgique reconnaissante a aussi songé un instant à l'héritier de Napoléon ; la Pologne, après son affranchissement, s'est déclarée monarchie constitutionnelle : on est venu vous offrir le trône des Jagellons pour le fils du vainqueur; on sollicite encore votre gouvernement de m'accorder aux vœux de la nation polonaise. Mais Metternich oppose toujours son véto, et me condamne malgré vous — oh! je vous rends justice! — à une éternelle captivité. Ce n'est pas ce dernier affront qui m'est sensible. J'ai appris à me passer des couronnes si souvent offertes au nom que je porte. Je ne vous en aurais jamais parlé, s'il n'était une dernière injustice, plus cruelle que toutes les autres, puisqu'il n'existe aucune raison politique pour m'empêcher de parcourir vos états. En sortant de l'Autriche, pour aller m'asseoir sur l'un des trônes auxquels on m'appelait, je puis faire trembler l'absolutisme par le seul souvenir de mon père. Mais qu'ont-ils à craindre, tous ces rois absolus, si un fils dévoué vole au secours de sa mère, et la protége contre les insultes d'une bande de brigands? Venger ma mère, n'est-ce pas venger leur cause? »

Le duc s'arrête. Il s'aperçoit que l'empereur et sa jeune épouse versent des pleurs..... — Le vieillard se reproche en ce moment sa faiblesse d'autrefois, et la princesse ne peut refuser toute sympathie au fils du héros, si malheureux, si noble, si magnanime. Il y a dans sa parole une chaleur qui entraîne : un ministre de la Sainte-Alliance pourrait seul y résister. Quel souvenir pour le monarque ! Le fils de Napoléon Ier réduit à la prière, pour obtenir de secouer un moment ses chaînes, et lui empereur ne pouvant dans ses états disposer de son petit-fils au gré de sa volonté ! Il a aussi la conscience de l'avilissement de sa fille Marie-Louise..... Si l'ancien roi de Rome la savait aujourd'hui devenue comtesse de Nieper, demanderait-il à paraître à la cour de la duchesse de Parme? Comment éluder la demande du prince, sans lui dire toute la vérité? Il aime mieux le mécontenter. Cette soudaine révélation serait un nouveau coup de poignard. Il est assez malheureux sans cette dernière épreuve. L'impératrice n'est pas initiée à tous les honteux mystères de la politique; aussi ses yeux sont toute prière en faveur du jeune duc de Reichstadt. Mais cette fois le trop faible empereur montrera de la fermeté. — Il n'en peut donc trouver que pour seconder les desseins du prince de Metternich et de la Sainte-Alliance?

À la vue de tant de larmes, le fils de Marie-Louise se reproche presque sa cruauté : et c'est lui, si malheureux, qui offrira des consolations aux deux majestés. — « Oh ! pardon, mon père; pardon, madame, de faire ainsi couler vos pleurs ! Mais si mes maux ont seuls causé votre dou-

METTERNICH RENCONTRE LE PRINCE CHEZ L'EMPEREUR.

Page 379

METTERNICH RENCONTRE LE PRINCE CHEZ L'EMPEREUR.
Page 379.

leur, je vous remercie de votre compassion. De grâce, cessez de vous attrister pour moi : je vous montrerai que je sais toujours souffrir en silence un mal irrémédiable…..

— » Mon fils, mes larmes sont toutes pour le passé : je crains qu'en reportant les yeux en arrière, vous ne m'accusiez de ne vous avoir pas assez aimé ; et pourtant Dieu m'est témoin de toute ma tendresse pour vous ! Croyez-moi, duc ; si je ne vous accorde pas de quitter Vienne pour aller rejoindre votre mère, c'est que mon affection paternelle s'y oppose avant toute autre considération.

— » Que voulez-vous dire, mon père ? Arriverai-je trop tard pour châtier les insensés qui n'ont pas craint d'insulter la fille de leur empereur, la veuve de Napoléon ? »

Ces mots ont de nouveau fait couler les larmes de François II. Le duc ni l'impératrice ne peuvent les comprendre. En ce moment M. de Metternich est introduit : sa présence a fait trembler le monarque et son petit-fils, mais pour des causes bien différentes !… L'impératrice Augusta se retire alors dans ses appartements. Le duc de Reichstadt a compris la prière qu'elle lui adresse dans son dernier regard…. Le fils de Napoléon et le ministre du vieux César sont tous deux étonnés de se rencontrer à cette heure dans le salon impérial : ils se sont observés en silence, l'un avec ironie, l'autre avec une noble fierté. L'astucieux diplomate détourne le premier les yeux : il ne peut soutenir l'examen du prince. Le faible François II paraît un enfant timide, compromis dans une rixe violente dont il voudrait s'éloigner.

— « Vous semblez surpris de me voir en ce moment auprès de sa Majesté, monsieur le ministre.

— » Pour ne vous point cacher la vérité, prince, répond Metternich en regardant l'empereur, je croyais avoir seul ce soir l'honneur d'une audience impériale.

— » Vous aviez sans doute ce droit, monsieur le ministre ; mais quand vous saurez le motif de mon empressement, vous ne m'envierez pas de vous avoir précédé auprès de votre maître... »

La fin de cette phrase fait froncer le sourcil au prince de la diplomatie : l'empereur est effrayé pour son petit-fils des suites de cette humiliation. Il n'ose intervenir entre le ministre et le duc de Reichstadt : seulement il les supplie tous deux du regard ; il semble conjurer l'un de ne point s'exposer à la haine de celui qui les domine tous, l'autre de pardonner à un jeune imprudent une légèreté bien excusable à son âge. L'héritier des Césars se sentit presque de la honte au front. N'est-ce point un reproche que lui adresse son petit-fils en face de son ministre? Il devrait être réellement le maître, et il obéit aux volontés de son serviteur...

— « Monsieur de Metternich, j'ai déjà plusieurs fois sollicité la liberté de courir au secours de ma mère; toujours ma demande est impitoyablement repoussée. Que prétendez-vous de moi? Car c'est vous, monsieur, qui me retenez captif à la cour de sa Majesté. Voulez-vous me faire mourir dans l'inaction, comme déjà la Sainte-Alliance s'est débarrassée de mon père? »

Le ministre ne répond pas; il regarde l'empereur avec une respectueuse colère. Le faible César tremble devant ce regard accusateur; mais il n'ose dévoiler toute sa faiblesse en présence de son petit-fils. Napoléon II rougit pour la royauté ainsi humiliée devant un sujet, despote de son maître. L'indignation fait place à la pitié : il plaint sincèrement, dans le fond de son âme, le chef du puissant empire d'Autriche de s'être ainsi laissé maîtriser par un astucieux diplomate. L'empereur, le prince et le ministre restent silencieux : tous les trois sont en ce moment dominés par une passion impérieuse. Metternich obéit à sa ruse diplomatique : il ne veut pas qu'on l'accuse d'insolence à l'égard du souverain. — François II est honteux cette fois de sa pusillanimité; mais il est depuis si longtemps habitué à subir la tyrannie de son sujet, qu'il redoute les effets de son propre mécontentement : sa colère éclatera, si le ministre le pousse à bout; mais le fourbe sait où il faut s'arrêter. — Napoléon II a ressenti l'affront dont on acccable l'empereur : son indignation est revenue tout entière : elle est au comble; mais un éclat imprudent peut le perdre en forçant l'hypocrite ministre à sortir de la contrainte qu'il s'impose. Il voit le danger; mais sa grandeur d'âme est blessée; rien ne l'arrête : il veut dire une fois au moins toute sa pensée.

— « Ne regardez pas ainsi votre empereur et votre maître, monsieur. Cette audace ne sied pas à un sujet, fût-il premier ministre...

— » Mon fils, vous oubliez en ce moment...

— » Je prie votre Majesté de pardonner à l'âge du fils de Bonaparte....

— » Bonaparte !..... Un prince de Metternich habitué à ramper pour se glisser et se cramponner au pouvoir, ne pourrait-il comme autrefois prononcer le nom de l'empereur Napoléon? A-t-il oublié avec quelle bassesse il s'inclinait devant le conquérant de l'Europe? Est-ce une insulte au fils, ou plutôt un hommage au héros? Vous vous reconnaissez donc indigne de murmurer un nom qui vous condamne à la honte et à la malédiction des peuples?.... Merci pour cette justice tardive que vous rendez...

— » Mon fils ! » s'écrie le monarque effrayé, pâle, tremblant...

En ce moment la porte s'ouvre : un personnage influent en Angleterre venait d'être introduit. Cette intervention inattendue a délivré François II comme d'un lourd fardeau, et le prince de Metternich saisit avec bonheur cette occasion de rester sans se compromettre plus longtemps en présence d'un jeune homme. Le fils de Napoléon se réjouit aussi de l'arrivée du noble anglais. Il bénit le ciel de pouvoir épancher son indignation au milieu des tortures morales qu'on lui fait endurer. Le Lord a jeté un coup d'œil rapide sur cette scène ; son regard inquisiteur s'est rencontré avec le regard foudroyant de Napoléon II ; et le seigneur anglais s'est courbé respectueux devant cette jeune Majesté qui domine les trois vieillards, le monarque et les deux diplomates.

— « Lord ***, continue le duc après un court silence, je suis heureux de votre arrivée ; car ce que je dis à M. de Metternich, je voudrais pouvoir le proclamer à toute l'Angleterre. — Vous savez la destinée que la Sainte-Alliance a faite au fils de l'empereur Napoléon : comme vous n'y êtes pas tout à fait étranger, je désire aujourd'hui vous consulter sur une question grave... — Est-il juste que le petit-fils de l'empereur d'Autriche ne puisse librement pénétrer dans toutes les parties de l'empire autrichien? Est-il juste surtout qu'on lui refuse d'aller combattre pour la défense de sa mère? Est-il indigne du fils de votre vainqueur de lutter contre l'anarchie?...

— » Monseigneur, il ne m'appartient pas de discuter les raisons d'état qui doivent diriger l'empire de sa Majesté?

— » Vous appartenait-il, monsieur, de vous immiscer aux affaires de la France? Vous n'avez cependant pas hésité un seul instant. C'est-à-dire qu'aujourd'hui vous n'osez pas vous prononcer en ma présence. Eh bien, je parlerai pour vous, puisque vous voulez vous condamner au silence. L'Autriche n'a pas plus le droit de me torturer contre la volonté de sa Majesté (le vieil empereur ne dément pas son petit-fils : une larme tombe de ses yeux)... non, messieurs, elle n'a pas plus ce droit aujourd'hui, qu'autrefois l'Angleterre n'eut celui de s'emparer lâchement de la personne de Napoléon Ier, au mépris des lois de l'hospitalité. Que redoute la Sainte-Alliance d'un prince de vingt ans? La France ne vous a-t-elle pas assez prouvé son oubli? Vos craintes, le savez-vous, sont impolitiques : si elles continuaient, elles révéleraient au monde la dégradation de la royauté absolue... Elle est donc descendue bien bas, grâce à vous, messieurs de la diplomatie? Quoi! vous redoutez pour elle un seul nom, qui semble se taire dans toutes les bouches? Votre opiniâtreté à me persécuter décèle une grave blessure. Tremblez qu'un jour la démocratie, poursuivie en moi, ne frappe encore de ce côté! Vous auriez alors perdu plus vite par votre imprévoyance cet absolutisme qui pouvait se conserver plus longtemps chez vous, en sympathisant, en apparence du moins, avec la révolution de France. Vous croyez mieux faire; vos efforts tendent à la convertir : vous accélérez des crises terribles, au milieu desquelles s'abîmera toute royauté absolue. »

L'empereur, quoique tremblant, admire son fils bien-aimé : il triomphe en secret de cette espèce de vengeance exercée au profit de sa faiblesse contre le ministre despote. Lord *** veut répondre au jeune prince; mais la parole s'éteint sur ses lèvres : il ne parvient aux oreilles du jeune Napoléon qu'un murmure de respect et d'étonnement. Le seul Metternich se retrouve assez de courage pour essayer de lutter par la ruse et l'hypocrisie contre cette grandeur d'âme et cette raison sublime.

— « Prince, si vous voulez être juste, vous reconnaîtrez que la sollicitude du gouvernement de sa Majesté est toute bienveillante pour votre Altesse. Vos ennemis vous ont souvent accusé d'une ambition exagérée...

— » Monsieur, il n'y a d'exagéré que l'excès de votre prétendu dévouement à mes intérêts. J'ai assez montré ma soumission aux décrets de la politique, pour prouver que si mes vœux tendent vers la liberté, ce n'est pas dans un but d'ambition personnelle. Me suis-je plaint de votre obstination à refuser, en mon nom, la couronne de Pologne, qui m'est secrètement offerte? Vous ai-je demandé compte des ordres sévères qui m'empêchent de tirer l'épée pour l'indépendance polonaise? Je savais vos engagements avec la Sainte-Alliance : je n'ai rien trouvé d'extraordinaire dans votre conduite..... Ma présence à Varsovie aurait un sens que vous ne pouvez lui donner sans compromettre votre système..... Mais quel mal voyez-vous dans mon intervention en faveur d'une archiduchesse autrichienne?... Vous n'avez pas d'autre réponse à faire que celle-ci : Nous vous persécutons ainsi, parce que toute autre persécution nous est interdite.

— » Monseigneur..., murmure humblement le ministre, je proteste de toutes les forces de mon âme contre l'injustice de vos accusations.

— » Quand vous protesteriez aussi au besoin contre le supplice du martyr de Sainte-Hélène, mon père en serait-il moins mort victime d'un sir Hudson Lowe, ce bourreau titré aux gages de la Sainte-Alliance? Quand vous protesteriez contre la haine dont on vous accuse, en serait-il moins évident que votre funeste influence a toujours arrêté la main de l'empereur d'Autriche voulant s'armer, en faveur de mes droits, en 1830 comme en 1815? Votre nom sera digne de figurer à côté de celui de l'autre bourreau de la dynastie impériale. Un jour les peuples vous confondront dans leur indignation avec le geôlier de Longwood. Je sais bien à quels dangers je m'expose en bravant ouvertement votre colère ; mais qu'ai-je à redouter aujourd'hui ? Privé de toute espérance, repoussé de tout côté, je verrais avec bonheur avancer le terme de ma mort. Je puis donc vous défier impunément.—Lord***, votre gouvernement s'est depuis longtemps engagé dans une fausse route. Vous avez menti à votre constitution de 1688, en poursuivant partout et toujours la révolution française : c'est une apostasie dont vous subirez un jour la peine. Croyez-le, monsieur, les peuples, ceux mêmes de vos royaumes unis, ne vous pardonneront jamais d'avoir trahi leur cause, en vous couvrant d'un perfide prétexte, pour persécuter le génie de la civilisation européenne. Les noms des hypocrites et des lâches passeront à la postérité, pour appeler la vengeance, si elle tarde à venir..... Mon père a légué à tous les rois la honte de sa mort; je lègue à tous les traîtres l'infamie de mon supplice : je leur lègue surtout la triste immortalité d'un sir Hudson Lowe. »

Napoléon II se tait. Son regard enflammé court de l'un

à l'autre diplomate. Ils baissent tous deux la tête. François II semble remercier tacitement son petit-fils d'avoir ainsi humilié l'orgueilleux ministre qui le tyrannise par sa volonté depuis si longtemps. Un rayon de joie illumine cette noble figure, tout à l'heure flétrie par le chagrin ; mais un sourire dérobé est la seule marque d'approbation qu'il ose accorder au fils de Napoléon. Le faible monarque ne peut se défendre d'un sentiment de crainte, même en présence de son ministre atterré : tant est forte l'habitude de la soumission dans le vieillard couronné !.... Cependant l'un des deux diplomates se hasarde à relever les yeux : il y a du sang et des menaces dans ce regard ; mais Napoléon II ne saura jamais trembler : sa fierté fait de nouveau pâlir le vieux ministre déconcerté.

— » Monseigneur, j'attribue à vos seuls chagrins l'injustice et l'amertume de vos reproches. Vous nous rendez responsables de la sévérité de la Providence, comme si des mortels pouvaient avoir aucune influence sur la Fortune.

— » Oui, monsieur, des sujets ont oublié ce qu'ils devaient au grand empereur, et leur persécution se continue à son héritier. Des mortels peuvent si bien agir sur ma fortune, que sans vous, monsieur, sa majesté m'aurait déjà replacé sur le trône dont vous avez contribué à m'éloigner. Ne descendez pas jusqu'au mensonge : poursuivons nos rôles : le vôtre est de me persécuter ; le mien sera toujours de souffrir : ayons tous les deux le courage de notre destinée. »

Le prince est pâle d'émotion : les deux diplomates sont rouges de colère et de confusion. L'empereur, d'abord triomphant de l'humiliation de Metternich, a eu le temps de calculer toutes les conséquences de cette lutte inégale. Il tremble de nouveau pour son petit-fils. Il voudrait mettre fin à cette scène violente. — « Messieurs, dit-il aux deux vieillards, mon fils est souffrant : vous comprenez toute l'étendue de sa douleur. Je désire être seul avec lui. »

Metternich est sorti le dernier. Il n'a pas osé regarder le jeune prince ; mais il n'en voue pas moins une haine implacable à cette funeste révolution française. L'impératrice Augusta, inquiète de la longueur de cette audience, est rentrée aussitôt. Elle a tout appris de l'empereur. Elle reproche avec bonté au duc de Reichstadt de s'être ainsi laissé emporter par son indignation. Elle connaît la puissance du ministre : elle redoute sa colère.....

— « Qu'ai-je à craindre, madame ? Que peut-il m'arriver de plus malheureux que l'éternelle captivité dans laquelle je gémis ? »

Ses amis du Prater partagèrent sa douleur, sans être toutefois étonnés du résultat de ses démarches. Quelques jours après cette scène fatale, le duc se trouvait à l'habitation du capitaine : le jeune officier français se disposait à partir le lendemain pour retourner auprès des deux fils du prince Louis Bonaparte. Le matin, il avait reçu une lettre d'Italie : elle était datée des environs de Forli. Quand il vint chez le capitaine, la douleur était peinte sur sa figure : quelques larmes brillaient dans ses yeux. Intrépide dans la mêlée, inaccessible à la peur au milieu du carnage, le soldat français se distingue toujours par sa sensibilité pour tous malheurs... — « Lieutenant, vous paraissez souffrir aujourd'hui, lui dit le duc avec sa bienveillance ordinaire.

— » Oui, prince; car le ciel semble abandonner encore une fois la cause des peuples. En France, les patriotes se sont trop vite endormis dans l'ivresse d'un prompt succès ; en Pologne, l'héroïsme de la nation est lâchement trahi par les funestes passions d'un petit nombre de grands ; en Italie..... Oh ! c'est surtout pour cette malheureuse contrée que je tremble ; tous les jours elle voit tomber ses plus fermes soutiens.....

— » Heureux ceux qui meurent en combattant pour la liberté !... soupire le fils de Napoléon ; ils n'ont pas du moins la douleur de survivre à leur propre honte, à l'esclavage de la patrie !.....

— » La mort du simple guerrier sur le champ de bataille est un bienfait dont il doit remercier la Divinité; mais les chefs qui succombent avant la victoire ne doivent-ils pas s'éteindre avec la douleur de laisser la cause de la liberté sans appui ? La perte qu'elle vient de faire en Italie est irréparable : la patrie en doit longtemps gémir.

— » Que voulez-vous dire?

— » Prince, je ne me sens pas la force de vous apprendre la cruelle nouvelle que j'ai reçue ce matin.....

— » Un de mes cousins aurait-il péri dans la lutte ? »

Le jeune officier ne répond pas; une larme s'échappe de ses yeux. Le prince a tout compris : son front s'est voilé comme d'un nuage ; mais au milieu de la douleur il donnera l'exemple de la fermeté. — « Nous ne devons pas pleurer sur le sort des braves qui donnent tout leur sang à la cause des peuples : ceux-là seuls sont à plaindre qui survivent pour voir la liberté opprimée... Nous espérions nous revoir cette année à Vienne; mais le ciel en a décidé autrement; c'est dans l'autre vie que nous devons bientôt nous retrouver; car, je le sens, mes amis, la main invisible qui trahit ainsi partout la cause des nations a déjà creusé ma tombe..... Si je dois rester encore inutile au bonheur

de ma patrie, qu'ai-je à faire de cette triste existence?...
Ne dois-je point bénir la Providence d'avancer le terme de
ma mort par la main de mes ennemis?.....»

Chacun le regarde ému, effrayé. Son regard est brûlant; ses traits sont altérés : une fièvre lente le consume...
Il envie le sort de ceux qui ont cessé de souffrir. Tous les
yeux ont des larmes, moins pour la mort de Napoléon-
Louis que pour les maux du nouveau martyr de la Sainte-
Alliance. — Le capitaine et le jeune officier regrettent de
n'avoir pas été frappés mortellement sur un champ de bataille, tant il est cruel d'être témoin de cette grande infortune sans pouvoir apporter une consolation! Marguerite
est tout amour : que ne peut-elle donner toutes ses larmes,
tout son sang, pour effacer jusqu'au souvenir des maux
de Napoléon II! Mais Dieu ne peut plus lui accorder
qu'une faveur, c'est de ne point survivre au prince dont
la maladie fait chaque jour de rapides progrès.

La révolution de juillet avait rendu à tous des espérances
trop tôt déçues! Peuples et particuliers avaient attendu en
vain leur affranchissement politique... La France, après
trois jours d'héroïsme, s'était laissé endormir par la peur
de l'égoïsme. Comme le duc de Reichstadt, les deux fils de
la reine Hortense s'étaient réjouis aux premiers cris de
liberté; mais, comme pour lui, l'espoir du retour dans la

patrie s'était évanoui pour eux!... Une pensée fatale travaillait à réduire aux plus mesquines proportions cette liberté si grande à son berceau!... Quand le nord de l'Italie s'insurgeait pour son indépendance, en février 1831, quand tous autour d'eux s'armaient pour l'émancipation des peuples, les neveux de Napoléon Ier devaient-ils rester oisifs spectateurs de la lutte? Plus heureux que le fils du héros, ils se rangeront sous l'étendard populaire. Si la France les repousse, ils pourront du moins, sur le sol étranger, défendre encore la cause de la patrie. Toutes les nations ne sont-elles pas solidaires de la liberté?

En Italie comme en Pologne, l'absolutisme ne résiste pas au premier élan, à la première attaque : la révolution est triomphante; mais l'enthousiasme se refroidit aussi promptement au pied de l'Apennin que sur les bords de la Vistule : l'égoïsme de quelques intrigants a déjà vendu, trahi la cause de l'indépendance. Le sommeil de la France a seul favorisé les succès des passions honteuses : Dieu aura un grand crime à nous pardonner... Nous avait-il donné pour nous seulement le génie de la liberté et de la civilisation? Nous subissons depuis dix ans un commencement de châtiment. Puisse la Providence nous épargner le reste! Que de noble sang inutilement versé à cause de nous! Le prince Napoléon-Louis avait compté sur la coopération du patriotisme français : l'immobilité du gouvernement a partout ruiné l'espoir des nations. — Au lieu d'entrer victorieuse à Vienne, l'insurrection italienne succombe sur le rivage de l'Adriatique : elle n'a plus que quelques places pour se défendre. Les neveux de Napoléon Ier multiplient leurs efforts ; mais seuls que peuvent-ils, quand la France n'envoie pas même un mot d'encouragement, quand les armées de l'Autriche s'avancent nombreuses et menaçantes? Leur sang coule en vain : ils sont épuisés de fatigue. La fièvre s'est emparée d'eux.....

Cependant l'armée autrichienne avance toujours : les deux princes, retenus à Forli par la maladie qui les consume, vont tomber au pouvoir de l'ennemi..... Ils se croient assez de force pour expirer en luttant une dernière fois contre l'oppression. La reine Hortense, malgré son amour et son inquiète sollicitude, les avait laissés partir, pour combattre en faveur de la démocratie. Elle apprend à quelle extrémité ils sont maintenant réduits. Elle ne calcule ni ses forces, ni les dangers : elle veut les soustraire à la honte de la captivité : elle devancera les troupes autrichiennes. Elle part.....; mais elle n'arrivera pas pour recevoir le dernier soupir du frère aîné !........ Il était mort aussi martyr de la liberté. La douleur de voir encore une fois la cause des peuples trahie ache-

HORTENSE ET LOUIS NAPOLÉON A ANCONE.
Page 303.

HORTENSE ET LOUIS NAPOLÉON A ANCONE.
Page 393.

vait ce que la maladie et les fatigues avaient commencé.

Les Autrichiens se sont emparés de Forli : elle ne pourra pas même rendre les derniers devoirs à ce fils bien-aimé ; mais tout un peuple enthousiaste de liberté l'a honoré de ses pleurs..... Elle tremble de ne pouvoir soustraire à la fureur du vainqueur le prince Louis-Napoléon..... Mais le ciel lui accordera de se retirer avec lui jusqu'à Ancône, où elle trouvera un abri pour elle et pour le jeune héros.

L'armée autrichienne a dépassé Forli : dans deux jours elle sera aux portes de la ville. Le parti de la reine est bientôt pris : elle s'exilera de l'Europe, pour soustraire cette dernière victime à la haine et à la vengeance de l'absolutisme. Elle s'embarquera pour Corfou ; mais, au moment du départ, son fils est atteint de la fièvre : le médecin exige encore un jour de repos au moins..... Quel nouveau sujet d'inquiétude ! Quel coup terrible !.... Le lendemain la figure du prince était couverte d'une éruption : il avait la rougeole !... L'ennemi approche toujours : il va entrer dans les murs d'Ancône. Un officier français, ami de la famille, accourt effrayé : l'avant-garde vient d'envahir la ville... Le prince oublie alors sa faiblesse : une imprudence peut causer la mort : que lui importe ? Il ne veut pas tomber vivant au pouvoir des Autrichiens..... Il se précipite sur son épée : il se battra une dernière fois pour la liberté. Sa mère effrayée fait des efforts inouïs pour l'arrêter ; ses pleurs pourront seuls le détourner d'une imprudente et inutile tentative.

Que faire maintenant, pour le soustraire à la vengeance, comme elle l'a sauvé de son propre courage? Elle peut compter sur la fidélité de ses serviteurs : elle trompera toute surveillance. Le bruit est bientôt répandu que le dernier fils d'Hortense est embarqué, et que la mère seule est restée malade. Cependant les craintes de la reine sont au comble : l'état-major s'est établi dans le palais habité par elle. Une seule porte la sépare des officiers : la voix du prince peut être entendue. Quelle anxiété!.. Quels tourments!.... Le moindre signe de souffrance découvrirait sa retraite à l'ennemi. Néanmoins on respecte la reine malheureuse..... Comment peindre ses inquiétudes durant tout le temps de cette maladie? La santé du prince Louis-Napoléon ne court plus aucun risque : sa mère ose enfin s'exposer à traverser les troupes ennemies à l'aide des passe-ports que des amis lui ont procurés.

Le fils de Napoléon est captif à Vienne, et son neveu fuit sous des habits de valet, à travers un pays autrefois illustré par les victoires du grand capitaine. La reine Hortense ne trouve aucun lieu de repos sur cette terre devenue inhospitalière par la cruauté des tyrans. A Camoscia, elle est inquiète pour la vie de son fils, tandis que ce prince, faible, encore souffrant, accablé de douleur, mais indifférent sur le sort qui lui est réservé, s'est endormi sur un banc de pierre, dans la rue!!...... O fortune!......

Les nobles fugitifs parviennent enfin jusqu'à Paris. Hortense comptait sur la reconnaissance d'anciens services. Qui ne sait la conduite du gouvernement à l'égard de la mère éplorée et du fils mourant?

Aujourd'hui renfermé dans une prison de cette France autrefois heureuse d'être gouvernée par son oncle, le prince Louis-Napoléon ne regrette-t-il point de n'être pas mort en combattant pour la liberté? — Non : il me semble que l'air de la patrie, respiré même sous les voûtes humides d'une forteresse, est préférable au repos de la tombe. Le ciel est juste : il prendra sans doute un jour en pitié les maux de l'héritier de tant d'héroïsme et de malheurs!....

— « Prince infortuné, votre frère et votre cousin sont ensevelis dans la terre étrangère; mais votre mère et le héros qui vous aimaient tant, reposent non loin de vos chaînes, l'un sur les bords de la Seine, l'autre à côté de l'impératrice Joséphine. Puissiez-vous tous un jour être réunis dans le même tombeau, pour dormir le même sommeil, après avoir partagé les mêmes maux ! Mais fasse le ciel que cette heure, fortunée pour vous, sonne le plus tard possible pour ceux qui admirent votre courage et plaignent vos infortunes ! La Providence doit-elle toujours sévir contre la vertu ? La France ne saurait-elle plus inscrire le nom des Napoléons que sur le marbre des tombeaux ou sur l'écrou des prisons ?.... »

Le jeune officier français avait donc reçu une lettre d'un de ses amis attaché à la fortune de la famille Bonaparte. Le duc lui en demande lecture : elle était ainsi conçue :

— « La liberté a subi des pertes irréparables depuis votre départ : notre cause, déjà si désespérée, est peut-être perdue à jamais : l'un de ses plus ardents défenseurs n'est plus !... Le prince Napoléon-Louis vient de succomber aux chagrins, à la fatigue et à la maladie !.... (Il y eut un moment de morne silence. L'émotion empêche le lieutenant de continuer. Le duc de Reichstadt ne pousse aucun soupir : il n'exprime aucune plainte : son regard se porte vers le ciel. Il semble envier la mort des héros qui ont fait le sacrifice de leur vie à l'indépendance des peuples. Enfin la lecture est reprise.) ..... La reine Hortense est ici. Informée trop tard, elle n'a pu parvenir jusqu'à Forli, pour fermer les yeux de ce fils bien-aimé. Sa tendresse maternelle est partagée entre les larmes qu'elle donne à celui qui a cessé de souffrir, et les soins qu'elle prodigue au prince souffrant qui lui reste. Louis-Napoléon est malade comme son frère, après avoir supporté comme lui les fatigues d'une guerre malheureuse. On désespère de le sauver. Cependant sa mère, peu confiante en la générosité autrichienne, ne veut pas attendre l'arrivée de l'armée impériale : elle part aujourd'hui, pour se réfugier à Ancône, et soustraire ce fils mourant à la vengeance d'un ennemi implacable. La cause de l'indépendance est désormais gravement compromise en Italie. Puisse le ciel nous réserver un avenir meilleur! Puisse la Pologne ne pas être frustrée comme nous dans ses espérances !.... Le prince qui vient de succomber annonçait au duc de Reichstadt l'espoir de l'embrasser cette année à Vienne ; il ne parviendra de lui qu'un souvenir de mort !.... Mais Dieu est bon et clément : il nous conservera au moins pour des temps plus heureux l'héritier du nom et de la gloire de l'empereur des Français, avec le dernier fils de la reine Hortense. Adieu, N*** ; ne désespérons pas de la liberté, tant qu'il restera un souffle de vie au fils du héros !.... »

Et quinze jours plus tard on apprenait à Vienne la destruction du parti patriote : l'Italie était de nouveau soumise à la domination autrichienne. — Encore quelques mois, la Pologne aura subi le sort de l'ancien empire romain.....

C'est ainsi que la France abandonne tous les peuples qui s'étaient levés à sa voix ! Le jour où les derniers coups de fusil étaient tirés au pied de l'Apennin, l'armée russe commençait à revenir de sa terreur et à se relever du découragement. Schrinechki n'avait pas su profiter des dernières victoires : Dembe et Iganie devaient rester sans résultat, grâce aux coupables lenteurs du généralissime polonais.

..... Les visites journalières du maréchal Marmont étaient donc devenues suspectes. Cette défiance de la Sainte-Alliance honore le duc de Raguse : nous voudrions savoir jusqu'où elle pourrait être justifiée : nous serions heureux d'avoir le droit d'affirmer les bruits favorables qui ont circulé à cette époque. Ce dernier dévouement serait une noble expiation d'une plus malheureuse intervention... Nous ignorons si le diplomate anglais oublia facilement les reproches du prince de Reichstadt, et nous doutons que le ministre tout-puissant de l'Autriche ait souffert sans rancune l'audacieuse protestation du captif de Schœnbrünn. Les conférences militaires cessèrent tout à coup, ainsi que nous l'avons vu : le duc n'obtint pas encore le commandement sollicité depuis plusieurs mois : les raisons ne manquèrent jamais pour motiver les refus.

M. de Prokesch était trop dévoué à la personne du prince ; cette noble et utile amitié devait porter ombrage à une politique soupçonneuse : on trouva facilement un prétexte afin de l'éloigner. Il reçut une mission pour Rome, même avant la fin des leçons du maréchal. Les affaires d'Italie, qui avaient effrayé l'Autriche, étaient terminées : les Marches et les Légations, tout était de nouveau soumis à la domination germanique; Marie-Louise était rentrée dans sa capitale pacifiée; le pape avait cessé de trembler de se voir arracher le modeste patrimoine de saint Pierre. — Ne pouvait-on faire un autre choix? Mais il importait avant tout d'enlever au jeune Napoléon un savant trop connu par ses idées libérales. Les deux amis, avant de se séparer, échangèrent quelques présents. Le duc donna à M. de Prokesch sa montre, sur laquelle il avait fait graver son nom germanique et la date du jour où il l'envoya, avec une lettre que nous allons citer en partie, d'après M. de Montbel. Ce document nous révélera toute la pensée, toute l'intelligence du prince, et nous démontrera que les intentions de la Politique ne pouvaient le tromper.

Vienne, le 31 mars 1831.

« Depuis le commencement de notre amitié, c'est au‑
» jourd'hui la première fois que nous nous séparons pour
» un temps considérable. Des jours riches en faits, pleins
» de grands événements, passeront sans doute avant que

» nous puissions nous revoir. Pour moi, le sable ne coulera
» peut-être que pour marquer la suite de pesants et stériles
» devoirs : peut-être l'honneur et la voix du destin exige-
» ront de moi ce qui m'est le plus difficile, le sacrifice du
» vœu le plus ardent de ma jeunesse, à l'instant même où
» son accomplissement se présente à mes yeux avec de si
» vives, de si séduisantes couleurs. Dans quelque position
» que le sort puisse me placer, comptez toujours sur moi :
» la reconnaissance et l'amitié m'attacheront toujours à
» vous. Les soins que vous avez voués à mon développe-
» ment militaire, vos observations d'une courageuse sincé-
» rité, la confiance que vous m'avez accordée, enfin la
» sympathie de nos natures, doivent vous garantir la durée
» de mes sentiments.

» L'amitié ne juge pas la valeur matérielle des souve-
» nirs : elle ne les considère que dans le prix qu'elle-même
» sait leur donner. Acceptez donc cette montre : c'est la
» première que j'ai portée; elle ne m'a pas quitté depuis
» six ans. Puisse-t-elle marquer pour vous des heures tou-
» jours fortunées! Puisse-t-elle vous indiquer le véritable
» moment de la gloire! Mais, en l'interrogeant, rappelez-
» vous toujours que c'est vous qui m'avez enseigné le véri-
» table emploi du temps, et la science plus difficile de
» l'attendre.

» Si je comprends bien le but de votre mission, ce n'est
» pas une affaire qui puisse suffisamment occuper vos fa-
» cultés. . . . .
» . . . . J'écrirai dans peu à ma mère, en lui par-
» lant de vous avec toute la chaleur des sentiments que
» vous avez su inspirer à votre sincère ami,

» F. de Reichstadt. »

Cette lettre n'a pas besoin de commentaires : seule, ne pourrait-elle pas nous prouver la persécution endurée par le fils de Napoléon? Malheureusement il ne nous arrive que trop de preuves de sa douloureuse existence... Cependant on ne pouvait plus longtemps reculer le terme de son éducation classique et militaire : il fallait bien le délivrer de la surveillance de ses gouverneurs. Voulant désormais le laisser développer ses talents dans la carrière des armes, l'empereur, cette fois, vainquit l'obstination de la Politique, et attacha à sa personne des officiers connus par leur loyauté, leurs services et leur expérience : il fit choix du général comte Hartmann, des capitaines baron de Moll et Standeiski.

Le général Hartmann était animé des sentiments les plus généreux : entré au service dès l'âge de seize ans, il avait obtenu ses grades sur le champ de bataille. L'empereur ne pouvait placer auprès de son petit-fils un plus brave guerrier, un homme plus loyal. Les capitaines Moll et Standeiski avaient mérité l'estime de l'armée par leur science et leurs services. Sous le rapport de l'éducation et des manières, leur société devait être agréable au duc de Reichstadt. Je ne sais si ces hommes honorables obtinrent tout à fait l'assentiment des ennemis du fils de l'empereur. Ce qui nous importe, c'est de constater dès aujourd'hui leur fidèle dévouement et leur constante amitié.

C'est ainsi que la maison militaire du prince était constituée depuis la fin de 1830 ; mais les motifs de nous connus ne laissèrent commencer leur service que le 14 juin 1831.

Suivant l'usage et l'ordre établis pour les membres de la famille impériale, le petit-fils de François II avait successivement parcouru les grades inférieurs et en avait exercé les fonctions : il avait ainsi appris les divers détails de la science militaire avec un zèle, une ardeur qu'il fallait constamment modérer. Au mois de novembre 1830, il avait été nommé lieutenant-colonel ; et le 15 juin 1831 seulement, il put obtenir le commandement d'un bataillon dans le régiment d'infanterie hongroise de Giulay, alors en garnison à Vienne. Cette mesure était désormais sans danger pour la politique : l'absolutisme commençait à se rassurer sur l'avenir de l'Europe. Grâce au quiétisme de la France, la liberté s'assoupissait lentement sur toute la surface du continent : la fille de Louis-Philippe allait s'asseoir sur le trône pacifique de la Belgique : la confédération continuait de se reposer sur tout le littoral du Rhin : l'Adige et le Pô, toujours fleuves de l'empire germanique, portaient avec un nouveau calme le tribut de leurs flots à la mer Adriatique : la malheureuse Pologne, déchirée par les dissensions intestines, trahie par l'égoïsme de quelques intrigants, voyait chaque jour l'héroïsme des enfants du peuple rendu inutile par l'ignorance ou la perfidie des aristocrates ; elle devait bientôt succomber malgré la valeur du soldat au milieu même de ses triomphes ? Le génie militaire de Dwernicki, abaissé par son rival Schzrinechki jusqu'aux intrigues de la diplomatie, servait mal par la parole, auprès du gouvernement de l'Autriche, cette patrie à laquelle son épée aurait pu rendre encore de si importants services : on n'osait plus que faiblement prononcer le nom du prince duc de Reichstadt. Le désespoir s'était glissé partout.

Le fils de Napoléon se montra passionné pour ses nouvelles fonctions. Poli, bon, prévenant à l'égard des officiers, était plus pour eux un camarade qu'un prince de la famille impériale. Il exerça bientôt sur eux, à son insu, une grande influence, comme sur toutes les personnes admises à l'approcher. Sa vie dès lors se passait dans les études de théorie, dans les champs de manœuvre, et à la caserne.

— « J'admirais sa passion et son intelligence militaires, dit le comte Hartmann. Dès le quatrième jour de son commandement de bataillon, il eut la voix enrouée : je ne m'en étonnai pas; cet effet est généralement produit sur tous ceux qui n'ont pas l'habitude de commander une ligne étendue, même sur les personnes les plus robustes. En conséquence, je ne crus pas devoir l'empêcher de continuer son service.

» A cette époque, il n'y avait pas encore d'indices visibles de la maladie, quoique actuellement il soit indubitable qu'il portait dès lors les *germes du mal terrible* auquel il a succombé. Cependant bientôt de légères attaques de toux assez fréquentes, la prolongation de son enrouement, sa faiblesse après les fatigues, me semblèrent des preuves évidentes d'une constitution bien peu satisfaisante, et qui nécessitait une attentive surveillance, de continuels ménagements; mais le prince persistait à attribuer sa faiblesse au peu d'habitude qu'il avait de se livrer aux exercices du corps. Un mouvement *actif* pouvait seul guérir, disait-il, le mal qu'avait produit en lui la suite non interrompue d'une trop longue application aux études sédentaires. Avec une incroyable force de caractère, il cachait soigneusement, autant qu'il était possible, tous les symptômes d'indisposition phthisique, tant il craignait que la connaissance de sa situation réelle n'amenât la décision de son retour à une vie paisible et retirée.

» Cependant des observations attentives et suivies me mirent à même de reconnaître en partie la vérité, et de faire part de mes craintes au docteur Malfatti, médecin ordinaire du prince, et qui avait sur son esprit une grande influence, afin d'aviser ensemble aux moyens que nous devions employer pour porter un secours efficace et opportun à une santé qui se détériorait visiblement. »

La loyauté du comte Hartmann ne lui permettait pas de comprendre de quelle nature étaient les germes du mal terrible qui menaçait déjà la vie du prince ; mais l'obstination du jeune duc attribuant toujours sa faiblesse à son peu d'habitude de se livrer aux exercices du corps, aurait dû lui ouvrir les yeux, s'il eût seulement soupçonné les calculs de la Pensée. On a en tout temps voulu motiver sur sa santé les retards apportés à son entrée au service militaire : on semblait avoir la plus grande sollicitude à ce sujet. Je vais citer littéralement le récit du docteur Malfatti sur la situation du prince :

« Je fus appelé par le duc de Reichstadt, avec le titre de son médecin ordinaire, dans le mois de mai 1830. Je succédais à trois hommes d'une haute réputation, le célèbre Franck, les docteurs Goëlis et Staudenheimer. M. de Herbeck avait rempli près du prince les fonctions de chirurgien ordinaire. Ces médecins n'avaient *pas laissé de journal* de la santé du jeune duc (du moins on n'en trouva pas). M. le comte de Dietrichstein eut la bonté d'y suppléer, en m'instruisant de beaucoup de détails qu'il était indispensable de connaître. Le prince mangeait très-peu et sans appétit : son estomac semblait trop faible pour supporter la nourriture qu'aurait exigée sa croissance singulièrement rapide et même effrayante : à l'âge de dix-sept ans, il avait atteint la taille de cinq pieds huit pouces.

» La connaissance personnelle que j'avais de l'existence d'une disposition morbifique héréditaire dans la famille de Napoléon dirigea mes premières recherches, et je m'assurai de l'existence d'une affection cutanée (*herpes farinaceum*).

» Le prince devait passer à l'état militaire dans l'automne suivant : c'est là où tendaient ses vœux, où se concentraient tous ses désirs. il avait déjà obtenu l'autorisation tant sollicitée. Je ne me recommandai pas à ses bonnes grâces, lorsque je m'opposai formellement à ce changement de vie : j'en développai les raisons à ses augustes parents dans un mémoire que je leur adressai le 15 juillet 1830.

» Mon mémoire fut accueilli par l'empereur : l'entrée au service militaire fut ajournée pour six mois. A la suite de soins assidus et de révulsions artificielles, les symptômes inquiétants se mitigèrent d'une manière visible : l'hiver se passa heureusement ; mais la croissance *continuait encore*.

» Au printemps de l'année 1831, le prince fit son entrée dans la carrière des armes. Dès ce moment, il rejeta tous mes conseils ; je ne fus plus que spectateur d'un zèle sans mesure, d'un emportement hors de limite pour ses nouveaux exercices : il crut ne devoir écouter désormais que sa passion qui entraînait son faible corps à des privations et à des fatigues absolument au delà de ses forces. Il eût regardé comme une honte, comme une lâcheté de se plaindre sous les armes. D'ailleurs j'avais toujours à ses yeux le tort grave d'avoir retardé sa carrière militaire ; il paraissait redouter que mes observations ne vinssent encore l'interrompre. Aussi, quoiqu'il me traitât avec une extrême bienveillance, dans les relations sociales, comme médecin il ne me dit plus un seul mot de vérité. Il me fut impossible de le déterminer à reprendre l'usage des bains muriatiques et des eaux minérales qui lui avaient été si utiles l'année précédente. Le temps lui manquait, me disait-il.

» Plusieurs fois je le surpris à la caserne dans un état d'extrême fatigue. Un jour, entre autres, je le trouvai couché sur un canapé, épuisé *de forces*, exténué, presque défaillant. Ne pouvant me nier alors l'état pénible où je le voyais : — J'en veux, dit-il, à ce misérable corps, qui ne peut pas suivre la volonté de mon âme.

— » Il est fâcheux en effet, lui répondis-je, que votre altesse n'ait pas la faculté de changer de corps, comme elle change de chevaux quand elle les a fatigués ; mais je vous en conjure, monseigneur, faites attention que vous avez une âme de fer dans un corps de cristal, et que l'abus de la volonté ne peut que vous devenir funeste.

» Sa vie, en effet, était alors comme un véritable procédé de combustion ; il dormait à peine pendant quatre heures, quoique naturellement il eût besoin d'un long sommeil ; il ne mangeait presque pas. Son existence était entièrement concentrée dans le mouvement du manége et de tous les exercices militaires ; il ne connaissait plus le repos : sa croissance en *longueur ne s'arrêtait pas* : il maigrissait graduellement, et son teint prenait une couleur livide. A toutes mes questions il répondait toujours : « Je me porte parfaitement bien. »

» Dans le mois d'août il fut atteint d'une forte fièvre catarrhale : tout ce que je pus obtenir, ce fut de lui faire garder le lit et la chambre pendant un jour. — Nous conférâmes avec le général comte Hartmann de la nécessité de mettre un terme à un régime aussi dangereux pour cette frêle existence.

» Inaccessible à la crainte qu'inspira le choléra-morbus à son apparition, le duc de Reichstadt ne voulait pas se séparer des soldats et s'éloigner de leur caserne ; l'empereur ne pouvait qu'apprécier ce sentiment, conforme à ses idées sur les devoirs d'un prince ; mais, pour nous, il y avait aussi un devoir sacré et pressant, c'était de sauver ce jeune homme d'une position qui tendait évidemment à le détruire. Je fis à cet égard un exposé de tous les dangers imminents qu'il fallait conjurer par un prompt changement de régime et par un repos absolu. Dans une situation aussi critique, la moindre atteinte du mal régnant devait être mortelle. Le comte Hartmann se chargea de présenter ce rapport à l'empereur, qui me fit transmettre l'ordre de venir le lui répéter textuellement en présence du duc de Reichstadt, à l'issue de la revue militaire qu'il devait passer le lendemain sur la Schmölz, près de Vienne. Je me rendis exactement, à l'heure indiquée, sur ce champ de manœuvres, où l'empereur, se mêlant aux troupes et aux peuples, voulait ainsi rassurer, par son exemple, contre les terreurs de la contagion. Quand la revue fut terminée, je m'approchai de sa majesté, et je lui répétai mon rapport. L'empereur s'adressant alors au jeune prince, lui dit : « Vous venez d'entendre le docteur Malfatti ; vous vous rendrez immédiatement à Schœnbrünn. » Le duc s'inclina respectueusement en signe d'obéissance ; mais, en se relevant, il me lança un regard d'indignation. — « C'est donc vous qui me mettez aux arrêts !.... » me dit-il avec un accent de colère ; et il s'éloigna rapidement.

»Les deux mois de repos absolu qu'il passa à Schœnbrünn furent comme un baume vivifiant pour ses organes délabrés ; ses forces se rétablirent ; son visage perdit cette teinte livide si effrayante, et recouvra une meilleure expression : il dormait alors pendant huit ou neuf heures de suite : la nature semblait ainsi vouloir reprendre le repos qu'elle lui avait si longtemps refusé : les douleurs qui avaient déchiré sa poitrine s'amortirent et disparurent. Son indignation contre moi s'apaisa aussi insensiblement, et céda à la bienveillance habituelle dont il m'avait honoré. »

J'ai emprunté cette narration du docteur Malfatti à

l'ouvrage de l'ancien ministre de Charles X. Ce document, dont personne n'a révoqué l'authenticité, démontre, mieux que nous ne pourrions le faire, la fausseté de certaines allégations. La négligence des médecins, qui n'avaient pas transmis une seule note sur la santé du prince, laisse entrevoir de deux choses l'une : ou la politique tenait peu à conserver une existence importune, ou sa faiblesse était attribuée à sa véritable cause, toujours proclamée par l'opinion ; elle était étrangère à une prétendue disposition morbifique, héréditaire dans la famille de Napoléon. Sa vie, qui était alors comme un *procédé de combustion*, était donc tout à fait ignorée du docteur, puisqu'il ne soupçonne même pas la cause de cette fièvre dévorante ? Il n'était donc pas initié à tous les mystères de la Pensée, puisqu'il ne comprend pas le sens de cette réponse : « J'en veux à ce misérable corps qui ne peut pas suivre la volonté de mon âme ?.... » S'imagine-t-il que l'ambition de Napoléon II se borne à faire manœuvrer un bataillon du régiment de Giulay ? Il faut l'avouer, le personnage inconnu, qui avait appelé le docteur Malfatti, avait fait, sans le savoir sans doute, le choix le plus heureux pour la Pensée occulte..... La volonté, toute l'âme du captif était sur les rives de la Seine, quand son corps languissait sur les bords du Danube.

Démontrons une dernière fois la vérité de tous les rapports inventés à plaisir sur la faiblesse du jeune Napoléon. — « Sa croissance était singulièrement rapide et même effrayante : à l'âge de dix-sept ans, il avait atteint la taille de cinq pieds huit pouces..... » — Plus loin : — « Sa croissance en longueur ne s'arrêtait pas....» Et cet accroissement continu aboutit à quoi ? peut-être quelques lignes en quatre ans !.... L'autopsie du cadavre lui attribue cinq pieds neuf pouces !.... On ne doit pas oublier que le corps s'allonge toujours après la mort. Cette erreur serait de peu d'importance en toute autre circonstance ; mais ici elle prouve trop, pour être omise.

A Schœnbrünn, le prince avait retrouvé le sommeil. Ce calme attribué au repos par la médecine fit un moment le désespoir de la Pensée ; mais elle reprendra bientôt courage ; car ce n'était que l'affaissement du découragement : c'était....... Laissons l'opinion publique porter son jugement : elle sait mieux que nous la cause de toutes choses. Avec de nouvelles espérances reviendra une nouvelle fièvre de gloire, qui achèvera de le tuer à l'aide du mal politique.

L'amitié de M. de Prokesch est encore une fois rendue au prince ; mais ce sera pour peu de temps : revenu en octobre, cet officier retournera en Italie au mois de janvier 1832....... Cette séparation sera éternelle ! A son retour le duc l'avait accueilli avec une cordialité parfaite, et lui avait parlé de son avenir, de ses travaux, des observations que depuis son départ il avait faites sur les hommes. Les deux lettres dont je vais citer plusieurs passages feront connaître la nature de leurs rapports : on ne pouvait toujours laisser un tel homme auprès du fils de Napoléon.

Schœnbrünn, 2 octobre 1831.

« .... Combien d'idées se croisent dans ma tête sur ma position, sur la politique, l'histoire, notre grande science stratégique qui détruit et conserve les empires ! Tout cela, pour arriver à son entier développement, pour parvenir à la maturité, a besoin de la lumière vivifiante de vos connaissances, de vos soins et de vos conseils. Combien d'aperçus différents se pressent dans mon esprit ! Mais la révélation d'une semblable situation intellectuelle aurait pu être interprétée comme un tort de ma part : par suite, j'ai dû rejeter toutes ces idées dans les ténèbres, à proportion qu'elles en surgissaient. Je vous revois..... vous ne me condamnerez pas, lorsque mes pensées prendront un vol trop hardi..... et vous ne vous empresserez pas de les abattre.

» Pendant votre absence, mon imagination a trituré plus particulièrement deux sujets, d'abord les relations de la politique actuelle de l'Europe. J'ai examiné tous les résultats qu'il était possible d'en tirer. Le sens obtus du vulgaire se contentera de la marche apparente des choses ; mais un regard dans l'avenir me donne une grande méfiance de ceux qui peuvent mesurer leur sécurité sur une semblable échelle.........

. . . . F. de Reichstadt. »

« Cher prince, ...

» . . . . La Providence, qui ne connaît pas de hasards, a peut-être quelque noble projet en nous unissant : puisse-t-il en être ainsi !... Tâchons d'être préparés à l'accomplissement de ses desseins. Le nombre de personnes capables de marcher dans la carrière scabreuse des actions n'est pas grand : vous, mon prince, vous portez le signe de cette mission dans votre destinée ; dans les facultés de votre âme, dans la direction de vos désirs, dans les qualités de votre cœur et de votre tête.

» Les grandes pensées, qui vous ont particulièrement occupé, furent de tout temps l'objet des méditations de tous les hommes qui réfléchissent. Actuellement, vous êtes à l'époque où vous devez considérer ces questions dans leur vérité absolue : plus tard, vous examinerez ce qu'elles ont d'applicable, et avec quel alliage l'or pur de la vérité doit être combiné, pour en fabriquer une monnaie qui puisse avoir cours. La sagesse des plus sages a si souvent échoué sous ce rapport ; les catastrophes de tous les temps ont été le résultat d'erreurs commises à cet égard. Plus d'une âme noble et généreuse croit semer du froment, et ne fait naître que des plantes inutiles ; tel croit offrir aux nations et aux individus le calice de la vie, et ne leur donne que la coupe empoisonnée de la mort.

» Platon et Socrate pouvaient s'arrêter à considérer ces questions dans leur essence même ; César et Napoléon étaient obligés de les aborder sous le rapport de leur application ; et tous deux sont tombés, l'un sous le poignard, l'autre dans l'abandon, parce que la vanité des nations ne sait pas toujours supporter l'alliage que la vérité doit recevoir pour devenir une sève vitale. Sans doute la justice doit toujours être notre étoile polaire ; mais la grande base du faisable, c'est l'applicable. Si j'avais vécu du temps de César, j'aurais regardé Brutus comme un furieux absurde : si j'avais été Français sous Napoléon, j'aurais regardé L.... et les autres faiseurs de systèmes libéraux comme les perturbateurs de la société humaine....... »

Sans partager tout à fait les idées de l'officier autrichien, nous devons avouer que cette amitié devait être utile au fils de Napoléon. Dans leurs fréquents entretiens, ils ne s'occupaient pas seulement d'études littéraires ou de sciences stratégiques, la religion faisait souvent l'objet de leurs discussions. M. de Prokesch avait publié une relation de son voyage en terre sainte. « Le duc s'échauffait en par-
» lant de ces souvenirs bibliques, et dans ces moments son
» cœur, ordinairement si ferme, semblait un métal en fu-
» sion et devenu malléable contre sa nature. »

« Les lectures que j'ai faites, disait le jeune Napoléon, quelques exemples que j'ai eus sous les yeux, m'ont jeté dans l'incertitude. Le spectacle de pratiques minutieuses poussées quelquefois jusqu'à l'excès, jusqu'à la superstition, et cependant en opposition dans les mêmes individus avec leur conduite morale, a produit sur moi une impression fâcheuse. Mais d'un côté, à l'exemple de tous les législateurs qui l'ont précédé, mon père a hautement proclamé que la religion était la base indispensable de tout édifice social : ce qui est aussi nécessaire à la société humaine ne saurait être en dehors de la vérité : ceci a parlé à ma raison. Ce qui a parlé à mon cœur, où se trouve essentiellement le siége de la pensée religieuse, c'est ma connaissance intime de l'empereur. Pour lui la religion n'est pas seulement un mot sur les lèvres, une pensée intime de l'âme ; c'est une force vitale, dont on voit l'action continuelle : soit qu'il prie, soit qu'il parle, soit qu'il agisse, je retrouve en lui toujours également l'homme profondément religieux : ce spectacle habituel m'a parlé un langage qu'heureusement j'ai su entendre. J'ai compris, j'ai senti tout ce qu'il y avait de sublime dans la religion pouvant seule éclairer la marche de l'homme, au milieu des incertitudes et des ténèbres qui l'entourent. »

Que de maux ce prince n'aurait-il pas réparés en France, si le ciel nous l'avait conservé sur le trône démocratique de 1815 !.... Quelle étendue de connaissances !.... Quelle solidité dans la caractère !.... Quelle profondeur dans le génie !... — « La religion... répétait souvent le duc à ses amis de France, la religion est la seule base inébranlable de toute constitution..... — Pourquoi la révolution de 89 l'avait-elle oublié?. .. La faute en retombe-t-elle sur elle seule? Devons-nous, à l'exemple de tous, l'en accuser et l'en maudire? Avant tout, par-dessus tout, le clergé, personnification corrompue de la religion sous la régence et sous le règne néfaste de Louis XV, le clergé avait renié sa noble mission. Sorti du peuple, il devait s'identifier avec lui et faire cause commune au moment du danger, au lieu de flatter l'aristocratie et de l'aider à corrompre la sainteté de la royauté. S'il n'était pas tombé dans le domaine de cette caste privilégiée, s'il avait voulu respecter ses franchises et les faire partager à la nation, son redoutable ennemi presque juste dans sa vengeance, au lieu de renverser l'autel avec le prêtre corrupteur et corrompu, aurait invoqué la voix du ministre de la divinité, pour proclamer la liberté au nom de l'Évangile..... Car l'affranchissement des nations, c'est la volonté du sauveur des hommes : Dieu et le peuple sont unanimes : *Vox populi, vox Dei*.....

— » Et parce qu'ils n'ont pas voulu se comprendre, peuple et clergé se sont depuis voué une haine implacable : le premier s'est fait philosophe avec Voltaire, ce destructeur de toute moralité, de tout bien social : le second s'est caché derrière la religion restée inviolable jusqu'alors ; il s'en est fait une arme moins pour la défense que pour l'attaque ; il a frappé au cœur ceux qu'il avait mission de protéger contre la tyrannie des pouvoirs humains....... Qu'est-il arrivé ? Une guerre civile des plus déplorables... Le peuple ne voyant qu'un faux frère, qui le trahissait au profit des oppresseurs, a voulu frapper à son tour cet ennemi abrité derrière un rempart sacré...., et l'autel est tombé avec le prêtre.......

— » Mon père avait compris sa mission civilisatrice : il

avait voulu réconcilier les deux antagonistes, ou plutôt réunir les membres divisés d'un même corps... Les temples étaient rendus à la religion ; mais le clergé cachait mal dès lors sa rancune contre la liberté et le peuple, qu'il s'opiniâtrait à ne pas comprendre. On se voyait chaque jour ; mais on semblait se mesurer et n'attendre que le signal d'une nouvelle lutte..... Cette fois la haine était plus forte contre lui : il avait recueilli le triste héritage d'une noblesse mal ravivée, presque morte. Le peuple s'assemblait encore autour de la chaire de vérité ; mais il n'en tombait sur lui que des paroles aigres et presque menaçantes, auxquelles il répondait toujours par un regard d'ironique défi..... Aussi, quand la révolution de 1830 était venue terrifier le faible provocateur, l'autel trembla de nouveau, et le prêtre se prit à redouter encore une fois l'échafaud révolutionnaire..... Mais la magnanime clémence de son ennemi le rassura bientôt. — Vainqueur, se serait-il conduit avec la même mansuétude ? L'inquisition, la ligue, la restauration, tout répond négativement. C'était le moment d'opérer une franche réconciliation ; mais la religion doit encore longtemps gémir de l'entêtement du clergé, qui la trahit depuis tant de siècles.

— » C'est un malheur public, mais plus en France qu'en Autriche : tout citoyen, animé de nobles sentiments, déplore les maux que l'obstination ecclésiastique continue d'appeler sur la religion et la liberté ; car elles sont une, indivisibles, comme elles doivent être éternelles. — Que penser d'un peuple qui entraîne les temples de Dieu dans la chute des bastilles et des boulevards de la tyrannie?.... Anathème sur lui !.... Son indépendance dégénère aussitôt en sanglante anarchie..... — Que penser d'un clergé qui oublie la sainteté de la religion, et déserte l'autel du sanctuaire, pour aller s'agenouiller sur les marches d'un trône corrompu, ou encenser les grands qui lui prodiguent faveurs et richesses?.... Anathème aussi sur lui !.... Sa véritable, sa seule mission était de protéger le peuple contre la puissance devenue oppressive.... Mais il ne daignait plus lire dans les saintes Écritures que le Christ était venu affranchir les esclaves, et que les apôtres étaient morts comme lui pour l'indépendance civile et religieuse !....

— » Espérons que le ministre de Dieu comprendra enfin que les temples ne sont point des bastilles élevées contre le peuple, pour aider les rois à l'opprimer. Espérons que l'un se convaincra qu'il n'est point de liberté sans religion, et que l'autre méditera sérieusement les divines maximes de l'Évangile..... Espérons que prêtres et laïcs se confondront dans cette sainte famille qui doit avoir pour seule constitution la Charte et la loi du Christ......

— » Expliquons-nous une dernière fois : depuis que le clergé a couvert son ambition d'un voile sacré, depuis qu'il a eu l'audace de rendre le ciel solidaire de ses vices, quelquefois de ses crimes, le peuple indigné de cette solidarité a fait tomber sa colère et sa haine sur le masque et sur l'hypocrite qui s'en recouvrait. Le prêtre seul a rendu l'homme impie, athée : seul il a dû répondre du scandale devant Dieu. Ainsi depuis 1815, en France, ministres ou gouvernements sont tombés sous la réprobation universelle : la loi n'a été imposée ou acceptée que pour servir des passions engagées dans une fausse route. La loi, parfois corrompue dans le principe, l'était souvent encore plus dans l'application : on voulait faire de la morale sans religion, ou du gouvernement sans morale : on voulait de l'une et de l'autre seulement comme auxiliaires, pour mieux retenir les *sujets* dans l'obéissance....... On tombait dans l'absurde, dans l'impossible : si parfois on rencontrait des ministres assez aveugles dans leur ambition pour accepter l'administration avec de tels éléments...., l'immoralité publique et le désordre dans les finances, le désordre dans l'état, le désordre dans la famille, le désordre partout allaient toujours croissant. Le gouvernement restait dans la déconsidération, et la loi perdait de son énergie, et le peuple n'accordait plus sa confiance à personne..... Ou trouver la cause du mal ? On la cherchait bien loin, elle était dans tous les articles de la loi..... — Depuis 1815, pour ne parler que de cette époque, elle existait dans les rouages du gouvernement : le principal moteur manquait... la machine de l'état s'usait, chaque jour, en chicanes parlementaires, ou en orgies ministérielles : la morale n'était pas la grande garantie du talent : le plus habile n'était pas le plus vertueux. »

Nous sommes au quinze octobre 1831 : tout est fini : l'absolutisme triomphe de la liberté : il n'est plus de Pologne !.... Elle a succombé sous la lance du Cosaque..... Les derniers débris des phalanges varsoviennes se sont réfugiés en Prusse et en Autriche. Deux généraux attendent le duc de Reichstadt chez le capitaine. Il paraît enfin dans les allées du Prater..... En ce moment le soleil, parvenu au milieu de sa course, répandait sur le feuillage assombri une lumière jaunissante et mélancolique ; les arbres dont les têtes se dépouillaient graduellement de leur parure, gémissaient et murmuraient comme une plainte. A la vue de la pâle figure de Napoléon II, la nature en deuil semblait pleurer sur le génie mourant de la liberté.......

Tous se sont levés respectueusement. Le regard inquiet du prince a aussitôt remarqué l'absence de Marguerite et de sa mère : il en gémit intérieurement ; mais il ne communique pas ses craintes au capitaine... — « Général A***, j'ai désiré vous voir avant votre départ pour la France ; je vous remercie de vous être rendu à ma prière. Que ne puis-je vous accompagner ! Je serais heureux de revoir la patrie avec vous. Mais je dois mourir sans obtenir ce bonheur !.... »

L'émotion arrête sa voix : il regarde tristement les deux officiers polonais ; des larmes brillent dans leurs yeux..... Le malheureux fils de Napoléon leur rappelle tant de douloureux souvenirs !... Ils ont tant aimé le père !... Ce prince, pour eux la dernière image de l'empire et de la liberté, leur apparaît comme le fantôme de la patrie.....

— « Prince, reprend le général A*** après un court silence, l'espoir est-il perdu ? L'amour de Napoléon n'est pas éteint tout entier. Votre nom n'est pas dans toutes les bouches, il est vrai ; mais il règne au fond des cœurs. Cet empire est plus durable... Croyez-moi, vous ne vivrez pas toujours soumis aux caprices de la Sainte-Alliance.

— » Quel espoir garder encore après ce que nous voyons ? » — Et il regarde tristement les Polonais. — « L'héroïsme n'est-il pas desséché sur le sol français ? N'ont-ils pas laissé périr cette malheureuse Pologne ? La barbarie dompte la civilisation, et l'égoïsme triomphe du patriotisme..... La France ne dresse-t-elle point partout des autels à la peur?

— » Oui, prince : on sacrifie trop à ce dieu du lâche; mais gardons-nous de confondre la nation avec le gouvernement... L'une ne veut pas être solidaire de l'autre. — Sous l'empire, personne en France n'immolait à la peur, parce que tous se comprenaient et s'aimaient, parce que Napoléon s'identifiait avec la nation. — Sous la terreur, les quelques brigands qui avaient ramassé le pouvoir abandonné dans la boue par les honnêtes gens, confondant tout dans leur colère, renversaient le bien comme le mal; le sang coulait à flots au nom de la patrie : mais la nation, mais le peuple n'approuvait pas, et redoutait lui-même la frénésie de ses mandataires, qui sacrifiaient à la peur des monarques...
— Pendant la restauration, la royauté crut réparer le mal en faisant aussi couler du sang; mais elle choisit celui des braves et des plus ardents patriotes... La nation, le peuple n'approuva point, parce qu'on sacrifiait à la peur des libéraux, des bonapartistes..... — Depuis 1830, le gouvernement s'est cru appelé à rassurer toutes les royautés, et il s'est pris à éteindre ce qu'on appelait l'incendie révolutionnaire. Les hommes de peine, qui consentirent à travailler moyennant salaire, se mirent follement ou lâchement à l'œuvre, dans l'espoir d'un bien-être, pour eux du moins;... mais

la nation, mais le peuple n'approuva point... parce que nous ne voulons pas qu'on sacrifie à la peur des rois absolus, pour conserver places ou puissance ; parce que la vérité et la liberté sont éternelles, et que l'une et l'autre procurent gloire et bonheur à toute nation. Le peuple ne pouvait aimer ni la terreur, ni la restauration, parce que toutes deux assassinaient la patrie ; la première par ses fureurs anarchiques, la seconde par ses haines et ses bévues tyranniques. Il ne peut être fier de son gouvernement actuel, parce que celui-ci semble s'efforcer d'endormir la grande nation, pour mieux faire amende honorable, pendant son sommeil, aux pieds de tous monarques absolus..... La nation française est confiante, partant facile à tromper ; sa longanimité peut même durer des quinze ans ; mais....... espérons qu'elle ne sera pas mise plus longtemps à l'épreuve de la honte et du désespoir.

— » Cette confiance est un problème que je ne puis plus résoudre, quand je jette les yeux sur ce qui se passe autour de nous..... Que peut-elle espérer du gouvernement, quand elle voit la liberté étouffée dès sa naissance en Italie, persécutée même en France?....

— » Prince, elle n'en veut rien espérer. Peuple et gouvernement s'observent comme deux ennemis ; l'un comprend que l'autre ne l'aime plus, et le premier voudrait encore se tromper dans ses craintes..... Il attend....

— » J'attends aussi, général, et, je le sens, la mort sera le seul bienfait que je puisse obtenir. Je suis réduit à envier le trépas de mon bien-aimé cousin, le fils aîné de la reine Hortense : s'il n'a pas succombé sur le champ de bataille, il a péri du moins avec la consolation d'avoir combattu pour la cause des peuples.... Son noble sang a pu couler pour la liberté : le mien s'engourdit dans mes veines. Je m'éteindrai sans gloire; je mourrai sans avoir vécu.....

— » Prince, j'ai plus de confiance en l'avenir : j'espère qu'un jour cette épée sera de nouveau tirée pour la France comme elle le fut sous l'empire : je me dois de sacrifier ce qui me reste de vie au service de l'héritier de mon empereur. Je veux redire aux patriotes qui ont sans cesse les yeux tournés vers vous : — Le fils est digne du père : il a même un grand avantage sur le héros de Marengo, c'est d'avoir été élevé à l'école du malheur.....

— » Ne les flattez pas, ne vous bercez pas vous-même d'un espoir trop difficile, impossible même à réaliser.

—» Vous l'avez souvent proclamé vous-même, prince, la liberté est éternelle : trahie aujourd'hui en Pologne, elle n'en vit pas moins au fond des cœurs de tous les opprimés..... L'heure n'était pas encore sonnée pour l'affranchissement de la Vistule..... L'avenir ne peut manquer de nous venger du présent. La France est encore debout, et malgré l'égoïsme de ses gouvernants, malgré son apparente indifférence, elle est toujours l'asile de la liberté !... Elle n'y domine sans doute pas en reine, mais c'est un hôte redoutable que personne n'ose congédier, et qu'on se voit forcé de traiter avec tous égards. Avant six mois, prince, la Seine vous offrira une couronne en échange des chaînes que vous portez dans les superbes palais du Danube.

— » Dans six mois, général, j'aurai cessé de souffrir.

— » Mais, prince, vos amis sont heureux de reconnaître...

— » Non, général, interrompit le duc en appuyant une main sur son cœur, et secouant la tête en signe d'incrédulité..... Non, le mal est là. »

Et il se fit un silence solennel : un frémissement glacial parcourut les membres de tous ces hommes. Comme la cour d'Autriche, ils avaient attribué sa dernière maladie à la fatigue du commandement, et ils croyaient à son parfait rétablissement ; mais ces seuls mots, cette émotion, tout les rappelle à une triste réalité ; le mal de la patrie l'a seul tourmenté, et il souffre toujours !... — A la nouvelle de la mort de Napoléon-Louis, surtout peut-être après l'agonie de la Pologne, l'excès du désespoir avait assoupi le mal : il dormait, pour réveiller une dernière fois à la douleur la victime de la Sainte-Alliance, et la conduire au tombeau.

— « Prince, avant six mois la France se sera souvenue de la liberté... Le fils de Napoléon sera délivré de ses fers. »

Il ne répond que par un soupir..... Le général A*** est parti avec les deux Polonais. Il avait une triste nouvelle à apprendre au duc de Reichstadt, avant de prendre congé de lui ; il ne s'était pas trouvé assez de courage : il en avait laissé le soin au capitaine. — Ce dernier osera-t-il lui-même remplir un cruel message ? — La princesse polonaise, dont nous avons déjà parlé, est morte victime de son patriotisme, et la comtesse Émilie Plater, la Jeanne d'Arc de la Pologne, est sur le point de succomber de douleur et de fatigue.

Cependant il n'a pas vu Marguerite : il est inquiet; il ne veut pas quitter le Prater sans lui avoir parlé... — Tout à coup Marie paraît dans le fond de l'appartement; elle avance lentement. Quelle est cette autre femme qui s'appuie sur elle, et forme difficilement quelques pas chancelants?... Le prince a fait un mouvement d'effroi. Il l'a reconnue..... Ce n'est plus cette jeune fille à la taille souple et gracieuse; ses cheveux retombent toujours sur ses épaules; mais ce n'est plus en tresses élégantes : son front et ses joues sont pâles; mais ce n'est plus la blancheur du lis mariée à la fraîcheur de la rose : sa bouche ne s'épanouit plus en un doux sourire, ses lèvres sont presque livides, et il n'y a que des larmes dans ses yeux assombris.

— « Qu'avez-vous, Marguerite? Je ne souffrais donc pas seul? Le ciel peut-il sévir contre vous? Les hommes ont-ils le courage de vous persécuter aussi?....

— » Vous me demandez ce que j'ai, prince?.... Vous n'êtes pas venu depuis si longtemps!!...»

Pendant que cette scène a lieu à l'habitation du Danube, que se passe-t-il dans le cabinet de la Pensée?

Aujourd'hui elle est encore engloutie dans son énorme fauteuil : un rire sanatique bondit sur ses lèvres terreuses... Quel est cet autre vieillard? A la mine sournoise du premier il joint l'air ignoblement marchand du faubourien de Londres. On dirait que son œil fauve, habitué aux brouillards de la Tamise, ne peut soutenir un soleil d'Autriche, même en octobre. Il y a de la brute sur toute cette grosse face rebondie, colorée..... Son menton fleuri bat aussi la cadence d'un gros rire sur son estomac proéminent..... A cette joie dont nous ne pouvons soupçonner la cause, succède un silence presque sinistre.

— « Vous avez donc remarqué, reprend l'une de ces horribles voix, ce teint de vieillard décrépit sur la figure du jeune prince, ces mains toujours jaunâtres, et cette propension au sommeil qui ressemble à de l'engourdissement?.... Comprenez-vous ces symptômes?....»

Le petit monstre, le coude sur l'un des bras du fauteuil, et le menton appuyé sur la paume de la main droite, regarde l'autre vieillard avec un air de triomphe, et semble provoquer insolemment son approbation : leurs yeux se sont rencontrés, et leur nouvelle satisfaction éclate en un rire atroce. L'enfer en eût frémi.

— « Le bruit court à Vienne, reprend malicieusement le second interlocuteur, on répand dans toute l'Europe, que ces signes ont toujours été observés, dès ses premières années, dans le petit empereur déchu : on les avait, ajoute-t-on, successivement attribués à des engelures, éternellement rebelles à tous les efforts de l'art, à.....»

Le vieillard à la face diaprée de rouge et de violet murmure, soupire comme une plainte..... Puis tous deux se regardent encore silencieusement... Puis un nouveau rire infernal.....

— « Misérables !...— s'écrie une voix au milieu de leur jubilation. — Ils se retournent, honteux d'être surpris en flagrant délit. Ils ont reconnu la baronne ***, et leur allégresse a redoublé.

— » Que nous veux-tu, aimable convertie, Madeleine repentante ? Viens-tu nous parler encore de la divinité de ton Jésus ? — Nous sommes endurcis dans le péché, et

nous craignons de mourir dans l'impénitence finale.....
Trêve donc de tes discours.....

« Ah! plutôt trêve de raillerie!.... Ne voyez-vous pas que vous faites jouer gros jeu à l'absolutisme? Croyez-vous que les peuples vous pardonneront jamais la mort de votre victime?.... Car c'est la politique qui le tue..... par une éternelle captivité....... »

Le capitaine n'a pas voulu interroger la baronne ***. Le récit de cette scène lui fit tant d'horreur, dès le début, qu'il eut honte d'en entendre davantage..... Nous ne pouvons donc connaître toute l'infamie de la Pensée. Une seule chose reste évidente pour nous, c'est qu'au milieu même de ses triomphes, la barbarie du nord tremblait devant la civilisation trahie plutôt que vaincue : l'absolutisme redoutait le seul nom de Napoléon II, son prisonnier! La Politique était aux abois : l'empereur et toute la cour d'Autriche le chérissaient, dit-on : un génie tutélaire l'avait toujours protégé dans l'ombre contre des projets criminels : son esprit supérieur avait surmonté tous les dangers : la courtisane avait eu honte d'elle-même, et la jeune Marguerite était restée vertueuse..... Le prince était demeuré inaccessible aux séductions : d'abord affaibli par les fatigues d'un commandement inusité, il avait retrouvé la santé et la force dans le repos de la retraite de Schœnbrünn...

Quel espoir pouvait donc désormais rassurer la Pensée?.. Le rire de ces deux vieillards m'a fait trembler..... Je redoute d'aborder l'avenir.

CHAPITRE DOUZIÈME.

SOMMAIRE.

Le Berceau du roi de Rome. — Napoléon aux Invalides. — Un tombeau et des royaumes conquis. — Maladie de Napoléon II. — Fausse opinion sur le duc de Reichstadt. — Fréquentes rechutes. — Funérailles de trois généraux autrichiens. — Vraie cause du mal. — Les Napoléons proscrits. — Le Prince visite moins souvent le Prater. — Douleur de Marguerite. — Invitation à un bal chez le maréchal Maison. — Le duc et le capitaine. — Marguerite semble se rétablir. — 1832, équinoxe du printemps. — Derniers symptômes, dernière maladie. — Dernière visite aux habitants du Danube. — Voiture brisée au Prater. — Deux récits. — Derniers projets sur la France. — Voyage en Italie. — Metternich. — Dernière déception du Prince. — Napoléon II et l'archiduchesse Sophie. — Marie-Louise à Trieste, puis à Vienne. — Entrevue du fils et de la mère. — Soins prodigués au mourant. — Marguerite au parc de Schœnbrünn : elle meurt, ainsi que la Baronne***. — Joie de la Pensée, douleur en France. — Les deux Napoléons et Marie-Louise, comtesse de Nieper. — Tous les peuples tournés vers le lit de mort de Schœnbrünn. — Présages. — Napoléon II s'entretient avec calme de sa mort prochaine. — Ses derniers moments. — 21 et 22 juillet 1832. — La duchesse de Parme à genoux.

XII

Encore quelques mois, et le dernier rêve sera dissipé ! Encore quelques luttes entre la victime et les bourreaux, puis la mort emportera cette nouvelle proie !!!....

Napoléon II n'a pas renoncé à tout espoir ; mais celui qui le soutient désormais est si faible que bientôt les forces l'abandonneront de nouveau. J'éprouve aussi du découragement : je tremble de soulever le voile derrière lequel ce cruel drame doit finir. A la vue de tant de souffrances, je recule effrayé.....

Qu'on ne vienne pas répéter ici des asssertions mensongères : qu'on ne s'écrie pas : « Jamais le duc de Reichstadt n'a songé au retour en France... Jamais il ne s'est souvenu ni du roi de Rome ni de l'empereur des Français. » Pour démentir ces affirmations, je me contenterais de reproduire une réponse consignée dans un ouvrage tout à fait étranger à mes pensées. Quand six mois à peine avant sa mort il reçut de sa mère le berceau en vermeil offert à sa naissance par la ville de Paris, le prince de Metternich lui demanda quelle destination il voulait lui donner : — « Nul ne rentre dans son berceau, reprit-il en souriant. *Jusqu'ici* c'est l'unique monument de mon histoire ; je tiens à le conserver. » En vain devait-il en demander un autre à l'avenir : il ne lui réservait plus que la tombe ! Mais avant de trouver le repos sous la pierre sépulcrale, quelles souffrances !.... Quel supplice ! Quelle agonie !.... Le cercueil déposé aujourd'hui sous le dôme des Invalides peut seul nous rappeler autant de maux !.. Sainte-Hélène peut seule faire couler nos pleurs comme Schœnbrünn !....

Arrêtons-nous pour méditer un moment devant les mânes du grand martyr, avant de descendre le fils dans le caveau impérial de Vienne !.. Quels souvenirs ! Celui que la France proclamait avec enthousiasme son empereur et son roi, celui devant lequel l'Europe s'inclinait soumise et tremblante, celui que la main de Dieu avait élevé au-dessus de tous les trônes et de tous les souverains, repose là dans une modeste bière avec deux officiers généraux, sous le dôme d'un hôpital ouvert à la vieillesse ou aux blessures du simple guerrier!!... En le trahissant lâchement le gouvernement de Georges ne l'avait pas abaissé par sa haine perfide; l'amour et l'admiration des peuples l'avaient consolé de la bassesse des rois : la France croit-elle l'honorer en lui promettant un mausolée entre Vauban et Turenne, deux grands hommes sans doute.....; mais les mânes de l'empereur devaient-ils quitter le rocher sacré de Sainte-Hélène, ce temple protégé par les flots de l'Océan, pour venir sommeiller à l'ombre des murs destinés par un Bourbon à servir d'asile au courage malheureux, au soldat mutilé?.... C'est justice de ne pas abaisser notre souveraineté populaire jusques aux caveaux de Saint-Denis : la grande ombre se serait trouvée à l'étroit au milieu des cendres royales ; mais, pour ne point la confondre avec la poussière de ces rois, fallait-il lui refuser les honneurs dus au génie de la démocratie et de la civilisation?.... Un temple réservé pouvait seul convenir à ce Dieu mortel.......

A la vue du cercueil impérial et des gardes qui veillent

auprès de cette majesté des tombeaux, notre pensée ne doit-elle pas se reporter naturellement vers le fils du héros ? Où repose cet héritier de la gloire de Napoléon ? Son berceau n'est plus à Paris et sa bière repose avec les ombres Césariennes, loin du père et du peuple qui l'aimaient tant... Ce nom qui fut le bonheur et qui est encore l'orgueil de la nation française, ce nom dont le seul souvenir inspire toujours de la terreur à l'Europe, et contribue à la force de la France, ce nom qui a fait tant d'ingrats, ne fait plus aujourd'hui que des malheureux..... Depuis bientôt deux ans l'ancienne capitale de l'empire n'a pas encore pu donner une tombe à celui qui nous assurait des royaumes en une seule bataille !.... Le fils du vainqueur est enseveli dans la terre d'exil. . . . . Mais j'oublie notre histoire.

Napoléon II recevait souvent des nouvelles de France : si la fermentation des esprits ; si les troubles, les émeutes, si les fautes du gouvernement rendaient l'espoir aux enthousiastes, il ne pouvait partager entièrement la satisfaction de quelques-uns de ses partisans : la patrie ne devait pas prospérer au milieu du désordre : pouvait-il désirer la couronne au prix des calamités publiques ? Il souffrait donc et de son éternel repos et de la misère du beau royaume de France. Il saisit avec avidité l'époque des grandes chasses, pour faire illusion à sa douleur et à son impatience. Il voulut suivre la cour; l'humidité, le froid et la fatigue occasionnèrent de nouveaux accidents, de nouvelles souffrances.

La maladie venait augmenter ses ennuis. Il voulait en vain se soustraire aux prescriptions de la médecine : il ne lui fut même plus permis de se livrer aux exercices militaires. Si le repos semblait rétablir ses forces physiques, le mal moral continuait de le miner d'autant plus cruellement que la blessure était invisible. La Pensée seule trouvait à se réjouir : l'heure de la vengeance ne devait plus tarder longtemps à sonner pour elle. Le prince avait quitté Schœnbrünn le 16 novembre 1831. C'est alors que les progrès du mal devinrent plus sensibles pour tous. Combien peu de gens en connaissaient la véritable cause !

A Vienne comme en France on conserva trop longtemps une fausse opinion sur l'infortuné duc de Reichstadt : on le crut tellement perverti par l'éducation qu'on ne voyait généralement en lui qu'un prince oublieux de son illustre origine : c'était du moins ce que des personnes intéressées s'étaient efforcées de répandre et d'accréditer... Pour ceux qui l'approchaient et savaient l'apprécier, pour ses ennemis surtout — les premiers il lui rendaient intérieurement justice — Napoléon II était toujours le prince le plus accompli de son temps. La calomnie, acharnée à poursuivre la mémoire du père jusque sur son malheureux fils, voulut insinuer partout que cette faiblesse, cette décrépitude anticipée avaient des causes peu honorables ; mais qui n'a pas jugé ses vertus aussi bien que ses souffrances et ses malheurs ?.... Si la politique seule ne suffisait pas pour expliquer le dépérissement graduel du royal exilé, le regret de la patrie, l'impatience de la gloire et de la liberté, tout nous faisait comprendre cette précoce vieillesse..... A quelles tortures n'était pas livrée cette grande âme s'élançant vers le but désiré, la France, et se trouvant toujours arrêtée par le corps qui lui servait de prison !.... L'un et l'autre devaient s'épuiser dans cette lutte continuelle : l'âme appartenait déjà au ciel ; le corps s'inclinait avant l'heure vers le tombeau.

A l'époque où nous sommes arrivés, c'est-à-dire à la fin de 1831, le prince était comme toujours impatient de la servitude ; mais il devait conserver encore de l'espoir : je n'explique donc pas ses fréquentes rechutes : à peine guéri d'une maladie, il retombait dans une autre. Où trouver la cause de cet anéantissement progressif et de ces convulsions périodiques ? — La corruption morale avait échoué : la pureté de l'âme aurait dû conserver la force du corps. Donc le duc de Reichstadt subissait une maladie de famille : disons mieux, le fils héritait du père le mal politique qui les a tous les deux enlevés avant le temps à la civilisation menacée dans son avenir.

— « La fin de l'année 1831 fut marquée par la mort rapprochée des deux présidents successifs et du vice-président au conseil aulique de la guerre, les généraux comte de Giulay, baron de Frimont et baron de Siegenthal. Le général Frimont avait plus de cinquante ans de service : distingué par ses talents, sa bravoure et sa loyauté, il jouissait de la plus grande considération dans l'armée. Le jeune prince sollicita instamment l'autorisation de suivre le convoi du vieux guerrier, et de lui rendre ainsi les derniers honneurs militaires. L'empereur approuva ce sentiment de respect pour la mémoire de l'illustre général ; mais une nouvelle indisposition du duc de Reichstadt nous força (c'est le général Hartman qui parle) à le retenir jusqu'au deux janvier : alors il reprit ses travaux de prédilection.

» La dernière fois qu'il parut avec les troupes, ce fut sur la place de Joseph, pour assister au service funèbre du général de cavalerie Siegenthal. La température était très-froide ; et en s'efforçant de commander son bataillon, il perdit la voix. On sut depuis que, ce jour-là même, il avait la fièvre ; circonstance qu'il avait soigneusement cachée. »

On ne manque pas d'attribuer encore ces différents accès à sa faible constitution. La médecine pouvait être de bonne foi dans les jugements qu'elle portait; on avait d'ailleurs négligé de transmettre au docteur Malfatti les observations des autres médecins : la science n'était pas infaillible ; on avait trompé sa religion ; il pouvait se tromper lui-même. La Pensée croyait avoir seule tout le secret du mal qui minait la santé du prince. Jusqu'où ses prévisions devaient-elles être justes? Les rapports secrets qui parvenaient tous les jours au duc n'étaient-ils pas aussi de nature à précipiter le dénouement de la maladie? Ses regards se tournaient continuellement vers la France, et l'horizon lui semblait de plus en plus s'obscurcir de ce côté. Derrière lui la Pologne était couchée dans la tombe, morte ou endormie? Dieu seul peut le savoir. — Napoléon-Louis avait succombé avec la liberté italienne, et le frère du héros mort, persécuté, dérobant avec peine sa tête aux bourreaux autrichiens, fuyait de royaume en royaume..... — En reconnaissance d'anciens services, Hortense avait reçu l'ordre de fuir, avec son dernier fils presque mourant, loin de la patrie devenue inhospitalière pour une famille qui l'avait comblée de gloire et de bienfaits.

La persécution allait toujours croissant, non plus seulement pour l'héritier direct de Napoléon, mais pour tous les Bonapartes. En 1831, après la mort de son frère, au moment où il fuyait la haine de l'Autriche, le fils d'Hortense s'était indigné de la proposition qui lui fut faite de servir dans les armées françaises, à la condition de quitter son nom. — « Quitter mon nom !... Qui oserait me faire une pareille proposition? Ne pensons plus à rien de tout cela; retournons dans notre retraite. Ah! vous aviez raison, ma mère!... » — Désormais toute la famille est bannie à perpétuité... C'est ainsi qu'après juillet 1830 tous les Français sont rentrés dans le droit commun.

Cependant le duc ne va plus que rarement au Prater. Le capitaine comprend mieux la cause de ces longues absences; mais Marguerite ne peut s'en consoler. De quel espoir son imagination ne l'avait-elle pas bercée? Souvent elle avait rêvé Napoléon II sur les rives de la Seine, dans la capitale de son empire... Pour lui se redressait le trône de son père dans le palais des Tuileries... Pour elle, que lui importait le sceptre ou la couronne? la puissance ne devait-elle pas être funeste à son amour? La majesté souveraine ne devait-elle pas élever comme un mur entre elle et lui?... Mais elle l'aimait désormais assez pour lui faire le sacrifice de son bonheur..... — Que réserve aujourd'hui l'avenir à cet infortuné prince, en échange de la gloire impériale?... La réponse est écrite sur son front; et elle n'ose plus lever les yeux vers lui... tant elle souffre de ses souffrances... tant elle a horreur des hommes à la vue de la victime de la Sainte-Alliance. — Pauvre jeune fille!... Tandis qu'elle accorde ainsi sa douleur à Napoléon II, elle ne s'aperçoit pas que sa santé s'altère chaque jour, et qu'elle s'éteindra peut-être avant celui qu'elle plaint et qu'elle aime!.....

Le 21 janvier 1832, le maréchal Maison, ambassadeur de Louis-Philippe auprès de l'empereur d'Autriche, devait donner un bal diplomatique. Le duc de Reichstadt et les Français alors à Vienne avaient tous été invités. Les proscrits de juillet pouvaient-ils y assister? Ceux qui se rappelaient la mort de Louis XVI et de Marie-Antoinette ne devaient pas célébrer ce triste anniversaire dans une fête donnée par le représentant de la royauté des barricades. Cette époque était mal choisie, et devait surtout déplaire à la cour d'Autriche : les larmes pouvaient seules couler ce jour-là en souvenir de la malheureuse fille des Césars livrée à la guillotine révolutionnaire.

La veille de ce bal, Napoléon II visita ses amis de France. Depuis longtemps sa santé, les exigences politiques, tout l'avait éloigné de l'habitation du Prater. Il fut douloureusement frappé en entrant : Marguerite, pâle et décolorée, était assise auprès du foyer : elle était plutôt rêveuse que souffrante en ce moment ; le capitaine la soutenait, et sa mère se cachait derrière elle pour lui dérober ses pleurs. — A la vue du prince, elle sort de sa rêverie : une exclamation de joie lui échappe..... Malheureuse enfant!... Il était évident pour tous que l'amour et l'absence du fils de l'empereur détruisaient seuls la santé de la jolie fille du Danube!... Le duc, oubliant alors ses propres souffrances, accorde toute sa douleur à celle qui l'aime d'un sentiment si pur, mais si cruel!... Des larmes sont prêtes à couler de ses yeux : cette émotion ne peut échapper à Marguerite, ni à ses parents ; et tous donnent un libre cours à leur douleur.....

— « Merci, prince, murmure la jeune malade ; merci de votre bonne visite à vos amis de France..... » Ses yeux lui ont dit le reste.

Le capitaine échange aussi un regard avec sa sœur : leur fille ne souffre pas seule!... L'arrêt de mort n'est-il pas écrit sur un autre front?..... Ils oublient alors les souffrances de Marguerite : toutes leurs larmes appartiennent à l'infortuné duc de Reichstadt.

Il y eut un moment de silence : cette scène avait quelque chose de sinistre et de lugubre.

— « Prince, s'écrie Marguerite la première, je ne vous adresserai point de questions sur votre santé : je ne le vois que trop, vous souffrez autant, peut-être plus que moi. ... Et pourtant j'aurais voulu mourir....

— » Vous, Marguerite, vous si jeune et si belle!.....

— » ..... J'aurais voulu vous quitter avec la consolation de vous savoir plus heureux!.....

— » Heureux!... Ce n'est point parmi les hommes que je dois rencontrer le bonheur : je ne puis l'espérer que dans un monde meilleur... Avant un an, capitaine, j'aurai cessé de souffrir dans ma royale prison... Puisse le ciel, pour être juste une fois, nous réunir tous plus tard non loin de mon père!!...

— » Puissé-je moi-même vous suivre de près, si je ne vous précède pas de quelques jours!... »

On n'ose plus lui reprocher ses longues absences : elles sont désormais trop faciles à comprendre. Les nouvelles de France étaient toutes favorables à la cause de Napoléon II : au milieu de ses craintes, le capitaine attend donc du succès l'entier rétablissement d'une santé qui lui est chère. Cependant une pensée le faisait trembler : plus les espérances augmentaient, plus la maladie semblait prendre de funestes développements. Était-il destiné à mourir trop tôt victime du mal politique? L'amour de la patrie devait-il le tuer à Schœnbrünn comme autrefois son père sur le rocher de Sainte-Hélène?

Un ami du capitaine était arrivé depuis quelques jours à Vienne; il était sur le point de repartir : l'insurrection s'organisait sur tous les points de l'ancien empire français : la marche rétrograde du gouvernement semblait contribuer à le précipiter vers sa ruine: les lois imprudemment demandées par lui découvraient trop sa faiblesse et ses terreurs. Cependant, malgré les heureuses nouvelles, le capitaine trouvait au prince un air contrarié : il devait avoir une cause particulière de mécontentement tout-à-fait étrangère à l'état de sa santé; mais le respect arrêtait toute question sur ses lèvres.....

— « Ami, vous connaissez mes souffrances : eh bien, ce n'est point encore assez pour la politique : elle a voulu joindre le sarcasme à sa perfide cruauté. J'ai reçu une invitation du maréchal Maison pour le bal qu'il doit donner demain...

— » Et vous irez, prince? interrompt tout à coup Marguerite... Puis elle rougit et se tait.

— » Le puis-je?..... »

Ces seuls mots ont rappelé un rayon de joie sur les lèvres de la jeune fille : son regard est moins triste.

— « L'empereur me laisse libre d'agir en cette circon-
» stance suivant ma propre volonté. Je n'ai aucun motif de
» me plaindre du maréchal; mais décemment il est im-

» possible que je me trouve chez l'ambassadeur de Louis-
» Philippe, au moment même où son gouvernement dirige
» contre moi un arrêt de bannissement et de proscription.
» Il y aurait, dans une situation semblable, une inconve-
» nance qui choquerait probablement tous ceux qui en se-
» raient témoins, et qui, sans aucun doute, me blesserait
» profondément moi-même. » Et d'ailleurs l'époque ne
pouvait être plus inopportune : le petit-fils de François II
pourrait-il assister à un bal le jour de l'anniversaire d'une
exécution sanglante?... »

Le capitaine a écouté Napoléon II avec attention ; mais
il craint de regarder, tant il redoute de trouver le doigt
de la mort empreint sur cette figure souffrante !

— « Et puis, reprend le duc, devrais-je oublier l'accueil
fait à la reine Hortense et à son fils mourant? Nous portons
un nom bien funeste : la persécution et la mort, voilà ce
que doit nous procurer la gloire impériale dont nous avons
tous hérité !... »

A la suite de cette visite, la jeune fille sentit la santé lui
revenir. Etait-ce pour longtemps? Napoléon II se rétablit
aussi insensiblement ; mais les consolations de l'amitié devaient trop tôt s'effacer dans de nouvelles souffrances. La
Pensée avait eu raison de ne pas renoncer à l'espérance :
le dévouement de la baronne *** devait rester inutile. L'é-

quinoxe du printemps fut surtout une époque funeste pour le prince. Selon le général Hartman, les pluies qu'il bravait lui occasionnèrent des refroidissements, de la fièvre, réveillèrent ses maux chroniques, et provoquèrent des engorgements au foie, des *maux de bas-ventre*, des *expectorations*, des *excrétions* de nature *suspecte*.....

« Dans le mois d'avril, à ce pénible état se joignirent des symptômes d'accélération de pouls par intervalle, avec sentiment de froid. L'amaigrissement résultant des *expectorations* et de la suspension des facultés *digestives* frappa les docteurs Raiman et Viehrer, que, pendant un violent accès de goutte, le docteur Malfatti avait désignés pour le suppléer dans ses visites au prince. Le régime que l'accord de ces médecins prescrivit au malade arrêta la fièvre, qui avait pris le caractère d'accès.

» Une amélioration notable dans l'état du prince avait engagé ceux qui le soignaient à lui permettre de prendre l'air à cheval et en voiture; mais c'était à la condition de l'exercice le plus modéré : il se soumit pendant quelque temps. »

On s'est obstiné à vouloir trouver dans ces symptômes les véritables indications de la maladie. Que les ennemis du nom de Napoléon et de la gloire impériale connaissaient mieux la nature du mal! Qu'ils savaient bien à quelle cause attribuer l'amélioration passagère de la santé du prince!

Depuis la révolution de juillet, il s'était ressenti de toutes les convulsions politiques : tantôt l'espérance, tantôt le désespoir venait le ranimer ou l'abattre : les désastres de la Pologne et la mort de Napoléon-Louis l'avaient frappé du coup le plus terrible. Son regard se tournait quelquefois encore avec confiance vers la France; mais à la fin de décembre 1831, et pendant les premiers mois de 1832, de funestes nouvelles lui avaient rendu tout son découragement. A l'époque où nous sommes arrivés, la santé semblait revenue; c'est que l'espoir revenait aussi plus fort..... Bientôt Napoléon II tomba dans cette maladie dont il ne s'est plus relevé;..... l'espérance commençait à lui échapper pour toujours, et il avait accompli sa vingt-unième année... — N'allons pas plus vite que les événements.

La Pensée murmurait de cette espèce d'opiniâtreté à vivre. La baronne ***, qui avait si mal servi ses projets de vengeance et de haine, avait tout à fait perdu sa confiance : le dévouement de cette femme ne pouvait donc plus servir au malheureux prince. Napoleone Camerata, trop bien cernée par la police, s'était vue obligée de s'éloigner : les désastres de l'Italie étaient venus détruire sa dernière illusion. La princesse *** et la courageuse Émilie Plater avaient succombé avec la Pologne. Les Français, devenus suspects depuis l'insurrection, Marmont lui-même, tous étaient éloignés du prince : les proscrits de juillet ap paraissaient aussi dangereux que les libéraux de 1828. La politique de la Sainte-Alliance était presque aux abois ; les intrigues se croisaient, se multipliaient à Vienne..... Avait-on découvert un nouveau complot ?.....

Un jour, au commencement de mai, on vit le duc fort agité parcourir à cheval, dès le lever du soleil, les vastes allées du Prater. Le soir on l'avait revu, dans la même promenade, en voiture découverte. Voici comment M. de Montbel parle de cette circonstance, d'après le général Hartmann : « Ce site, dans une île du Danube, est extrêmement humide ; il y resta jusqu'après le coucher du soleil. Un *accident* ayant brisé une roue de sa voiture, il s'élança sur la route ; mais il ne put se soutenir : ses forces l'avaient abandonné : il tomba. Cette journée imprudente fut suivie d'un accès violent et d'une fluxion de poitrine qui détermina les plus graves accidents, et notamment la perte de l'ouïe de l'oreille gauche. »

Cette narration est vraie ; mais contient-elle toute la vérité ? D'un autre côté, je lis dans le manuscrit du capitaine : « La France avait murmuré de l'anéantissement de la Pologne : l'indignation était presque unanime. La chute de Varsovie devait avoir du retentissement jusque sur les rives de la Seine : la main qui asservissait la Vistule menaçait du même coup l'indépendance des Français. Les souvenirs de 93 et de 1805 protégeaient seuls la patrie contre l'invasion européenne. Les patriotes avaient aussitôt compris cette terreur des royautés absolues ; mais le gouvernement paraissait oublier la gloire et la bravoure nationales. On semblait vouloir atténuer par des concessions le ressentiment de la Sainte-Alliance. L'astuce remplaçait la force, et à la dignité succédait l'amoindrissement de l'influence française. L'étranger, surpris lui-même de la pusillanimité gouvernementale, ne s'arrêtait que devant la crainte d'irriter la redoutable susceptibilité des masses. Donc, au milieu du désordre, l'attitude des populations empêchait l'absolutisme de tenter une nouvelle, mais imprudente coalition.

« Si la Sainte-Alliance n'osait franchir le Rhin, les différents partis ne s'agitaient pas moins au centre de la capitale : la république avait ses clubs qu'elle ne pouvait avouer, et la restauration nourrissait dans l'ombre la fanatique hypocrisie de plusieurs sectes assez adroites pour cacher à la foule ignorante son esprit de réaction sous l'apparence d'un amour effréné de liberté. L'idée napoléonienne vivait toujours dans l'âme des braves, et quelques-uns prononçaient assez haut le nom de Napoléon II. L'espoir était revenu.

» L'invasion du choléra avait fait une diversion favorable au gouvernement, ainsi attaqué de tous les côtés à la fois. On avait oublié les querelles politiques pour rendre les derniers devoirs aux morts qui encombraient les cimetières, les places publiques, et prodiguer, sans distinction de partis, les soins les plus généreux à ceux qu'on espérait pouvoir disputer au fléau asiatique.

» Cependant le prince était toujours attiré vers la frontière de France. Au commencement du mois de mai, des partisans dévoués étaient parvenus jusqu'à Vienne. La situation de la patrie l'avait vivement ému : il avait gémi sur ses malheurs. Cette fois les envoyés français ne s'adressèrent plus au premier ministre : l'ancien roi de Rome eut seul connaissance de cette mission secrète ; et cette fois il crut ne devoir parler qu'à son grand-père. Le vieil empereur chérissait son malheureux petit-fils : il employa tous ses efforts pour lui faire comprendre le danger de sa situation ; mais Napoléon II s'obstinait à vouloir secouer ses chaînes, ne fût-ce que pour saluer des bords du Rhin l'ancien empire des Français. — Il avait besoin de revoir la patrie, et de respirer une fois au moins l'air de la liberté. François II respecta le secret du prince ; mais il n'approuva jamais son projet de quitter Vienne. Dès lors le duc crut devoir lui cacher sa pensée intime : il aspirait après la

France; il prit toutes les mesures nécessaires pour y parvenir.

» Les envoyés bonapartistes s'étaient procuré des passeports pour le prince; mais presque aussitôt la police avait découvert son projet de fuite. La baronne ***, tombée en défaveur depuis quelque temps, ne pouvait plus le servir par ses avertissements : il devait donc échouer une dernière fois.

» Un matin il était venu à mon habitation. Je ne l'avais pas vu depuis plusieurs semaines, et j'étais loin de soupçonner que ce jour-là il nous ferait sa dernière visite. Je lui avais trouvé un air préoccupé ; mais je n'avais pas osé le questionner, et il était reparti sans me communiquer la pensée qui le rendait sérieux et méditatif. Il revint le soir : cette fois il n'était pas à cheval; plus pâle que le matin, il paraissait accablé de fatigue. Nous restions silencieux sous les arbres de mon jardin, quand tout à coup il nous dit : « Mes amis, je vous visite ici pour la dernière fois, sans doute : nous nous reverrons en un lieu plus fortuné, et alors nous goûterons pour toujours le même bonheur... »

» Nous le regardons effrayés ; l'altération de ses traits nous présageait une mort prochaine : nous interprétions ainsi ses adieux. Le bonheur que son visage exprimait alors, malgré sa pâleur, contrastait avec notre consternation et notre désespoir. Combien nous étions loin de le comprendre! Notre inquiétude le fit sourire. Nous étions stupéfaits : il crut devoir ajouter quelques mots pour nous rassurer ; mais il découvrit les larmes prêtes à nous échapper : notre douleur le toucha vivement :

— « Si j'ai bien interprété votre affection pour moi, nous ne nous entendons pas sur le terme de mon voyage. Je vous remercie de votre sollicitude ; ce n'est pas ainsi que je veux m'éloigner de vous; notre séparation ne doit pas être longue : j'espère avant deux mois vous revoir sur la terre de France..... »

» Nous nous regardons avec une espèce d'incrédulité. Un pressentiment nous annonce que cet espoir sera encore frustré!!! Quand même la Politique ne devrait mettre aucun obstacle à ce voyage, le prince avait-il assez de force pour en supporter les longues fatigues? La souffrance empreinte sur toute sa figure démontre assez combien nos craintes sont fondées. Assurément ce jour-là il était tourmenté par une fièvre ardente ; nous ne savions à quelle cause l'attribuer : l'impatience du retour en France ne l'agitait-elle pas aussi violemment que la maladie? Un tel état nous paraît alarmant: devons-nous désirer pour lui le succès de son entreprise? Nous ne voyons que périls et malheurs à redouter. Nous en sommes presque réduits à espérer de nouveaux obstacles, tant une fuite laborieuse nous effraie pour sa faible santé! Mais pouvions-nous songer au malheur qui vint mettre un terme à nos incertitudes?

» Avant de nous quitter il fit ses efforts pour nous rassurer : — la santé lui revenait, disait-il, à mesure que le moment du départ approchait : l'espoir de revoir la France lui rendait une force inaccoutumée : la vue de la patrie et l'air de la liberté qu'il respirait d'avance ne devaient-ils pas être le seul remède aux maux de la captivité ? Au moment où sa calèche s'éloignait de notre habitation, le soleil était descendu au-dessous de l'horizon, et la lune à demi voilée disputait aux nuages l'empire des cieux ; ses rayons plus pâles glissaient rarement sur les arbres du Prater ; par intervalles on voyait à peine quelques étoiles ; le vent soufflait avec violence, le ciel était orageux : le chantre des nuits n'osait jeter ses notes harmonieuses au milieu de ce bruit de tempête ; l'oiseau de proie se réjouissait seul dans la nature, et ses cris aigus semblaient annoncer un malheur prochain.

» L'obscurité devait être propice aux projets du prince, et pourtant nous éprouvions des craintes, de la terreur. Les heures me parurent longues ; il me tardait, dans mon impatience, d'être au lendemain pour me rassurer sur sa dernière tentative : j'aurais voulu qu'il ne s'exposât point aux fatigues dans l'état de faiblesse où il nous avait quittés ; néanmoins je ne pouvais m'empêcher de former des vœux pour le succès de son évasion.

»Ma sœur et ma nièce avaient partagé mes appréhensions sans me le dire..... Le sommeil n'avait point visité notre habitation.

» Le matin je me rendais à mes travaux ordinaires : au moment où j'approche de l'une des portes de la ville, je vois avec étonnement des groupes formés de distance en distance devant plusieurs maisons : la consternation était peinte sur les visages : chacun paraissait s'entretenir d'une fâcheuse nouvelle, comme d'un malheur public. Je ne suis pas maître de ma curiosité ; j'écoute ; le nom du prince a frappé mes oreilles..... Un accident lui était arrivé au moment où il quittait le Prater : une roue de sa voiture s'était brisée..... Alors j'ai tout compris ; je ne puis en entendre davantage : je fais un effort pour dissimuler toute l'émotion produite sur moi par cette cruelle nouvelle ; mais je sens les forces m'abandonner ; il m'est impossible de songer à mes travaux de Schœnbrünn. Je retourne à mon habitation : ma sœur est surprise de mon retour : ma pâleur la fait trembler : je veux cacher au moins le malheur du prince à Marguerite ; mais de loin elle m'a vu revenir, et ma tristesse lui avait laissé pressentir la vérité. Le saisissement la fit retomber dans sa dernière maladie..... Tous les malheurs devaient m'accabler à la fois..... »

La première de ces versions ne dément pas la seconde : seulement l'une est plus explicite que l'autre. Toutes deux s'accordent pour constater la chute de l'infortuné duc de Reichstadt : le capitaine parle en outre de ses projets de fuite. La douleur fut générale dans Vienne, dont les habitants, excepté les agents de la Sainte-Alliance, auraient volontiers contribué à la délivrance du prince ; l'empereur lui-même, nous aimons à l'affirmer ici, eût consenti secrètement à son départ, sans les dangers auxquels il se serait exposé pour sa santé.

Nous n'avons pas besoin de constater la joie de la Pensée : sa vengeance allait s'accomplir : elle jouissait d'autant plus de son triomphe qu'elle l'avait acheté par de longues années de patience et d'intrigues. La cour presque entière fut douloureusement affectée de cette chute ; l'empereur et l'impératrice Augusta, les archiducs et les archiduchesses gémirent profondément de ses malheurs. Nous verrons de quels soins ils l'entourèrent à l'envi pendant sa dernière maladie.

— « Cette journée imprudente, dit le général Hartmann, fut suivie d'un accès violent et d'une fluxion de poitrine qui détermina les plus graves accidents, et notamment la perte de l'ouïe de l'oreille gauche. Par ordre de l'empereur, et sur la demande du médecin ordinaire, eurent lieu à Vienne et à Schœnbrünn plusieurs consultations où furent appelés les docteurs Vivenot, Wiehrer et Turckeim. »

Dans cette circonstance François II fit preuve d'une plus grande fermeté de caractère : il connaissait la véritable cause du mal, il voulut y appliquer le seul remède ; mais cette détermination ne doit-elle point paraître tardive ? Sans s'inquiéter cette fois de la volonté tyrannique du ministre de la Sainte-Alliance, il recommanda au général de chercher tous les moyens de salut pour son petit-fils : on ne devait s'arrêter à aucune considération politique. En conséquence, dans une de leurs réunions les médecins furent prévenus des intentions du monarque : ils durent examiner s'il ne serait pas utile à la santé du prince de se rendre dans tout autre pays que l'empire d'Autriche. Il fut décidé qu'un voyage en Italie, à Naples, par exemple, devrait causer une diversion favorable au duc de Reichstadt. L'assentiment de l'empereur était acquis d'avance ; mais la Sainte-Alliance fut surprise que le vieux César eût agi en cette occasion sans la consulter. Sa susceptibilité et son mécontentement ne durèrent pas.....

Cette décision fut bientôt connue de la cour et de la

ville : tous partagèrent la joie indicible du jeune Napoléon. La seule espérance de bientôt quitter sa prison de Schœnbrünn lui faisait oublier son mal : il était dans un état d'exaltation qui tenait presque du délire. Mais la crainte d'un refus de la part du prince de Metternich vint trop vite troubler ce bonheur anticipé. François II avait quitté Vienne avant la dernière consultation : il avait, il est vrai, donné ses ordres au moment du départ; mais il n'avait peut-être pas osé prendre sur lui la responsabilité de cette démarche. — « Croyez-vous, disait le duc au général Hartmann, que nous ne rencontrerons aucun obstacle? L'empereur est absent; voyez le ministre, son approbation est *indispensable* pour ce voyage; pensez-vous qu'il la refuse? »

Pourquoi le chef du gouvernement autrichien aurait-il refusé l'autorisation tant désirée? N'était-il pas évident pour tous que le malheureux fils de Napoléon ne pourrait jamais en profiter? Un sentiment d'humanité aurait seul dicté un refus : lui laisser l'espérance d'un voyage désormais impossible, n'était-ce pas le condamner au supplice de Tantale? Il était vraiment cruel de lui faire subir cette dernière torture. On l'avait habitué à toute espèce de souffrances : on ne devait donc pas lui épargner la plus grande.

Le prince de Metternich répondit au général Hartmann
— qu'il ne voyait aucun obstacle à l'accomplissement de
ce voyage. Le prince serait libre de se rendre partout où
il voudrait, excepté en France, dont il n'était pas en son
pouvoir de lui ouvrir l'entrée. La volonté de l'empereur
est que la santé de son petit-fils passe avant toute considération : il n'avait ni le *droit* ni la *volonté* de s'opposer aux
intentions de sa majesté. — Cette réponse du ministre
combla les espérances de Napoléon II. Mais, comme ses
amis l'avaient redouté, il ne devait pas profiter de l'autorisation accordée ; la Politique le savait : ce n'était donc
qu'une cruelle dérision ajoutée à tant d'autres. Des alter-
natives de soulagements et de souffrances plus vives se
succédaient d'une manière affligeante. Dès lors sa vie ne
sera plus qu'une longue agonie. Il reçut les soins affectueux de la famille impériale, particulièrement de l'archiduc François, et de l'archiduchesse Sophie, qui avait pour
lui tout l'attachement, toute la tendresse d'une sœur. Cette
princesse, d'un esprit si délicat, si élevé, était comme une
Providence pour l'infortuné duc de Reichstadt, dont l'état
devenait chaque jour plus alarmant.

Suivant une ancienne coutume de l'Autriche, les princes
doivent recevoir le viatique en présence de la cour assemblée. Il fallait préparer le duc à cette action suprême.

Comment lui annoncer la fatale nouvelle ? Personne n'osait se charger de ce soin. La princesse Sophie s'en acquittera avec la délicatesse qui distingue si bien son sexe : elle saura lui voiler la vérité. Elle est sur le point d'être mère : elle persuadera au prince d'adresser en commun leurs prières au ciel, lui pour sa prompte guérison, elle pour son heureuse délivrance. L'abbé Wagner célébrera le saint sacrifice; et toute la cour, sans que le malade puisse s'en douter, assistera dans un profond recueillement à cette imposante cérémonie..... Quelle scène touchante de voir ainsi réunis au pied des autels un jeune prince, pâle, à demi mourant, disant un éternel adieu aux grandeurs pour lesquelles il semblait né, et une femme dans la fleur de l'âge, aussi remarquable par son esprit que par sa beauté, conjurant le ciel de bénir l'enfant quelle porte dans son sein, et de perpétuer par elle la race des Césars !... Bizarrerie de la destinée ! Cette jeune archiduchesse, fille d'un prince autrefois courtisan de Napoléon, peut-être, montera un jour sur le trône germanique, tandis que le duc de Reichstadt, né roi d'Italie, salué par tous les grands de l'Europe, va s'éteindre sans gloire, délivré plutôt que frappé par une mort prématurée.

Cependant Marie-Louise apprend l'état désespéré de son fils : alors la comtesse de Nieper se rappelle l'impératrice des Français; le duc de Reichstadt lui retrace le roi de Rome..... Elle était redevenue mère. Elle quitte aussitôt son palais de Parme. Le ciel lui accordera-t-il d'arriver pour recevoir les derniers embrassements du mourant ? On dit que sa douleur fut extrême : ne dut-elle pas s'étonner de retrouver un peu d'amour maternel dans son cœur depuis longtemps flétri, toujours fermé à tout autre sentiment qu'à un matériel égoïsme ? Si l'oubli de sa gloire n'était pas irréparable, sa douleur présente suffirait pour lui faire pardonner bien des fautes. Pouvait-elle traverser encore une fois les provinces conquises de l'empire napoléonien, pouvait-elle parcourir le théâtre de mille exploits, sans se reprocher d'avoir contribué à la spoliation du roi de Rome, et peut-être aussi à la mort de ce fils infortuné, qui devait hériter de tant de gloire et de puissance, et s'éteignait avant l'heure dans les chaînes de sa royale prison ! !...

Elle rencontra l'empereur à Trieste : le père et la fille se regardèrent quelque temps en silence et ne trouvèrent d'abord que des larmes pour exprimer leur émotion : ils se comprirent tous deux : ils étaient sous l'influence du même remords. Dans le pressentiment d'un malheur prochain, François II voulait fuir la vue de son petit-fils, et, chose incroyable, après des années d'indifférence, Marie-

Louise s'était trouvé assez de force pour aller prodiguer ses soins à son fils et l'aider à mourir.......

Cependant le lendemain de cette rencontre du père et de la fille, l'ex-impératrice n'osait plus ou ne pouvait plus continuer sa route : elle avait honte d'elle-même : comment soutiendrait-elle la vue du malheureux duc de Reichstadt ! Elle resta quelque temps à Trieste avec l'empereur ; on attribue ce séjour à la maladie..... La mort seule devrait arrêter une mère qui vole au secours de son fils mourant... Chaque jour elle reçoit des nouvelles plus alarmantes : il s'élève en elle une lutte violente entre des sentiments opposés..... L'amour maternel l'emporte enfin une dernière fois ! Elle arrive le 24 juin à Vienne dans un état d'accablement et de souffrance difficile à décrire.

On avait informé le prince de l'arrivée prochaine de sa mère : il en avait éprouvé un vif contentement. Oublieux de sa faiblesse, il aurait voulu courir à sa rencontre; mais on fut forcé de lui faire comprendre l'impossibilité de cette démarche. L'entrevue de la mère et du fils fut des plus touchantes : ils restèrent tous deux anéantis dans un long embrassement. Quelle scène déchirante ! Ce jeune homme, naguère si beau, maintenant pâle, expirant sur son lit de douleur; et cette femme, souveraine du plus puissant empire, il y a seulement quelques années, maintenant flétrie par la honte plutôt que par l'âge, venait recevoir le dernier soupir de l'ex-roi de Rome....... On dit qu'à l'aspect de tant de misère, le glorieux souvenir de la France lui revint plus cruel; mais, depuis longtemps mère coupable et faible, elle parvint à retenir ses larmes en présence de son fils. Tout Français qui a vu la brillante impératrice de 1811, préfère à l'indifférence cette force d'âme inusitée dans Marie-Louise. Cette entrevue produisit un effet favorable à la santé du prince : il en éprouva une amélioration sensible; mais ce ne fut que pour peu de jours : le mal était mortel.....

Depuis son arrivée, la duchesse de Parme ne quittera plus son fils; les soins les plus touchants lui seront prodigués par elle. Souvent on le transportait dans une enceinte réservée du parc de Schœnbrünn : là sa vue affaiblie reposait agréablement sur le plus frais gazon. Presque toujours il voulait être seul avec sa mère; cet amour est le dernier sentiment auquel sa grande âme ait voulu s'attacher : sa mère était pour lui la personnification de la gloire, de la patrie, de toutes les pensées nobles et des passions généreuses. Il lui semblait plus doux de s'entretenir avec elle de son illustre père. Pouvait-il soupçonner ce qu'une telle position avait de pénible et de cruel pour elle ? A son insu, il punissait Marie-Louise de son apostasie et de sa dégradation..... Si elle ne fut que trop coupable, cette torture morale ne vengeait-elle pas assez la mémoire de Napoléon le Grand?

Depuis l'accident du Prater, la douleur règne aussi à l'habitation du Danube : Marguerite est retombée malade; elle est faible et mourante. Elle est inquiète sur la santé du prince; le capitaine ne peut lui cacher la vérité; car elle est ingénieuse à la retrouver dans chacun de ses regards. Elle sent que s'il succombe, elle ne pourra lui survivre; elle s'éteint peu à peu comme l'espérance dans le cœur du vieux guerrier. Un jour elle le supplie de la conduire à Schœnbrünn : elle ne voudrait pas mourir avant de voir Napoléon II encore une fois au moins. Elle sait que le peuple, respectant la douleur du malade, n'ose plus troubler la solitude qu'il s'est créée dans l'enceinte réservée de l'archiduchesse Sophie; mais celui qu'elle aime ne lui pardonnerait-il pas son indiscrétion? Avant de se séparer éternellement peut-être, ne doivent-ils pas échanger un adieu, ne fût-ce que du regard? Le capitaine, aussi avide de revoir son prince, cède à la prière de Marguerite. Ils arrivent au parc impérial : comment décrire les sentiments, l'émotion de cette jeune fille, quand elle approche de l'endroit où, accompagné seulement de sa mère, il respire un air plus pur sous les ombrages de sa retraite? Elle marche avec peine, le bras appuyé

MALADIE DE NAPOLÉON II ET DE MARGUERITE.

Page 182

MALADIE DE NAPOLÉON II ET DE MARGUERITE.
Page 169.

sur celui de son père adoptif : elle approche avec crainte, et d'une main timide elle écarte le feuillage pour contempler les traits du malheureux duc. Elle recule épouvantée : elle l'avait vu encore si beau malgré sa pâleur, pouvait-elle s'attendre à le trouver dans un pareil état de maigreur et de misère? Elle est tellement frappée que sa douleur ne peut s'exprimer que par un soupir étouffé : la voix expire sur ses lèvres. Le capitaine ne saurait soutenir plus longtemps cette vue : « Fuyons, ma fille ; je sens que je me trahirais à l'aspect de tant de souffrance. » Il l'attire avec force vers la sortie ; mais elle résiste : elle veut une dernière fois contempler le malheureux Napoléon... puis elle se laisse entraîner. Le prince pousse alors un profond soupir : sa mère, absorbée dans sa douleur, relève la tête; mais elle n'a pu voir la cause de cette vive émotion : elle l'attribue à un accès de souffrance; elle prodigue ses soins à son fils : il paraît insensible, et regarde toujours vers la même direction. Marguerite lui avait apparu comme la dernière image de la patrie. Ce jour-là il voulut rester plus longtemps que de coutume, et son regard se dirigea toujours du même côté ! Vain espoir ! La jeune fille lui échappait comme toutes ses illusions.....

Rentrée au Prater, elle se mit au lit pour ne plus s'en relever : la douleur la tua plusieurs jours avant Napoléon II ; sa bière se rencontra avec celle de la baronne *** à la porte de l'un des cimetières. Marguerite était morte victime de son chaste amour ; la courtisane avait succombé aux remords de sa première conduite, et au regret de voir son dévouement inutile. La Pensée insulta aux mânes de ces deux femmes, et quelquefois, en traversant le parc de Schœnbrünn, elle lança un regard ironique sur la figure amaigrie du royal malade.

Cependant les nouvelles les plus sinistres étaient arrivées du royaume de France : la chute et la maladie désespérée du prince y avaient causé la plus grande consternation ; le souvenir de Napoléon II, d'abord froidement accueilli en 1830, devenait chaque jour plus cher aux patriotes : l'amour croissait en proportion du désespoir..... Le fléau asiatique décimait la population depuis plusieurs mois, et l'émeute ensanglantait les rues de la capitale. Le général Lamarque, ce patriote si fidèle et si dévoué, venait de succomber au chagrin, et son convoi avait décidé une lutte presque décisive. On eut encore la cruauté d'apprendre cette dernière catastrophe au prince !!! Il venait de parcourir les feuilles publiques, lorsque sa mère entra seule : il s'était levé sur son séant malgré son extrême faiblesse ; il regarde fixement sa mère : il y avait presque de la colère dans ses yeux. Marie-Louise est effrayée ; elle s'arrête ; elle n'ose avancer vers lui : elle croit déjà entendre les reproches de son fils au milieu des remords de sa conscience. Sa crainte a redoublé; le même regard tombe toujours sur elle avec la même immobilité. Ils restèrent ainsi plusieurs minutes, Marie-Louise comme un coupable redoutant la fatale sentence, lui absorbé dans sa douleur et ne s'apercevant pas de la présence de sa mère.....

— « Oh! la France! murmure-t-il tout à coup. Ils ont donc remplacé ses victoires et ses trophées par l'émeute et la guerre civile!..... » — Marie-Louise écoute : ces paroles l'ont délivrée comme d'un poids accablant; elle respire : sa colère n'est donc pas pour elle! — Elle s'est sentie alors moins honteuse d'elle-même. Le duc retombe sur sa couche : il repose moins assoupi par le sommeil qu'anéanti par la fatigue. Son visage, animé sans doute par une crise convulsive, se recouvre bientôt d'une pâleur livide : une mère pouvait-elle assister à ce triste spectacle? La duchesse de Parme eut la force de s'avancer, puis de se baisser vers ce fils mourant. Évidemment il venait d'éprouver une crise terrible; elle eut pitié du royal captif, et resta longtemps muette à le contempler : son regard, distrait un moment, rencontra par hasard les yeux de Napoléon, dont le portrait se trouvait au-dessus du lit. Elle rougit d'elle-même, et se cacha le visage dans les deux mains, ne pouvant plus soutenir la vue de ces martyrs de la Sainte-Alliance..... Combien de souvenirs ne vinrent pas se heurter dans son esprit ! — Elle tremblait devant ce mort et ce mourant comme devant ses juges implacables. Que n'aurait pas donné la comtesse de Nieper pour soustraire l'ex-impératrice à cette affreuse torture ! Ils sont là..... le père et le fils..... La tête héroïque de l'un, la figure souffrante de l'autre, sont comme deux remords vivants qui déchirent son âme, où depuis longtemps le sentiment de la gloire et les souvenirs de l'empire ne trouvent plus une place. Alors elle se précipite vers le fils, pour éviter le regard accusateur du père : suppliante, elle va baiser sa main déjà froide comme celle de la mort; soudain elle recule épouvantée..... — « Ma mère, vient-il de soupirer en s'éveillant, ma mère ! » — Cette exclamation inattendue est pour elle comme un coup de foudre : elle reste anéantie, n'osant plus faire un mouvement.

Surpris de cette attitude de Marie-Louise, le jeune Napoléon fait de pénibles efforts pour s'appuyer sur le coude, regarde avec émotion et voit des larmes briller sur les joues de sa mère pâle, tremblante. Il soupire douloureusement; ces pleurs sont pour lui comme un arrêt de mort : ne doit-il pas les attribuer à l'état désespéré de sa santé ? —Tout sera donc funeste pour lui, tout jusqu'aux remords de l'ex-impératrice ! Il était loin de soupçonner que le souvenir du passé la faisait rougir de honte, et qu'elle venait dans ses bras se soustraire aux regards de l'empereur des Français.....

— « Ma mère, pourquoi ces larmes? Votre fils doit-il tant regretter la vie? Vous le savez assez, dans les circonstances qu'on lui a faites, la mort serait vraiment un bienfait; il en remercierait le ciel. »

Le front de Marie-Louise se couvre d'une plus grande pâleur. Infortuné jeune homme, peut-il savoir qu'il enfonce un poignard dans le cœur de l'ex-impératrice? Un frisson a parcouru ses membres; elle s'appuie avec effort contre la couche du mourant, elle se sent défaillir..... Elle n'a pas la force de demander grâce à cette victime.

— « Ceux qui restent ne sont-ils pas plus à plaindre que ceux qui partent? Si vous devez pleurer, c'est moins sur moi que sur vous, ma mère; car j'aurai le bonheur de revoir avant vous celui qui nous a tant aimés tous deux, celui qui vous a fait asseoir sur le plus beau trône du monde, au milieu de tant de gloire et de puissance. Ne m'enviez pas de l'embrasser le premier; ou ne pleurez point sur mes malheurs; puisque les portes de la France me sont fermées à jamais, je n'ai plus qu'à mourir. »

La duchesse n'entend plus la voix de son fils; elle est

tombée évanouie sur son lit ; mais quand le duc s'aperçoit de l'altération de ses traits, elle a déjà repris connaissance.

Les tourments qu'elle endure devraient avoir assez expié ses fautes, si elle fut jamais coupable. Marie-Louise reste assise au chevet du mourant : puis tous deux se regardent ; tous deux sont pâles et défaits : on dirait que la mort ne sait plus quelle proie choisir. Ils se pressent dans les bras l'un de l'autre ; mais la douleur ou le remords a séché leurs larmes ; la voix expire sur leurs lèvres ; des soupirs expriment seuls leur souffrance. Ils restèrent ainsi muets bien longtemps ; le duc de Reichstadt rompit le premier le silence.

— « N'est-il pas vrai, ma mère, quand on a aimé une fois la France, il est désormais impossible de vivre loin d'elle ? Combien vos regrets ne doivent-ils pas surpasser les miens, vous que mon père avait faite si grande, si heureuse ! Mais pardon, j'augmente votre douleur en vous rappelant cette époque si glorieuse de votre vie..... Que n'ai-je été à même de comprendre mon bonheur et le vôtre ! Je n'en regrette pas moins la Patrie..... »

Marie-Louise murmure une réponse confuse ; mais elle n'ose plus presser son fils dans ses bras : elle se reproche ses derniers embrassements comme une perfidie : elle reste immobile, les yeux baissés vers le sol ; elle craint de rencontrer le regard du moribond ; elle se rappelle alors et sa faiblesse de 1814, et les lâches trahisons, et le courage de la reine Hortense, et l'énergie du roi de Rome : elle se cache de nouveau la tête dans les deux mains. Le ciel eut pitié d'elle ; il lui envoya des larmes pour éteindre ses remords.

Et le prince mourant victime du destin, victime de ceux qui auraient toujours dû avoir la force de se dévouer à lui, trouvera encore des consolations pour cette mère coupable, mais repentante..... J'aime à le proclamer ici, Marie-Louise ne put sentir les derniers embrassements de Napoléon II, sans maudire sa faiblesse et son apostasie. Si le remords eût suffi pour le salut du prince, ceux de l'ex-impératrice auraient seuls arraché leur proie à la mort et à la Sainte-Alliance. Désormais Dieu seul peut être juge entre la duchesse de Parme et le duc de Reichstadt. Puisse-t-il laisser tomber sur elle son éternelle clémence !

Cependant la nouvelle des dernières tentatives de Napoléon II est déjà parvenue dans toutes les contrées du continent. Les peuples ont les yeux tournés vers cette couche fatale où l'infortuné prince lutte contre la mort. Cette anxiété générale nous rappelle la sollicitude de l'Europe entière à sa naissance : tout devait être extraordinaire dans cette existence : elle devait s'écouler silencieuse dans l'obscurité d'une royale prison, pour réveiller à la fin la douleur, comme elle avait excité l'enthousiasme au début.

« La population de Vienne, dit M. de Montbel, prenait un vif intérêt à la triste situation du prince : on interrogeait sur son état tous ceux qui pouvaient en donner quelques renseignements : de toutes parts arrivaient l'indication de remèdes et la proposition de spécifiques qui prouvaient beaucoup plus l'affection que le jugement de ceux qui les adressaient. Lorsqu'un personnage important est dans une situation aussi critique, le vulgaire dans les événements naturels croit toujours lire des présages : la chaleur extrême qui régnait à cette époque était interrompue par de fréquents orages. La foudre renversa une des aigles impériales qui décorent et dominent le palais de Schœnbrünn, et l'on crut que le Destin avait ainsi proclamé l'arrêt de mort dont il allait frapper le fils de Napoléon. »

Depuis plusieurs jours le duc ne peut plus quitter son lit : au milieu des symptômes les plus funestes, il ne reste que peu d'espérance. Cependant il s'entretient avec calme de sa mort qu'il envisage comme prochaine. Seulement depuis la dernière scène entre sa mère et lui, il évite en sa présence toute parole alarmante sur l'état de sa santé. Ignorant la cause des remords de l'ex-impératrice, il a dû attribuer ses larmes à la douleur de sa fin prématurée ; et il craint de lui dire la vérité..... — « Il ne souffre plus : il trouve une grande amélioration : il espère, lui dit-il, faire avec elle en automne le voyage d'Italie. » Il sait bien que ce dernier bonheur ne lui est pas réservé : le beau soleil de Naples ne doit pas resplendir pour lui : il ne lui sera pas donné de voir la France, même du sommet des Alpes.

Le 21 juillet, dans la matinée, ses souffrances devinrent si poignantes, il éprouva de telles angoisses, que pour la première fois il avoua à son médecin qu'il souffrait. — Quand donc se terminera ma pénible existence ? disait-il au milieu d'une fièvre dévorante.....

En ce moment sa mère entrait : il eut encore la force de commander à sa douleur. Ne lisant que trop bien sur sa figure, elle s'informait avec crainte de son état actuel. Il répondit avec un calme apparent qu'il se trouvait bien. Il fit même de nouveaux efforts pour la rassurer au sujet de sa santé. Il parvint à lui inspirer assez de confiance pour lui enlever toute espèce de doute sur la sincérité de ses réponses. Cependant le mal lui faisait endurer les tourments les plus violents : il n'en continuait pas moins de prendre part à la conversation qui s'établit autour de lui : il parlait avec bonheur de son prochain voyage à Naples.

Sa mère, confiante en cette tranquillité d'âme, ne songeait pas même à retrouver l'indice de la maladie dans ses traits altérés, dans son regard parfois émoussé par le doigt que la mort étendait déjà sur lui.

Ce calme factice ne put tromper un œil plus observateur. Le docteur Malfatti annonça le soir qu'on avait tout à redouter pour la nuit suivante. L'infortuné duc de Reichstadt devait soutenir une crise violente, la dernière sans doute. Le baron de Moll resta dans sa chambre, mais à son insu : il n'aurait pu souffrir que quelqu'un veillât auprès de lui... — La chaleur était accablante : il en fut cruellement tourmenté ; car il fut agité pendant les premières heures..... Quelques signes de douleur lui échappèrent... La France perdue à jamais pour lui occupait encore plus ses pensées que la vie échappant à sa jeunesse..... Mourir avant d'avoir salué la colonne de la place Vendôme, n'était-ce pas subir un double trépas ?.....

Cependant il parut s'assoupir vers minuit. Habitué à souffrir, il devait rester indifférent à l'approche de la mort : la cruelle serait obligée de le réveiller avant de le frapper du dernier coup, comme on réveillait autrefois son père le matin d'une grande bataille. Vers trois heures et demie sa froide main s'arrêta sur son front. Le prince éveillé comme en sursaut se lève tout à coup sur son séant :

il souffre, il a senti comme un attouchement glacial : « Je succombe, s'écrie-t-il, je succombe (Ich gehe unter!)!!... Le baron de Moll et son valet de chambre accourent effrayés, ils le prennent dans leurs bras, essayant de calmer ses souffrances. Alors tout son corps s'agite d'un mouvement convulsif, ses membres se roidissent, son front se couvre d'une pâleur mortelle : « Ma mère !... Ma mère !... France..... » Telles furent ses dernières paroles. On lui entendit murmurer quelques syllabes inarticulées ; mais le dernier nom s'éteignit avec la voix sur ses lèvres frémissantes, sans doute un souvenir sacré qu'il renferma dans le fond de son âme, comme dans un sanctuaire inviolable. Ne pouvant partager les craintes de la médecine, le baron de Moll avait d'abord espéré que c'était une faiblesse passagère : il hésitait encore à faire avertir l'archiduchesse. Cependant, lorsqu'il vit les traits du prince prendre le caractère et l'immobilité de la mort, il le confia au valet de chambre, et courut avertir la grande maîtresse de Marie-Louise, et l'archiduc François, à qui le duc de Reichstadt avait demandé de l'assister dans ses derniers moments. Tous accoururent éperdus.

Quelle scène déchirante !... Napoléon II est là mourant, n'opposant aucune résistance, ne faisant aucun effort pour se rattacher à la vie !!! Mourir n'est-il pas désormais un bonheur pour lui? A cette heure suprême, chacun hésite : ils tremblent tous devant la couche du martyr!... Le fils de Napoléon le Grand n'a donc plus que les bras de son valet de chambre pour le soutenir au-dessus de la tombe? Ne dirait-on pas que l'univers entier l'abandonne?... Sa mère n'ose approcher pour recueillir son dernier soupir; l'archiduc François lui-même, le seul peut-être de la famille qui n'ait rien à se reprocher envers le jeune duc, est saisi d'effroi, frappé de respect, avant de pénétrer dans cet asile du malheur... Cependant il aura la force de précéder la mère coupable et repentante. — Cette malheureuse croit avoir assez de courage pour le suivre jusqu'au chevet du moribond; mais elle retrouve encore le regard du héros trahi : la pâleur de son fils la fait reculer d'épouvante...; elle tombe à genoux presque évanouie..... C'est ainsi qu'il convenait à une duchesse de Parme de recevoir les adieux de Napoléon II..... Une telle douleur ne pourrait-elle pas effacer bien des crimes?

Le tumulte causé par cette subite alarme a distrait un moment le mourant de sa douce et lente agonie... Son regard s'est rencontré avec celui de l'archiduc assis à côté de lui et lui serrant la main avec tendresse et douleur. Le futur césar s'efforce alors de cacher ses larmes au jeune roi déchu, à cette majesté mourante de l'exil. Napoléon II

MORT DE NAPOLÉON II.

Page 481.

MORT DE NAPOLÉON II.

Page 481.

cherche sa mère ; ses yeux éteints se fixent enfin sur elle : il ne peut comprendre la dernière humiliation de l'ex-impératrice ; son regard s'efforce en vain de lui exprimer les sentiments que sa bouche n'a plus le pouvoir d'articuler... Marie-Louise paraît insensible : elle conserve toujours son attitude humiliée. La dernière torture du fils devait-elle lui venir de sa mère ? — Alors le prélat qui l'assistait lui montra le ciel : il leva les yeux pour répondre à sa pensée. Un sourire parcourut ses lèvres glacées, puis il s'éteignit sans convulsions. Le souvenir de son père fut sans doute le dernier qu'il emporta de cette terre de malheur, avec l'espoir de se retrouver près de lui dans un séjour plus heureux..... N'avaient-ils pas tous deux mérité la couronne du martyre ?

Ainsi mourut Napoléon II, dans la chambre, sur la couche impériale où son père, s'endormant après la victoire de Wagram dans les illusions de la puissance et des triomphes, avait rêvé la gloire et la paix du monde civilisé... L'archiduchesse dont l'union avait semblé lui assurer l'éternité de sa race était là tremblante, à genoux, demandant sans doute pardon au ciel d'avoir fait mentir les promesses de la destinée..... C'était le 22 juillet, anniversaire de l'acte qui avait donné au duc de Reichstadt son dernier nom et son dernier titre ; anniversaire du jour où le jeune prince avait appris à Schœnbrünn la mort du martyr de Sainte-Hélène ! C'était aussi au mois de juillet que Napoléon Ier avait quitté la France..... — Mois néfaste!!!!!.....

Encore une honte pour Lutèce! Encore une trahison pour l'infâme Albion!... Que nous reste-t-il de tant de gloire napoléonienne?... Interrogeons le présent et le passé..... La joie féroce de notre éternelle ennemie interrompt seule un silence de mort. — La Pensée elle-même regretta son horrible triomphe : le vieux marquis devra en mourir de remords.

La royauté mérovingienne était née de la force brutale; elle avait préludé par le crime, pour s'éteindre dans le fond d'un cloître... — La puissance carlovingienne s'était constituée par l'usurpation, pour s'anéantir aussitôt dans la faiblesse d'une race dégénérée dès le principe : elle s'était épuisée à son origine. A la farouche bravoure de Clovis, à la glorieuse souveraineté de Charlemagne, avaient succédé l'intrigue, l'astuce et la bassesse d'un Hugues Capet... Au rebours des deux premières races, la troisième avait commencé par la honte, pour finir moins vite que les autres, et pour compter, dans le cours et à la fin de sa domination, des rois illustres, des Philippe-Auguste, des Louis IX, des François Ier, des Henri IV, des Louis XIV.

DE NAPOLÉON II.

La race la plus grande en gloire devait être la plus courte en durée : elle s'était rapidement élevée sur les ailes de la victoire avec le génie de la civilisation, pour tomber plus tôt encore par la trahison!..... Elle a du moins le mérite de n'avoir eu ni son Louis XI, ni son Clovis Ier.....

Peuple, noblesse, bourgeois, manants ou vassaux, sujets ou citoyens, qu'avons-nous gagné à toutes ces révolutions dynastiques? Parfois un peu de gloire, rarement beaucoup de bonheur. A mesure qu'il avance vers la civilisation et la liberté, le monde ne devrait-il pas entendre un seul cri, proclamer une seule vérité : LA VOIX DE DIEU OU LA VOIX DU PEUPLE . . . .

FIN.

Paris. — Imprimerie de Vᵉ Dondey-Dupré, rue St. Louis, 46.

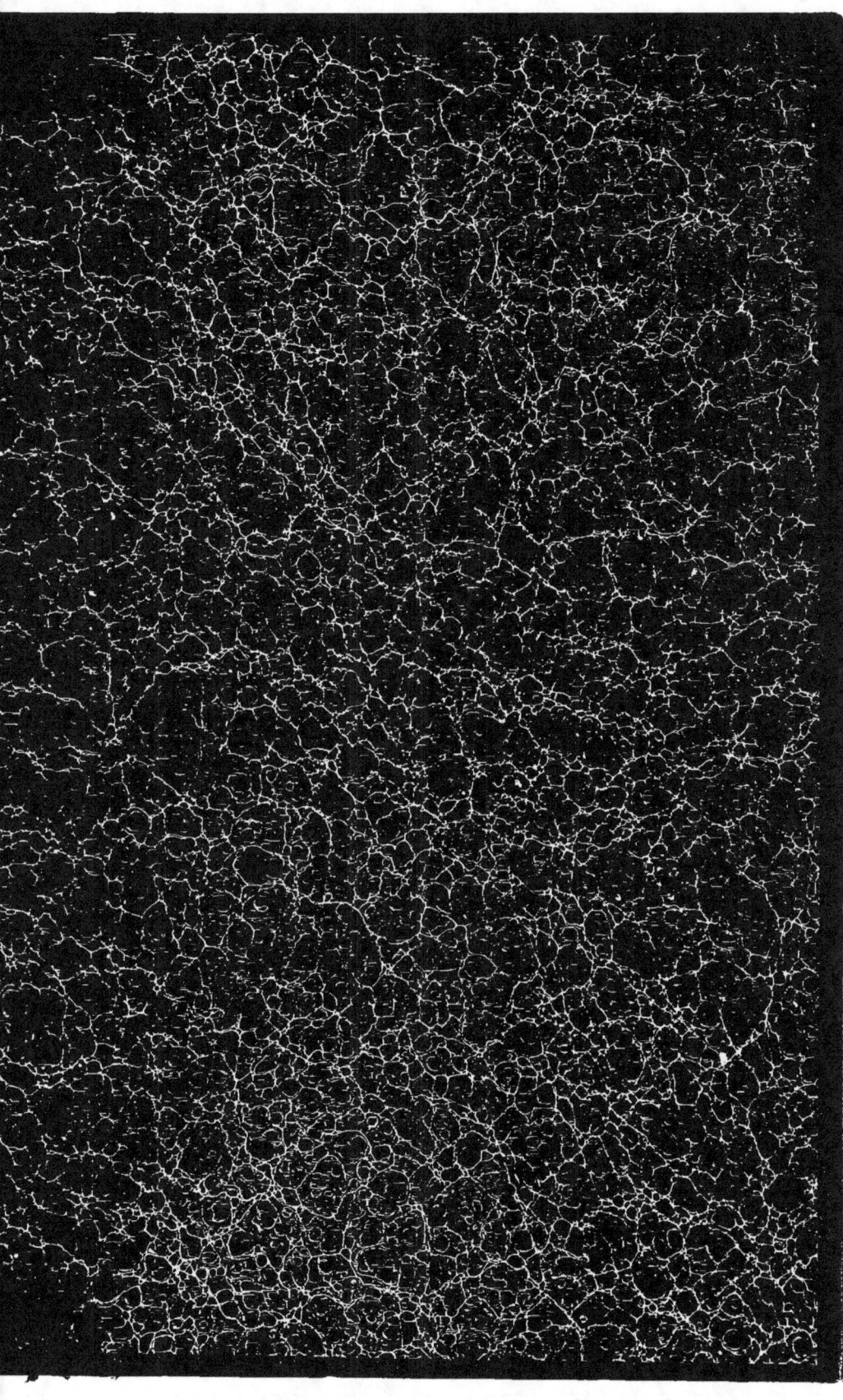

www.ingramcontent.com/pod-product-compliance
Lightning Source LLC
Chambersburg PA
CBHW070829230426
43667CB00011B/1730